电子商务运营与管理

（第 2 版）微课版

主　编　杨泳波　吕丽珺
副主编　崔立标　苏程浩　徐　鹤
联合开发单位　数字产业学院（杭州）

北京理工大学出版社
BEIJING INSTITUTE OF TECHNOLOGY PRESS

内 容 简 介

本书依托第三方平台，基于网店建设与运营的工作流程，全面系统地介绍了电子商务运营过程中的知识、方法与操作技能，主要包括网店建设的前期准备、商品发布、店铺装修、日常管理、交易管理、站内推广、站内互动、站外引流等，同时融入数据化运营的思路，介绍了网店运营过程中的数据指标及其相关数据的获取与基本分析思路。

本书以操作技能为主线，兼顾理论体系，融入思政元素，使学生了解电子商务运营的数字化发展方向，适合本科层次职业教育电子商务类专业的学生学习，同时也适合从事电子商务工作或进行网络创业的社会青年自主学习。

版权专有　侵权必究

图书在版编目（CIP）数据

电子商务运营与管理：微课版／杨泳波，吕丽珺主编．--2 版．--北京：北京理工大学出版社，2024.5
　　ISBN 978-7-5763-4101-0

Ⅰ.①电… Ⅱ.①杨… ②吕… Ⅲ.①电子商务-运营管理 Ⅳ.①F713.365.1

中国国家版本馆 CIP 数据核字（2024）第 108936 号

责任编辑：王晓莉　　　　**文案编辑**：王晓莉
责任校对：刘亚男　　　　**责任印制**：李志强

出版发行 / 北京理工大学出版社有限责任公司
社　　址 / 北京市丰台区四合庄路 6 号
邮　　编 / 100070
电　　话 / (010) 68914026（教材售后服务热线）
　　　　　　 (010) 68944437（课件资源服务热线）
网　　址 / http://www.bitpress.com.cn

版 印 次 / 2024 年 5 月第 2 版第 1 次印刷
印　　刷 / 唐山富达印务有限公司
开　　本 / 787 mm×1092 mm　1/16
印　　张 / 13.5
字　　数 / 317 千字
定　　价 / 86.00 元

图书出现印装质量问题，请拨打售后服务热线，负责调换

前言

经过20多年的发展，我国电子商务行业越来越成熟，对电子商务从业者的技能与素质要求也越来越高。同时，国家为了提升职业教育的水平与质量，多次出台政策鼓励职业教育的质量提升。2014年5月2日，国务院颁布的《国务院关于加快发展现代职业教育的决定》（国发〔2014〕19号）提出，加快构建现代职业教育体系，创新发展高等职业教育，探索发展本科层次职业教育，形成定位清晰、科学合理的职业教育层次结构。2019年1月，国务院印发的《国家职业教育改革实施方案》也指出，职业教育与普通教育是两种不同的教育类型，具有同等重要地位。为了响应国家的号召，适应电子商务行业的发展需求，很多具有电子商务高水平办学经验的学校纷纷开设职业本科层次的电子商务专业。出于对电子商务职业本科层次人才培养内容建设的思考，我们团队在总结多年电子商务职业本科层次人才培养经验的基础上，依托浙江省杭州市的电子商务行业优势，通过数字产业人才服务（杭州）有限公司旗下的数字产业学院（杭州）联合大中型电子商务企业，校企联合开发该教材，基于每个项目的知识与技能显性地提出思政与素质目标，旨在培养电子商务高素质、高技能、复合型职业人才。

近年来，我国电子商务交易额保持快速增长，电子商务、移动支付规模全球领先，网约车、网上外卖、数字文化、智慧旅游等市场规模不断扩大。同时，党的二十大报告强调要加快发展数字经济，促进数字经济和实体经济深度融合，打造具有国际竞争力的数字产业集群。因此，在原先的行业发展基础上要充分发挥海量数据和丰富的应用场景优势，促进数字技术和实体经济深度融合，赋能传统产业转型升级，催生新产业新业态新模式，不断做强做优做大我国数字经济。

本教材以网店建设与运营为主线，基于电子商务运营的工作流程全面系统地介绍了电子商务运营的基本方法与操作技能。通过本教材的学习，学生可以了解网店运营的全过程；通过实践操作，学生可以形成电子商务运营的基本理念与基本思路，从而为学习电子商务的后续课程打下扎实的基础。

本教材共分为四个模块、九个项目与二十六个任务。

模块一：网店建设。该模块主要依托第三方电子商务平台介绍网店建设的基本内容与操作技能，主要设计了前期准备、商品发布、店铺装修三个项目。

模块二：网店管理。该模块主要介绍了如何通过有序管理与高效管理来提升对消费者的服务质量，主要设计了店铺日常管理与交易管理两个项目。

模块三：网店推广。该模块主要介绍了网店营销推广的相关内容、常用方法与渠道，同时也介绍了老客户交互与维护的常见方法，主要设计了站内推广、站内互动、站外引流三个项目。

模块四：数据化运营。该模块主要介绍了网店运营过程的一些基本指标与相关数据的获取。

本教材的主要特色体现在以下几个方面。

1. 突显课程思政，遵循立德树人、培养工匠精神的职业教育方针。

本教材中突显课程思政，充分体现了以立德树人为宗旨、以能力为本位、以就业为导向，培养学生工匠精神的职业教育办学方针，以"诚信经营、友善互动、文化传播"为核心，基于每一项目的内容提炼思政元素。

2. 定位于电子商务专业，提升学生的电子商务运营与管理职业能力。

本教材是职业本科层次电子商务专业核心课程的配套教材，融入了运营数据分析内容，可以培养学生的数据化运营思维。通过该教材内容的学习，学生可以提升自己的职业技能、数据化运营能力与电子商务综合运营技能。

3. 校企联合开发，紧密结合电子商务的运营现状。

本教材的编写联合了数字产业学院（杭州）以及其他电子商务公司，紧密结合电子商务行业的特点与发展方向，按照项目驱动、任务导入的模式实践电子商务运营的各环节，使学生能快速掌握电子商务运营过程的方法、技能以及注意事项，紧跟行业节奏。

4. 以场景切入、项目驱动的方式开展，采用工作手册式的编写思路。

全书内容全部采用项目任务制的编排方式，操作技能的介绍以工作手册的方式进行，这使得每个技能模块更有场景感，有助于学生快速掌握操作技能，并将知识与技能更好地融入真实的工作场景中。

5. 具有丰富的教学资源并搭建了网络课程，方便师生教与学。

本教材提供了丰富的教学资源，不仅有课程标准、教学设计、教学课件等基本教学资源，还配套了全部教学视频与网络学习平台，同时也提供了实训任务库。全教材采用新型立体化的教材组织体系，可以通过扫描书中的二维码浏览相关教学视频。

本教材由浙江经济职业技术学院杨泳波老师与浙江经济职业技术学院吕丽珺老师联合主编并完成统稿，由数字产业人才服务（杭州）有限公司崔立标总经理、浙江经济职业技术学院苏程浩老师、广西生态工程职业技术学院徐鹤老师担任副主编，由数字产业人才服务（杭州）有限公司旗下的数字产业学院（杭州）联合编写。

在本教材的编写过程中得到了多位专家、老师与企业师傅的指导与帮助，在此表示衷心感谢，书中难免有不足之处，望各位读者批评指正。

编　者

2024 年 3 月于杭州

目 录

模块一　网店建设

项目一　前期准备 ……………………………………………………………… (003)

- 学习目标 ……………………………………………………………………… (003)
- 任务一　货源与网店准备 …………………………………………………… (003)
  - 子任务1　货源选择 …………………………………………………… (003)
  - 子任务2　平台选择 …………………………………………………… (004)
  - 子任务3　店铺定位 …………………………………………………… (004)
  - 子任务4　网店开设 …………………………………………………… (005)
- 任务二　商品基础信息整理 ………………………………………………… (008)
  - 子任务1　商品分类 …………………………………………………… (008)
  - 子任务2　商品编码 …………………………………………………… (009)
  - 子任务3　商品信息表编撰 …………………………………………… (011)
- 同步实训 ……………………………………………………………………… (011)

项目二　商品发布 ……………………………………………………………… (013)

- 学习目标 ……………………………………………………………………… (013)
- 任务一　单商品发布 ………………………………………………………… (013)
  - 子任务1　商品标题设置 ……………………………………………… (013)
  - 子任务2　商品属性设置 ……………………………………………… (015)
  - 子任务3　运费模板设置 ……………………………………………… (016)
  - 子任务4　商品详情发布 ……………………………………………… (019)
- 任务二　商品分类 …………………………………………………………… (022)
  - 子任务1　商品分类的设置与修改 …………………………………… (022)
  - 子任务2　商品分类的展示 …………………………………………… (022)
- 同步实训 ……………………………………………………………………… (024)

项目三　店铺装修 (025)

学习目标 (025)

任务一　店铺总体布局 (025)
子任务1　店铺组成要素认知 (025)
子任务2　店铺风格定位 (028)
子任务3　店铺首页布局 (029)
子任务4　商品详情页布局 (035)

任务二　店铺首页装修 (042)
子任务1　PC端首页装修 (042)
子任务2　移动端首页装修 (051)

任务三　商品详情页装修 (061)
子任务1　主图与颜色图上传 (061)
子任务2　关联推荐与活动设置 (062)
子任务3　PC端商品详情页装修 (065)
子任务4　移动端商品详情页装修 (067)

同步实训 (070)

模块二　网店管理

项目四　日常管理 (075)

学习目标 (075)

任务一　千牛平台认知 (075)
子任务1　千牛平台初识 (075)
子任务2　千牛平台的基本设置 (077)

任务二　商品管理 (081)
子任务1　商品的上下架管理 (081)
子任务2　商品上下架时间统计 (083)
子任务3　商品相关数据观测 (084)

任务三　店内活动 (084)
子任务1　限时打折 (084)
子任务2　满减满送 (088)
子任务3　优惠券 (093)
子任务4　搭配销售 (096)
子任务5　主题活动 (100)

同步实训 (103)

项目五　交易管理 (105)

学习目标 (105)

任务一　成交管理 (105)
子任务1　售前导购 (105)

子任务2　价格修改 ……………………………………………………… (107)
子任务3　订单信息管理 ………………………………………………… (108)
任务二　订单管理 …………………………………………………………… (111)
子任务1　订单分类 ……………………………………………………… (111)
子任务2　订单标注 ……………………………………………………… (113)
子任务3　订单发货 ……………………………………………………… (114)
子任务4　物流信息查询 ………………………………………………… (117)
任务三　评价管理 …………………………………………………………… (118)
子任务1　查看用户评价 ………………………………………………… (118)
子任务2　评价回复 ……………………………………………………… (119)
子任务3　退换货处理 …………………………………………………… (120)
子任务4　纠纷处理 ……………………………………………………… (121)
同步实训 ……………………………………………………………………… (122)

模块三　网店推广

项目六　站内推广 …………………………………………………………… (125)

学习目标 ……………………………………………………………………… (125)
任务一　搜索推广 …………………………………………………………… (125)
子任务1　自然搜索 ……………………………………………………… (125)
子任务2　图搜 …………………………………………………………… (128)
任务二　直通车推广 ………………………………………………………… (129)
子任务1　直通车选款 …………………………………………………… (129)
子任务2　直通车推广主图设置 ………………………………………… (131)
子任务3　直通车推广关键词选择 ……………………………………… (132)
子任务4　关键词出价 …………………………………………………… (134)
任务三　钻展推广 …………………………………………………………… (134)
子任务1　钻展选款 ……………………………………………………… (135)
子任务2　钻展计划建立 ………………………………………………… (135)
子任务3　钻展效果监测 ………………………………………………… (140)
任务四　超级推荐 …………………………………………………………… (142)
子任务1　超级推荐认知 ………………………………………………… (142)
子任务2　超级推荐出价法 ……………………………………………… (143)
任务五　活动推广 …………………………………………………………… (143)
子任务1　天天特价 ……………………………………………………… (143)
子任务2　淘金币 ………………………………………………………… (145)
子任务3　淘抢购 ………………………………………………………… (145)
子任务4　聚划算 ………………………………………………………… (147)
同步实训 ……………………………………………………………………… (148)

项目七　站内互动 ·· (150)

　　学习目标 ·· (150)
　　任务一　日常互动 ·· (150)
　　　　子任务1　买家秀 ·· (150)
　　　　子任务2　问大家 ·· (152)
　　任务二　旺旺群聊 ·· (154)
　　　　子任务1　旺旺群设置 ·· (154)
　　　　子任务2　旺旺群吸粉 ·· (155)
　　　　子任务3　旺旺群互动 ·· (157)
　　任务三　淘宝直播 ·· (158)
　　　　子任务1　直播账号的开通 ·· (158)
　　　　子任务2　直播场景搭建 ··· (159)
　　　　子任务3　淘宝直播流程 ··· (161)
　　　　子任务4　淘宝直播注意事项 ·· (164)
　　同步实训 ·· (165)

项目八　站外引流 ·· (166)

　　学习目标 ·· (166)
　　任务一　淘宝客推广 ··· (166)
　　　　子任务1　淘宝客开通 ·· (166)
　　　　子任务2　佣金比例设置 ··· (168)
　　　　子任务3　淘宝客佣金结算 ·· (168)
　　　　子任务4　淘宝客活动广场 ·· (169)
　　任务二　微博推广 ·· (170)
　　　　子任务　微博号创建 ·· (170)
　　同步实训 ·· (171)

模块四　数据化运营

项目九　数据解读 ·· (175)

　　学习目标 ·· (175)
　　任务一　店铺基础数据解读 ·· (175)
　　　　子任务1　店铺基本数据获取 ·· (175)
　　　　子任务2　店铺衍生数据获取 ·· (177)
　　　　子任务3　店铺层级解读 ··· (179)
　　　　子任务4　店铺信誉解读 ··· (179)
　　　　子任务5　店铺动态评分解读 ·· (180)
　　　　子任务6　店铺经营数据解读 ·· (181)
　　　　子任务7　店铺流量数据解读 ·· (182)
　　任务二　商品数据解读 ·· (184)

子任务1　商品流量数据解读 ……………………………………………（184）
　　子任务2　订单数据解读 …………………………………………………（185）
　　子任务3　主推商品分析 …………………………………………………（186）
　　子任务4　异常商品分析 …………………………………………………（190）
　　子任务5　竞争商品分析 …………………………………………………（191）
　任务三　行业数据解读 …………………………………………………………（195）
　　子任务1　市场大盘数据解读 ……………………………………………（195）
　　子任务2　搜索分析 ………………………………………………………（197）
　　子任务3　客群分析 ………………………………………………………（200）
　　子任务4　热销商品分析 …………………………………………………（202）
　同步实训 ………………………………………………………………………（203）
参考文献 ……………………………………………………………………………（205）

模块一

网店建设

项目一 前期准备

◆ **学习目标** ◆

依托第三方电子商务平台开设网店已成为电子商务运营的基础，卖家在开设店铺的过程中，不但要遵循新商业时代的商业规则，也要遵循第三方电子商务平台的相关规则，从而培养学生的规则意识。

在开设网店从事电子商务之前，需要做好店铺的定位，包括店铺的人群定位、风格定位和价格定位，以人群定位为逻辑起点思考店铺其他维度的定位，进而选择货源和平台，培养学生用"以人为本"的思想开展电子商务活动。

在电子商务迅速发展的背景下，各种各样的电子商务平台层出不穷，其中网络零售平台尤其受网络零售商家的青睐。那么，如何在电子商务平台上开一家属于自己的店铺呢？在网店开设之前又需要做好哪些准备工作呢？

任务一 货源与网店准备

子任务1 货源选择

【学习视频1-1】货源选择

选择网上开店很大程度上是由于网店经营成本低，对于毫无开店经验的投资者来说，其在筹划开网店时，都要面临寻找和选择商品的问题。所以找到合适的商品货源是网上开店成功的第一步。货源的选择一般有以下几种渠道，而且都有其各自的特点。

1. 从厂家直接进货

货源特点：最正规、最便宜的进货方式，省去进货成本的同时，货源和货品质量也能得到保障。

适用卖家：若卖家有足够的资金，且认准自己不会有压货的风险或是不怕压货，就可以从厂家进货。这种渠道一般不适合批发量小的新手卖家。

2. 从批发市场进货

对新手卖家而言，可以选择先从周边批发市场进少量的货品试卖，如果销量高，再考虑增加进货量。

3. 从网络批发平台进货

如果在线下没有找到合适的批发市场或者其他进货渠道，可以考虑在网络批发平台上寻找进货渠道。网络批发平台上一般有来自各地的大量生产厂家和批发商，可线上交流，省去了很多寻找货源的中间环节，大大降低了成本。

4. 品牌代理商、经销商

获取某个品牌的代理销售权会成为网店的一大优势。做品牌代理商、经销商应首选规模大、信誉好的商家。因为规模不大容易倒闭，信誉不好容易被欺诈。选择品牌切记要全面了解品牌商家，不要被品牌商家的优惠条款迷惑。

子任务2 平台选择

【学习视频1-2】平台选择

网上开店是经营者将待售商品的信息发布到网上，对商品感兴趣的买家在线浏览商品信息后，通过线上支付的方式向经营者付款购买。而平台的选择对于网店经营尤为重要。对于新手卖家来说，一般选择入驻门槛比较低、人气相对比较旺的平台开设网店。表1-1是对淘宝、天猫、京东与拼多多当下四个主流电商平台的主要特点进行的总结，方便新手对比选择平台。

表1-1 四个主流电商平台的特点对比

电商平台	人气	适合对象	平台特色	入驻门槛
淘宝	很高	个人/公司	投入低、服务好	低
天猫	很高	公司	投入低、服务好	高
京东	中上	公司	商品定位普通较高	高
拼多多	中上	公司	社交电商平台	中

本书选择入驻门槛低的淘宝平台进行论述。

子任务3 店铺定位

店铺定位关系到目标受众人群。淘宝网上有成千上万家不同风格的店铺，从不同店铺的界面中就能发现迥异的风格，这些不同的风格满足了不同人群的喜好。卖家需要确认自己服务于哪一类人群，根据服务对象的喜好上架合适的产品。因此，消费人群定位是店铺定位的主要考虑因素。

【学习视频1-3】消费人群定位

消费人群定位是指直接以某类消费群体为诉求对象，使产品专为该类消费群体服务，以此来获得目标消费群体的认同。把产品与消费者结合起来，有利于增强消费者的归属感，使其产生"我自己的产品"的感觉。

消费人群的定位可以从下面这些方面对消费者进行需求和行为特征的统计分类。

- 消费人群的性别
- 消费人群的年龄段
- 消费人群的社交圈
- 消费人群的审美观
- 消费人群的收入水平
- 消费人群所处人生阶段
- 消费人群的性格
- 消费人群的工作环境
- 消费人群的文化程度
- 消费人群更注重哪些方面（产品细节、功能、整体）

例如，某服装店可以从以下几个方面对消费人群进行定位。

（1）圈定市场范围：25～34岁的年轻淘宝用户。

（2）挖掘潜在客户特征：消费能力强，注重生活品质。

（3）潜在客户的不同需求：专业、舒适、年轻，而非个性独特。

为了更好地满足目标人群的需求，卖家可以从以下几方面对店铺进行定位。

（1）销售产品的定位：挖掘所销售产品的特点，并进行分类，使其在店铺中得到体现。

（2）竞争对手的参考：对比竞争对手，找到薄弱环节，以主要竞争对手的薄弱环节为切入点，将其转化为自身店铺设计时需考虑的地方。

（3）后台模板的选择：从后台提供的各种风格的模板中选择符合自身店铺特点的模板，再进行修改，形成专属模板。

子任务 4 网店开设

网店是电子商务活动过程中的重要载体，能够让消费者在浏览的同时进行购买，且通过各种在线支付手段进行支付完成交易。网店大多数都是借助大型网络贸易平台来完成建设，建设过程一般可以通过平台的提示上传相关的资质材料，并设置相关的需填报信息。

一、开店一般流程

以淘宝平台为例，开店的一般流程包含以下步骤。

步骤1：淘宝账号注册与认证。

进入免费注册界面在线签订注册协议，输入手机号码后在邮箱中激活账号，再次登录后可以修改登录密码、填写账号和相关信息完成注册，最后设置支付方式并填写相关支付银行卡号的信息。

步骤2：支付宝账号注册与认证。

在支付宝官网同意服务协议，通过手机号或邮箱地址注册并认证相关个人信息完成操作。

步骤3：淘宝店铺认证。

用账号登录淘宝平台后在卖家中心进入免费开店界面并创建淘宝店铺（可以创建个人店铺，也可以创建企业店铺），在"申请开店认证"界面进行实名认证、淘宝开店认证、绑定支付宝等操作后完成店铺的创建。

二、店铺基本设置

【学习视频1-4】店铺基本设置

用注册完成的淘宝账号登录淘宝平台，在菜单栏中点击"千牛卖家中心"，再点击"免费开店"按钮跳转到千牛卖家工作台界面，在左边菜单栏界面的"店铺管理"，点开"更多"，找到"店铺基本设置"并点击进入。

进入店铺基本设置后，在弹出的页面中（见图1-1）设置店铺的淘宝店名、店标、经营地址、简介等信息，填完这些信息后，点击提交。

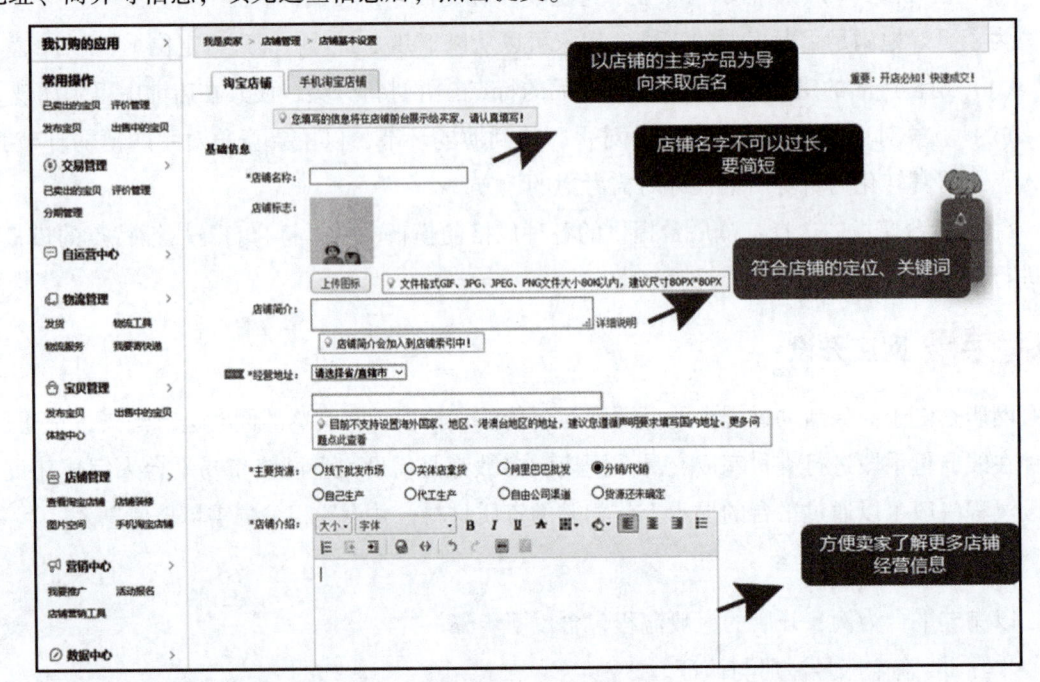

图1-1　店铺基本信息填写界面

注意事项：

1）店铺名称首先要符合店铺的定位，以店铺的主卖产品为导向来取店名；

2）店铺名字不可以过长，要简短易记；

3）店铺简介会加入店铺搜索中，店铺简介要符合店铺的定位；

4）店铺介绍应填写店铺简介中未体现的信息，方便买家了解更多店铺的经营信息。

店铺基本信息填写完成后，勾选如图 1-2 所标记的一栏，再点击"保存"按钮。

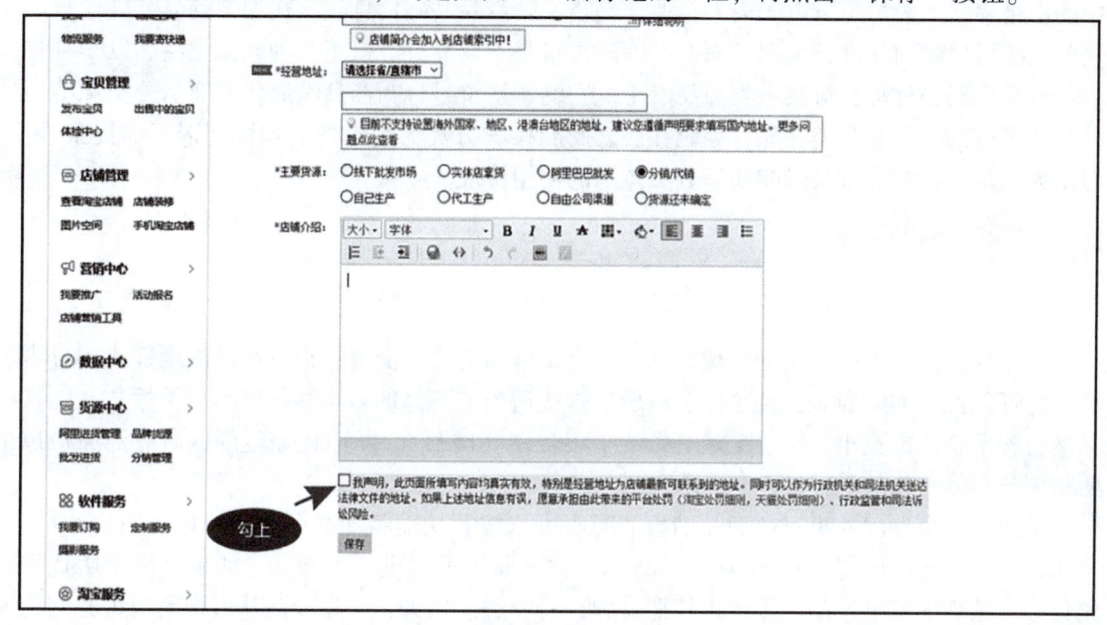

图 1-2 勾选标记

淘宝店铺信息填写完后再填写完成手机淘宝店铺相应信息，如图 1-3 所示。

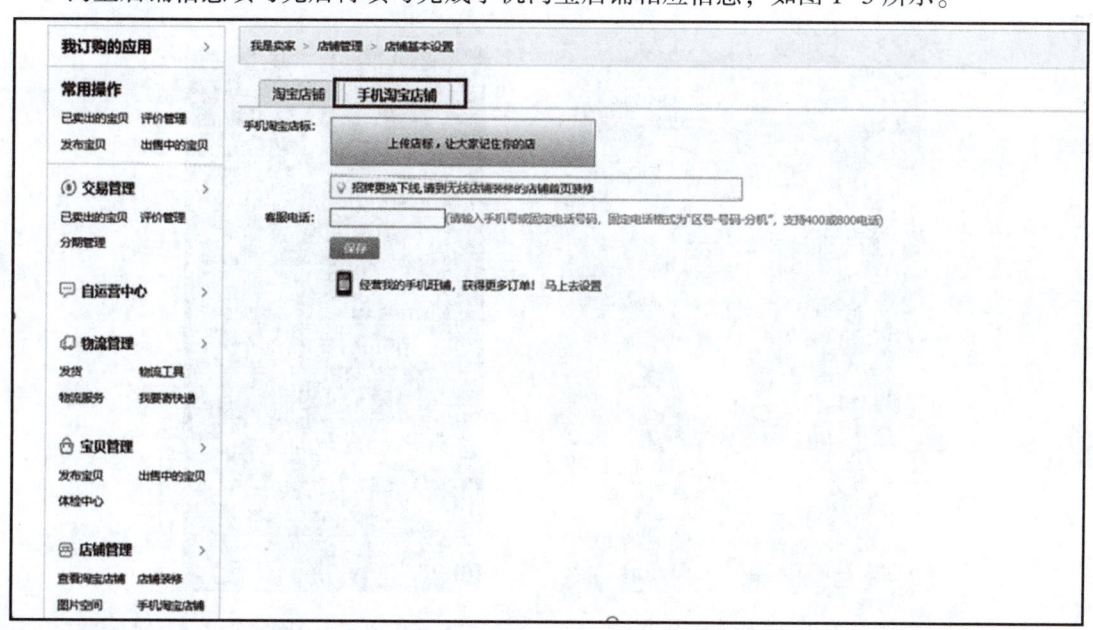

图 1-3 "手机淘宝店铺"信息填写界面

任务二　商品基础信息整理

商品基础信息的整理有助于电子商务企业对商品进行有序管理，降低在各环节衔接过程中的出错率，一般情况下电子商务企业会编撰一张商品基础信息表。在编撰商品基础信息表之前往往需要对商品进行编码，而商品编码是指基于商品分类赋予某种或某类商品以某种代表符号或代码的过程，对某一类商品赋予统一的系列符号称为商品编码化。商品分类和编码是分别进行的，商品分类在先，编码在后。商品科学分类为编码的合理性创造了前提条件，但是编码是否科学会直接影响商品分类体系的使用价值。

子任务1　商品分类

一、商品分类基础认知

商品分类是指根据一定的管理目的，为满足商品生产、流通、消费活动的全部或部分需要，将管理范围内的商品集合总体，以所选择的适当的商品的基本特征作为分类标志，逐次归纳为若干个范围更小、特质更趋一致的子集合体（类目），从而使该范围内所有商品得以明确区分与体系化的过程。

例如，一家专门从事家电商品销售的网店可以按照功能将商品分为大家电、厨房小电、净水饮水、生活小电等（见图1-4），每个分类下面还可以进一步细分。如果这家网店代理销售多个品牌的家电产品，也可以按照品牌进行分类。再如，一家专门从事饰品销售的网店可以按照饰品的功能分为耳饰、项链、戒指/指环、手链、项坠/吊坠等（如图1-5所示），也可以按照饰品的风格、材质等进行分类，如果想突出饰品的时尚性，也可以按照上新时间进行分类。

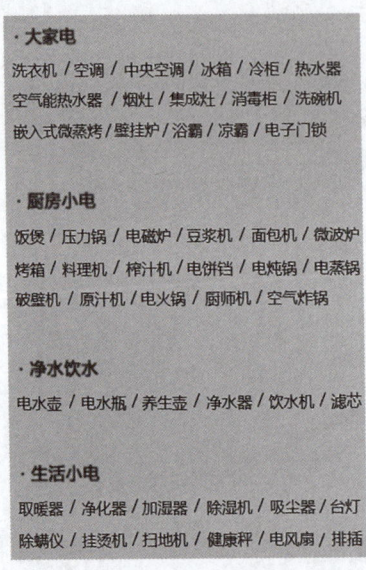

图1-4　家电的分类

图1-5　饰品的分类

电子商务运营过程中商品分类具有非常重要的意义，主要表现在方便顾客找到产品类目，对所需商品进行快速定位；有利于顾客和商家了解商品特性，对商品做出快速反应等。

二、商品分类的一般标准

为了让买家能快速地找到满意的商品，一般情况下有如下一些分类标准：

1）按商品的用途分类；
2）按商品的品牌分类；
3）按商品的风格分类；
4）按商品的价格分类；
5）按商品的上新时间分类；
6）按商品的功能分类，等等。

商品的分类没有一个统一的标准，通常情况是根据商品的特性与买家的需求进行分类，也可以对商品进行多维度交叉分类。在进行商品分类时要充分考虑商品属性和受众的浏览习惯，新品和特价分类尽量要靠前，商品分类不是越多越好，分类的基本要求是清晰、明了，同时也不要出现无宝贝的分类。

子任务2 商品编码

商品编码的编制是电子商务企业商品管理的基础，顾客选购商品时是无法与商品进行接触的，在交易过程中会经过一个交易与发货的流程，而且由于电子商务运营的需要，所出售的商品名称、规格名称等都会随时发生变化。因此，在后端商品管理过程中需要有一个能唯一识别商品的标识，否则在电子商务运营过程中会出现混乱的现象。例如，某商品的编号为330902，其中33表示男外套、09表示红色、02表示XL码，那么所有员工均知道这个编码的含义，不需要过多的解释。如果该商品叫作"双排扣小码偏大的红色外套"，那么很容易产生歧义，而且在电子商务运营过程中该名称还有可能发生变化，会给商品管理带来极大的难度。

一、商品编码分类

1. 数字型编码

数字型编码是用一个或若干个阿拉伯数字表示分类对象（商品）的编码方法。其特点是结构简单，使用方便，易于推广，便于计算机进行处理。

2. 字母型编码

字母型编码是用一个或若干个字母表示分类对象的编码方法。特点是便于记忆，比同样位数的数字型编码的容量大，可提供便于人们识别信息，但不利于计算机的识别与处理，适用于分类对象数目较少的情况。

3. 混合型编码

混合型编码是有数字和字母混合组成的编码方法。它兼有数字型编码和字母型编码的优点，结构严密，具有良好的直观性和表达性，同时适合使用上的习惯。但是由于组成形式复杂，给计算机输入带来不便，录入效率低，错码率高。

二、商品编码基本原则

1. 唯一性

在传统企业中编码规则是一门学问，针对电子商务创业型企业可能无法如此规范，但编码的最低要求是唯一性，不可以同一个编码表示不同的商品。

2. 不可变性

一个商品编码完成后相当于有了商品自己的身份证号，一般情况下只能新增，不可删除、不可修改、不可重复，商品的编码可以符合一定的规则，这个规则需要包含商品的关键属性。

3. 控制编码长度

每个商品的属性不一样，可以把最重要的关键性属性放入商品编码中，但不宜过多，一般来说商品编码控制在6~8位的长度比较适宜，一旦超过这个长度，会对记忆和沟通造成困难。商品编码规则中可以包含最重要的商品属性，而一些辅助性的、次关键性属性等信息可以作为商品标签放到商品属性描述的内容中。

4. 商品最小分类

商品编码一般会精确到商品最小分类的基本属性，也即精确到无法再拆分的商品分类。例如，根据商品的实际情况，可能会精确到商品的颜色、尺寸或长度等。

5. 求大同

在制定编码规则时有一个重要的问题，即近似属性合并。比如，服装品类中各种各样的红色数不胜数，深红色、粉红色、玫瑰红色、酒红色等，从商品规格结构的角度来说，有些颜色可以合并分类，即近似合并反而更有利于商品的管理。

6. 可扩展性

例如，一个商品编码中为了精确反映商品生产的年份，同时为了缩减编码长度，用0表示2000年，1表示2001年，依次类推。这个编码规则只能表示2001—2009年之间生产的商品，这个时候根据需要可以把表示生产年份的编码扩展到2位，如，01，02，…，这样就可以表示2001—2099年之间生产的商品，这就是编码的可扩展性。

如表1-2所示为一个多品牌运营的鞋类电子商务企业，商品编码由6位数字组成，第1位表示品牌，第2位表示品类，第3位表示商品号，第4、5位表示颜色，第6、7位表示尺码，在编制规则时一般都会有一个通用编码用于无法归类的商品。

表1-2 鞋类企业商品编码规则

编码长度	7位									
编码组成	品牌		品类		商品号		主颜色		尺码	
长度	1		1		1		2		2	
规则	编码	含义	编码	含义	编码	含义	编码	含义	编码	含义
	0	通用	1	凉鞋	1	SKU1	00	无色	00	通用
	1	品牌一	2	单鞋	2	SKU2	01	黑色	11	S
	2	品牌二	3	靴子	…	……	02	白色	12	M
	3	品牌三	…	……			…	……	13	L
	…	……					10	藏青	14	XL
							11	棕色	21	215
							…	……	22	220

子任务3 商品信息表编撰

商品信息表的编撰也是电子商务运营过程中的重要环节，对于了解商品信息、统计商品库存、商品信息呈现等商品管理工作起到重要的作用。

商品信息整理的维度需要根据商品品类的特征确定，例如，女装类目可以选择子类目、款式、材质、大小、细节、价格、保养等维度；眼镜类目可以选择品牌、材质、颜色、尺寸、重量、形状、功能、价格、配件等维度；保健品类目可以选择品牌、产地、主要成分、主要功效、适用对象、包装规格、产地、质量认证等维度。一般来说，商品信息梳理采用的常用维度如图1-6所示。

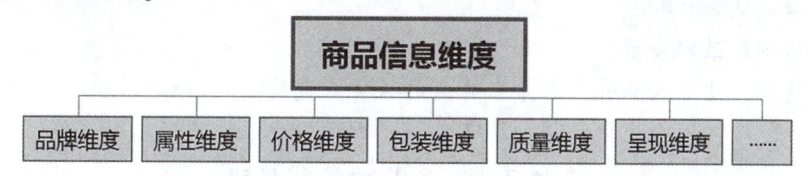

图1-6 商品信息常用维度

1）品牌维度：网店运营商品的品牌名称。
2）属性维度：包括商品的款式、材质、颜色、尺寸、重量、形状、功能等信息。
3）价格维度：包括商品的成本价、原价、销售价等信息。
4）包装维度：包括商品的包装规格、包装材料等信息。
5）质量维度：包括商品的质量认证证明、售后保障体系等信息。
6）呈现维度：包括商品的卖点、附加值、使用方法、使用场景等信息。

确定完成商品信息的维度后需要将商品的具体信息用表格或数据库的形式进行呈现，方便商品信息的检索，如二维码"商品信息表"所示。

【学习资料】商品信息表

同步实训

实训1：网店开设前期调研

【实训目标】

通过该任务的实施，使学生了解网店开设之前的准备工作，如选品、定位、定价等一些问题。

【任务要求】

1. 选择好货源渠道。
2. 做好消费人群定位。
3. 做好店铺的风格定位。
4. 做好店铺商品的价格定位。
5. 几个主流电商平台对比分析。

实训2：淘宝店铺的开通与设置

【实训目标】

通过该任务的实施，使学生熟悉淘宝店的开通流程，能完成淘宝店铺的基础设置，了解淘宝店铺开设需要具备的条件，增强学生的规则意识。

【任务要求】

1. 淘宝账号注册与认证。
2. 支付宝账号注册与认证。
3. 淘宝店铺认证。
4. 完成店铺的基本设置。
5. 查阅资料，描述天猫开店与京东开店的条件与流程。

实训3：商品基础信息整理

【实训目标】

通过该任务的实施使学生能熟悉网店所售商品的基础信息整理思路与方法，能全面梳理网店商品的基础信息，有效提高网店运营与管理的效率。

【任务要求】

选择一个商品类目，完成以下任务：

1. 确定商品的分类与编码；
2. 梳理商品信息整理的维度；
3. 编撰商品信息表。

项目二

商品发布

◆ **学习目标**

商品发布需要考虑消费者浏览商品信息的体验感，因此，同样要有规则意识和以人为本的思想。同时，消费者在成交之前获取商品信息的主要渠道是商品详情页。因此，商品发布还要考虑到信息的完整性、真实性，发货、退换货等服务上的承诺，不能欺骗消费者，由此可以培养学生诚实守信的品格。

店铺开设完成后就要在店铺里发布与上架商品，商品发布有多种方式，淘宝平台店铺后台提供了单件发布商品的功能。当商品品种比较多的时候也可以借助第三方工具，对商品进行批量发布与编辑，同时也可以通过1688批发平台进行一键分销发布。

任务一　单商品发布

子任务1　商品标题设置

商品标题的设置目标是最大限度地表现出商品特点，让买家能够搜索到商品，并看到商品的大概描述。只有这样，才能带来流量与收益。因此，商品标题的设置是商品展示的首要环节。

【学习视频2-1】商品标题设置

（1）登录淘宝网，进入千牛卖家工作台，在千牛工作台界面的左边菜单栏中选择"宝贝管理"下的"发布宝贝"项，如图2-1所示。

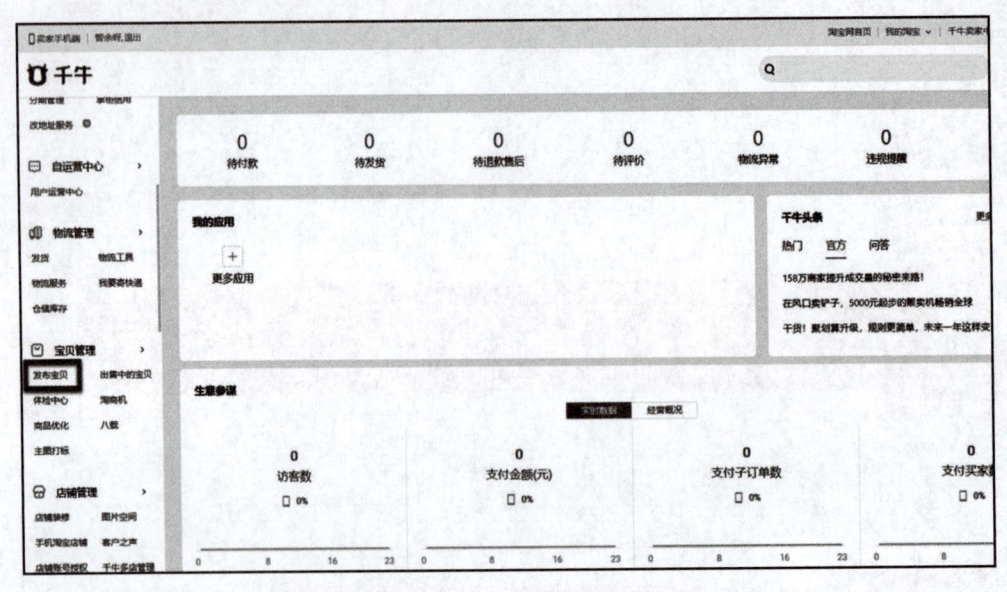

图 2-1　千牛卖家工作台发布商品菜单栏

（2）上一步操作后跳转到"商品发布"界面，卖家可以在搜索栏里寻找自己所要发布的商品。例如，在搜索栏内搜索"茶杯"，就会出现一些有关选项，选择最符合的一个；也可以通过搜索栏下方的相关类目，找到自己所要发布的商品类目，如图 2-2 所示。

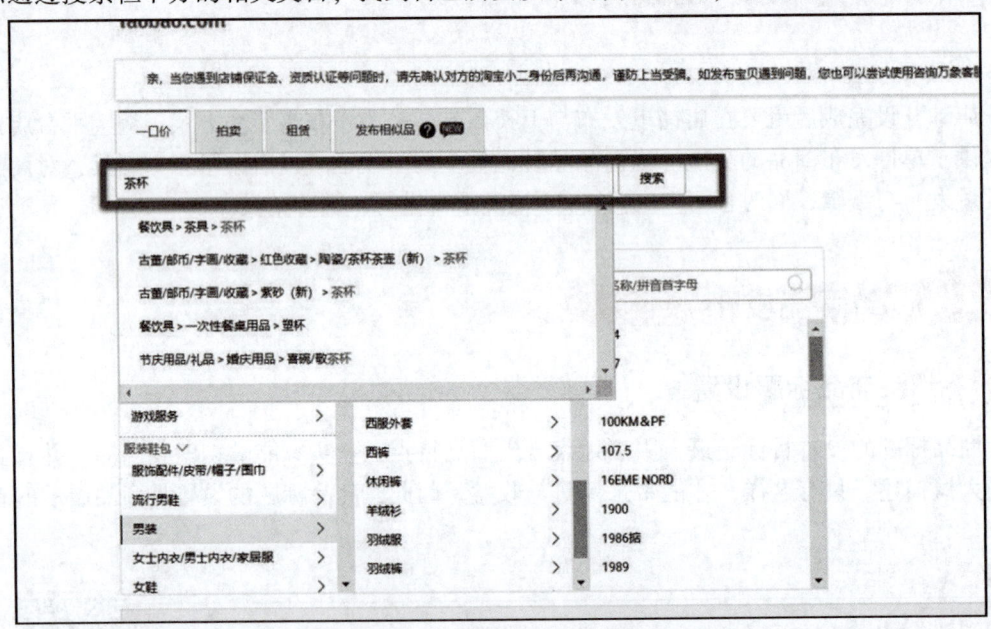

图 2-2　"商品发布"界面

（3）选定商品类目后，点击"下一步发布商品"按钮，跳转到"基础信息"编辑界面，进行宝贝标题设置，如图 2-3 所示。

项目二　商品发布

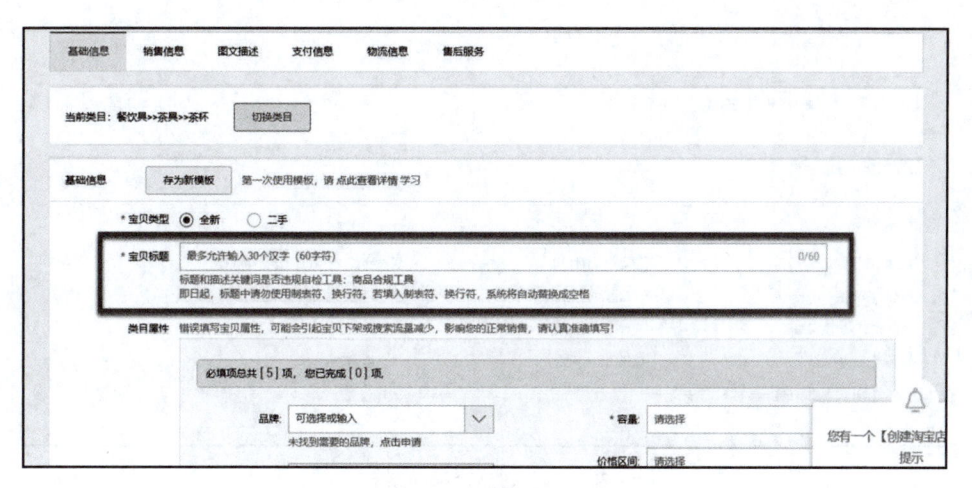

图 2-3　"宝贝标题"编辑界面

编辑商品标题时的注意事项：

1）限定在 30 个汉字（60 个字符）以内，游戏币类商品支持输入 60 个汉字。
2）标题尽量简单、直接，突出卖点，使买家一目了然。
3）标题与当前商品的类目、属性一致。
4）标题不允许出现半角符号"<>"或表情符号等特殊符号。

子任务2　商品属性设置

在商品发布界面的"基础信息"编辑页面的宝贝标题下面即为需要设置的商品属性，如图 2-4 所示。

图 2-4　类目属性编辑界面

如图 2-5 所示，商品详情页内的产品参数中的部分信息就是需要填写的商品属性信息。所以，在设置商品属性时，也可以多参考同行们是如何进行商品详情描述的。

015

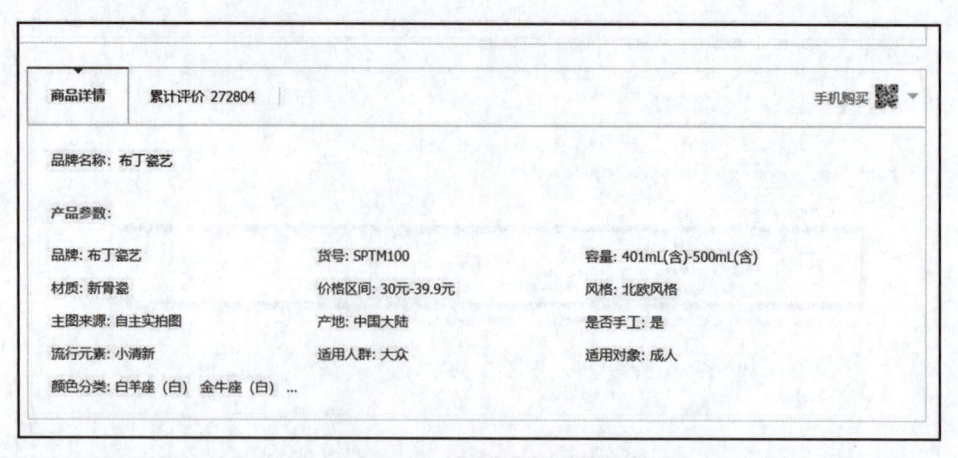

图 2-5　商品详情页界面

编辑商品属性时的注意事项：

1）商品属性最多只能写 5 个。
2）要尽可能地写满 5 个商品属性。

子任务 3　运费模板设置

【学习视频 2-2】运费模板设置

（1）登录淘宝网，在千牛卖家工作台主界面选择左侧菜单栏的"物流管理"下的"物流工具"项，如图 2-6 所示，然后会进入"运费模板设置"操作界面，如图 2-7 所示。

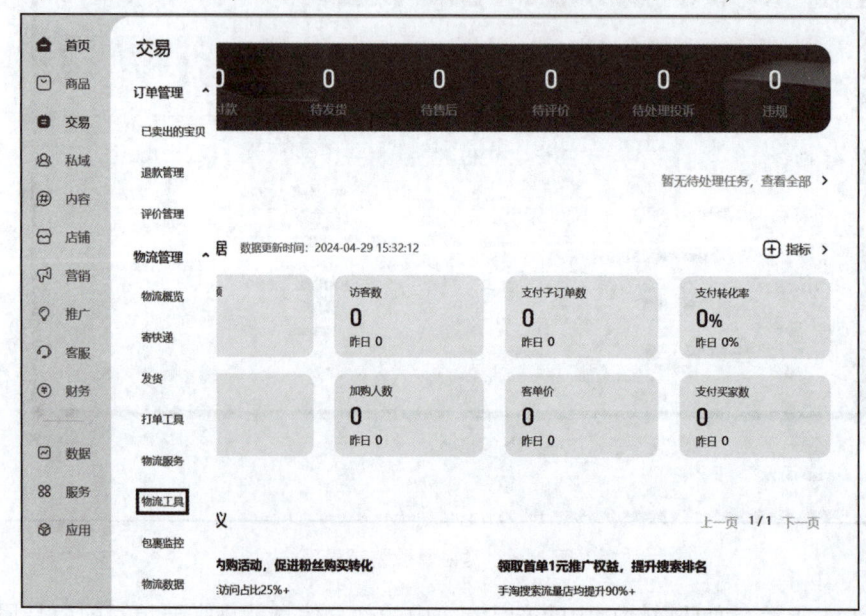

图 2-6　千牛卖家工作台"物流工具"菜单栏

图 2-7 "运费模板设置"操作界面

（2）在"运费模板设置"界面点击"新增运费模板"按钮，弹出如图 2-8 所示的信息编辑界面。

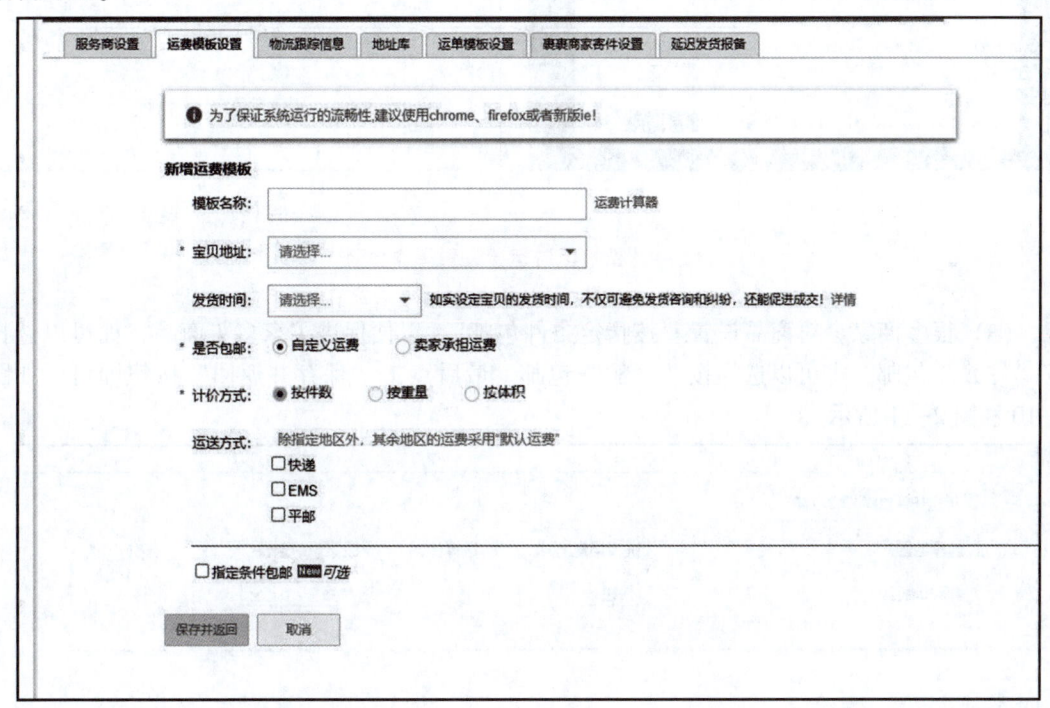

图 2-8 "新增运费模板"信息编辑界面

运费模板信息包含模板名称、宝贝地址、发货时间、是否包邮、计价方式、运送方式等信息。

1）模板名称：为了便于区分，应对新增的模板进行命名。
2）宝贝地址：选择自己设置的发货地即可。

3）发货时间：虽然没有标明是必选项，但最好标明是当天发货、24 小时内发货还是 3 天内发货等，这样做有助于促进成交。

4）是否包邮：可以根据目前自身的销售策略进行选择。如果包邮就勾选卖家承担运费，如果不包邮就需要自定义运费。

5）自定义运费：首先从快递、EMS、平邮三种运送方式里面进行选择。若选择快递，可以直接设置运费，也就是通用运费，每个地方运费都一样。也可以为指定地区或城市设置运费，如从南方发货的商品，针对一些较远的区域，可以设置东三省首件 10 元、西藏自治区首件 16 元等，如图 2-9 所示。

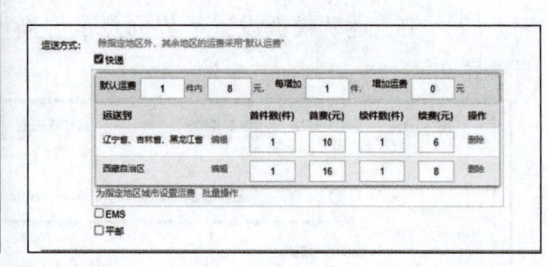

(a)

(b)

图 2-9 选择区域运费设置操作界面
(a) 选择区域；(b) 指定区域设置运费

(3) 很多商家会对商品设置"按指定条件包邮"，以便促进买家多买商品，如可以选择按"件数"包邮，也可以选择按"金额"包邮。最后点击"保存并返回"按钮即可，如图 2-10 和图 2-11 所示。

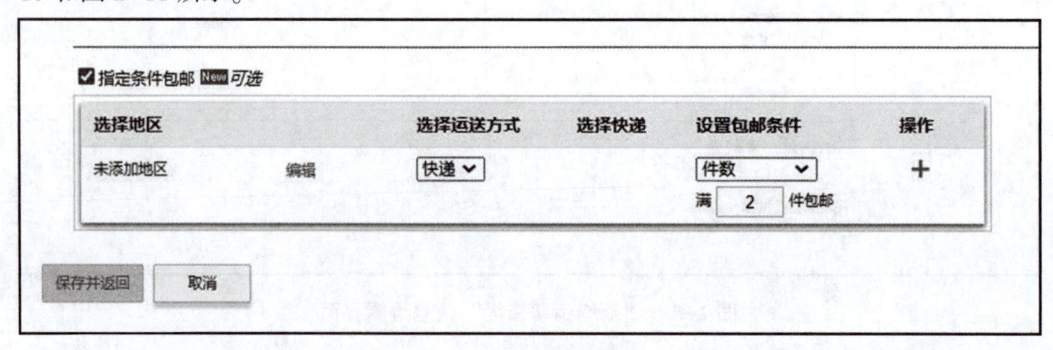

图 2-10 按"件数"包邮操作界面

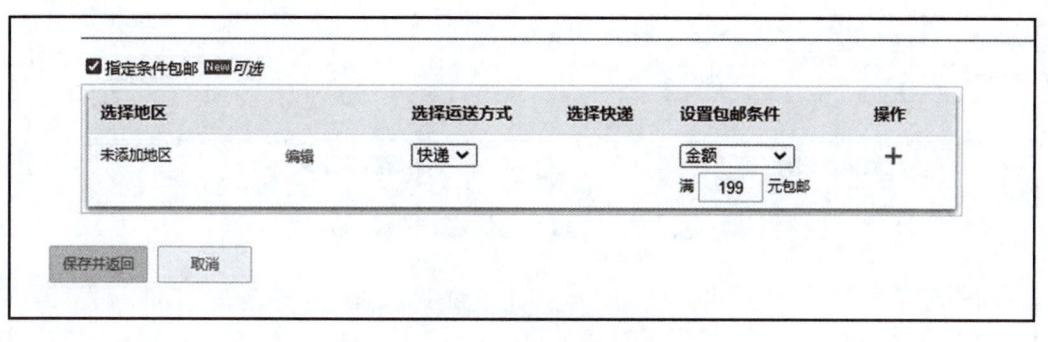

图 2-11 按"金额"包邮操作界面

子任务 4 商品详情发布

在商品发布界面，除了设置标题、属性等基础信息外，还需要发布销售信息，进行图文描述，填写支付信息、物流信息以及设置售后服务等。

1. 销售信息发布

销售信息发布主要就是输入商品的销售价格和销售数量，这两项是必填的。除此之外，还可以输入商品的颜色，颜色还可以加上备注信息，如颜色偏深或者偏亮等。商品如果有编码和条形码，也可以输入，如图 2-12 所示。

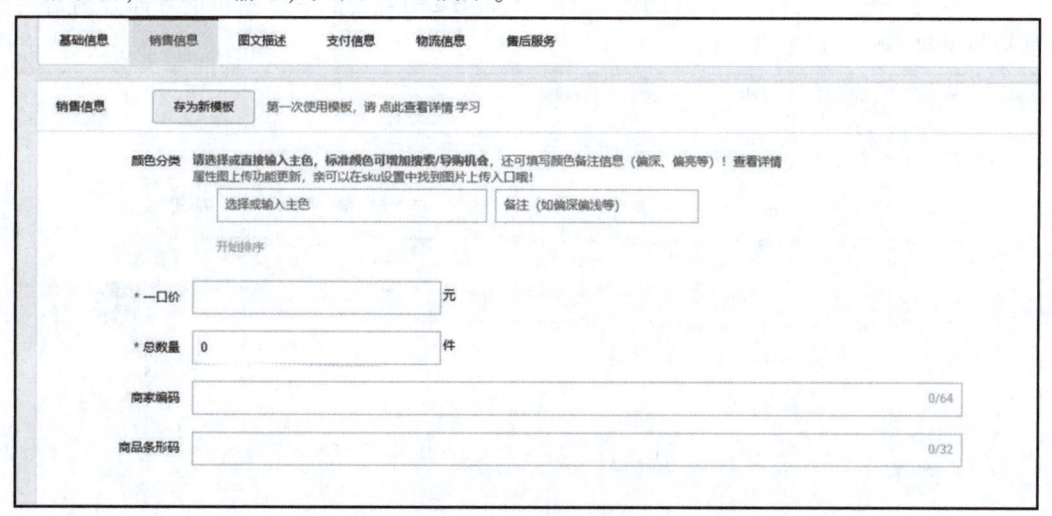

图 2-12 销售信息发布界面

2. 主图发布

在如图 2-13 所示的界面中，按要求上传主图与视频，一般上传 5 张主图和 1 个视频。主图是消费者点击商品最先看到的图，所以要将最合适的图放在最前面。

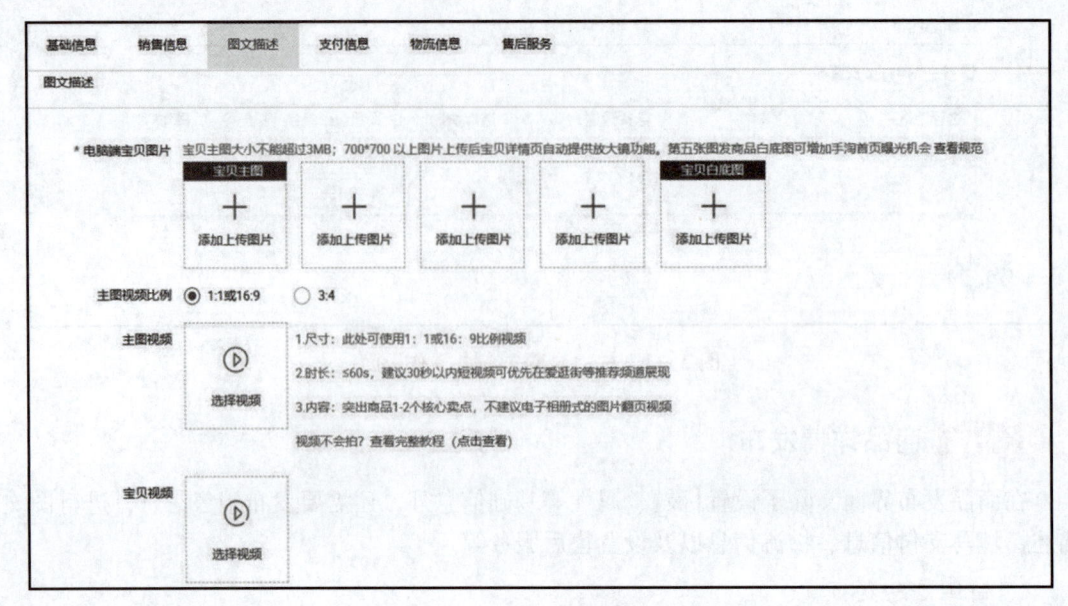

图 2-13 主图上传界面

3. 商品描述

商品描述一般是以详情页图片的形式上传，如图 2-14、图 2-15 所示的界面分别是上传电脑端与手机端商品详情页界面。

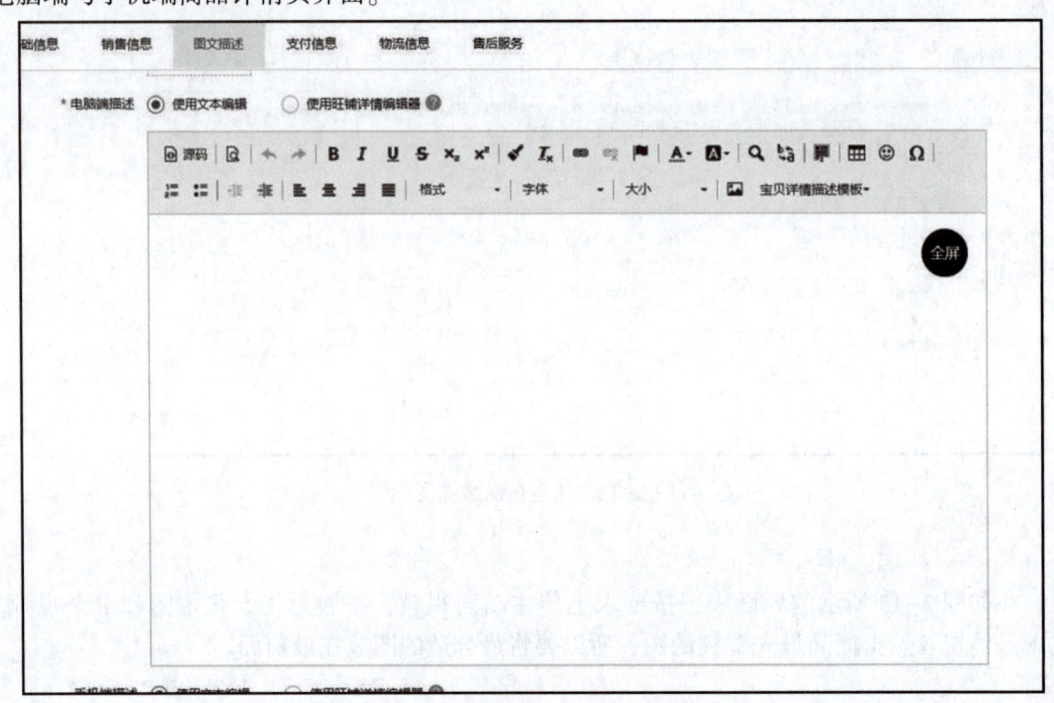

图 2-14 电脑端商品描述界面

图 2-15 手机端商品描述界面

4. 其他信息设置

除了设置商品的标题、属性、详情页等主要信息外，还需要在如图 2-16 所示的界面中设置支付信息、物流信息与售后服务信息等。

1）支付信息设置包括付款模式和库存计数的设置。
2）物流信息的设置主要是从设置好的快递模板中进行选择。
3）售后服务设置包括售后服务和上架时间的设置。

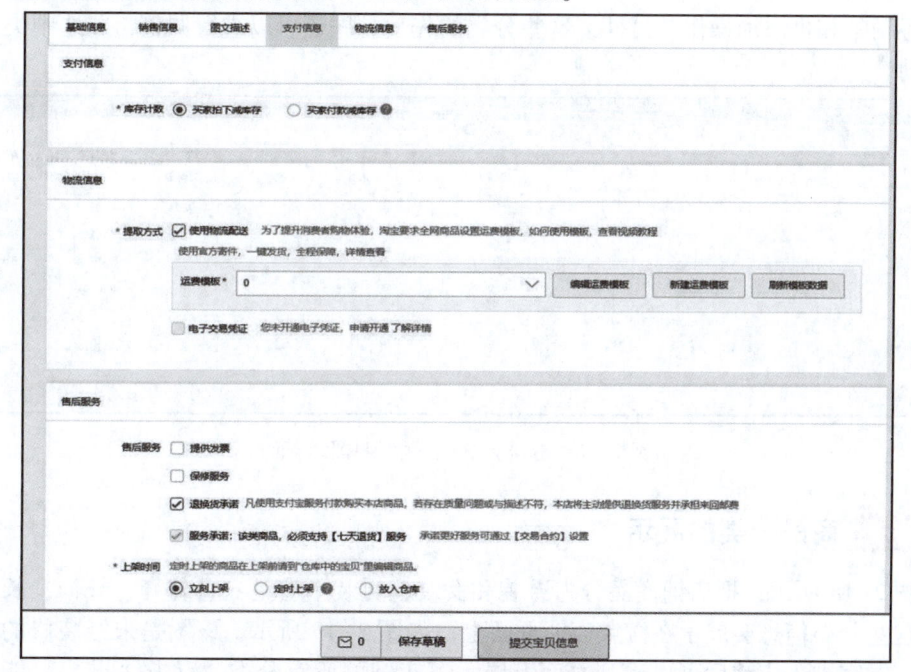

图 2-16 其他信息设置界面

任务二 商品分类

子任务1 商品分类的设置与修改

【学习视频2-3】商品分类的设置与修改

登录千牛卖家工作台,在左边菜单栏的"店铺管理"中选择"宝贝分类管理",弹出如图2-17所示的商品分类管理界面。

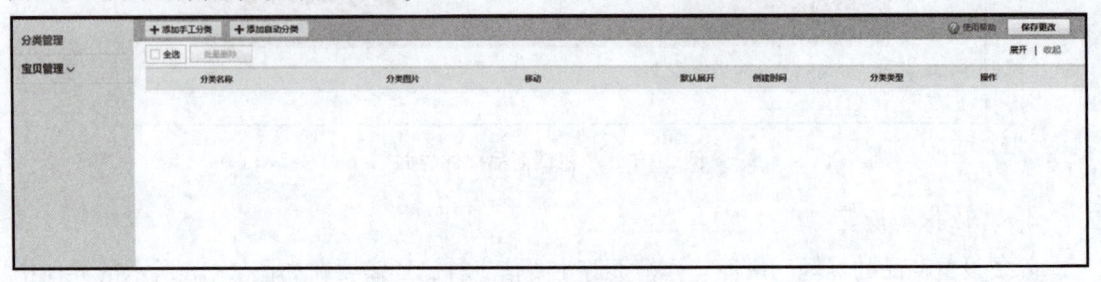

图2-17 商品分类管理界面

进入商品分类管理界面后,会发现所有分类是空的。对于最先添加的类目,系统会默认为一级分类。例如,可以先添加男装、女装等一级类目。接着可以在一级分类下添加子类目(见图2-18),如在男装下面可以添加毛衣、外套、长袖等子类目。在分类设置出现错误时,可以进行删除和再添加操作。另外,这些分类的先后顺序还可以进行调整,即选中类目进行上下移动。

图2-18 分类管理的子类目操作界面

子任务2 商品分类的展示

如图2-18所示,把店铺商品分为男装和女装,男装下有毛衣、外套、长袖、长裤等子类目,这些分类信息会展示在淘宝店铺页面上。如图2-19所示,该图是未经装修的店铺初始界面,顾客进入店铺后可以看到页面上展示了店铺的所有分类,点击"男装"能看到之前添加过的子分类。

图 2-19　店铺初始界面的商品分类显示效果

图 2-20 所示为淘宝平台上的一家销售男装的店铺。可以看到，这家店铺首页也有展示分类，而且商品的分类十分细致、全面。

图 2-20　某男装店铺的商品分类信息

图 2-21 所示为一家化妆品的店铺，其也同样在店铺首页有分类的展示。可见，商品的分类在店铺首页都会有展示，而且很多卖家都比较重视，还会进行装饰。

图 2-21　某化妆品店铺的商品分类信息

由于顾客进入店铺后首先会看到店铺的商品分类信息，因此，顾客会根据商品分类信息判断店铺的在售物品是否与他的需求匹配，从而决定是否继续进行浏览与购买。而新手卖家更需要在商品分类上多花时间，这样才能达到比较好的效果。

同步实训

实训1：运费模板的设置

【实训目标】

通过该任务的实施，使学生掌握淘宝店铺运费模板的设置方法，会设置各种需求的运费模板。

【任务要求】

1. 设置完成全国包邮的运费模板。
2. 设置完成江浙沪包邮的运费模板。
3. 设置完成分区块邮费的运费模板。

实训2：单件商品的发布

【实训目标】

通过该任务的实施，使学生掌握商品的发布方法与流程，会发布商品，厘清商品发布的要素与发布的注意事项。

【任务要求】

1. 设置商品标题。
2. 设置商品属性。
3. 上传商品主图。
4. 上传商品详情页。
5. 选择适合的运费模板。
6. 完成商品发布的其他内容。

实训3：商品分类设置与修改

【实训目标】

通过该任务的实施，使学生掌握商品分类的方法与技巧，理解商品分类的作用与重要性。

【任务要求】

1. 设置店铺的商品类目。
2. 将每一件商品归入类目。
3. 修改店铺的类目名称。
4. 修改商品的归属类目。

项目三　店铺装修

◆ **学习目标** ◆

店铺装修包括店铺的布局、视觉设计以及与消费者密切相关的一些元素设置。好的店铺装修可以提升店铺的品质，使消费者对店铺产生好感。而在装修的过程中完善店铺的细节显得非常重要。本项目既可以培养学生的审美水平，也可以培养学生的敬业精神。

在店铺里发布一定数量的商品后，为了让顾客更加方便地了解店铺的相关信息，快速定位到自己想要的商品，需要对店铺进行合理的布局设计。同时，为了让顾客对店铺产生好感并对店铺产生更深刻的印象，也需要对店铺进行视觉设计。本项目以服装类目为例，对店铺装修进行系统介绍。

任务一　店铺总体布局

子任务1　店铺组成要素认知

1. PC端店铺的组成要素认知

PC端店铺的组成要素大致可分为五部分（见图3-1）：店名，店招，分类导航，促销海报，宝贝推荐。

图 3-1　PC 端店铺的组成要素示意

2. 移动端店铺的组成要素认知

移动端店铺的组成要素大致也可以分为五部分：店名，促销海报，全部宝贝，店铺微淘，宝贝分类。

移动端的店铺首页与 PC 端相比较为简单（见图 3-2），上端是店名，中间为促销海报，下端为全部宝贝、店铺微淘、宝贝分类和店铺会员。在首页中间部分，由于页面大小限制，展示出来的大面积都是促销海报，以及目前比较流行的视频直播链接，界面的内容不多。其中，最为吸引眼球的是促销海报，其可以展示优惠活动、热销商品等。

图 3-2　移动端店铺首页

移动端的"全部宝贝"中展示了店铺中所有的商品，顾客可以按销量或价格进行排序（见图3-3）。宝贝分类也是移动端很重要的一个部分，因为移动端浏览有限，不会一下看到很多商品，顾客可以通过分类栏寻找所需类目下的商品（见图3-4）。

图 3-3　移动端全部宝贝页　　　图 3-4　移动端宝贝分类页面

子任务 2　店铺风格定位

店铺风格定位的精准关系到目标受众人群。从图3-5（a）与图3-5（b）所示店铺的界面中，可以明显看出两家店铺的风格各异。图（a）的服饰显得潮流，而图（b）的服饰显得温婉、淑女。如今，淘宝网上有成千上万家不同风格的店铺，一家店铺并不能满足每一位顾客的要求，因此，卖家需要确认自己服务于哪一类人群，并根据他们的喜好装修店铺，并上架合适的产品。

(a)

(b)

图3-5　店铺风格举例

(a) 潮流型风格的店铺定位；(b) 淑女型风格的店铺定位

店铺有明确的风格定位意味着店铺做到了风格统一，满足了一定目标人群的需求，如女

装类目下有欧美风、韩版、学院风等风格。当一位平常穿搭偏好韩版服饰的顾客想要购买一件韩版的T恤时，其进入一家店铺，发现该店铺的整体风格就是韩版的，不仅有韩版的T恤，还有其他韩版服装，该顾客肯定会在店铺中浏览其他商品，这就极大地提高了顾客的购买率，从而提升了店铺的转化率。

做好店铺风格定位，需要注意以下三点。

1）根据销售的产品决定店铺风格。如果产品较为大众化，则需要挖掘产品特点，进行分类，使其在店铺中得到体现，这样会让顾客觉得你的产品很精细，从而提高购买率。

2）以主要竞争对手的薄弱环节为切入点。对比竞争对手，找到薄弱环节，将其转为自身店铺设计时需考虑的地方。

3）根据后台提供的模板进行选择。淘宝后台提供了各种风格的模板，有清新、时尚、欧美等，选择符合自身风格的模板，再进行修改，形成店铺的专属模板。只要店铺的风格与众不同、别具特色，就能够吸引更多顾客。

子任务3 店铺首页布局

1. PC端首页布局

PC端首页布局主要包括了店铺页头、促销优惠展示、产品展示、分类导航、店铺公告和一些其他模块的合理布局。店铺页头包括店招和导航，店招的作用就是展示店铺形象、推广促销活动和增加产品曝光等；导航就是店铺顶部的引导栏，作用主要是产品导航、活动介绍等。促销优惠展示包括活动海报、产品海报和一些优惠券的展示等。

图3-6所示的某品牌官方旗舰店首页，左上角是店名，右上角是搜索栏，其都在比较显眼的位置。店招没有特别装饰，只有一个小小的品牌标志。旁边有一些商品分类的链接，以及公告区、店铺信息等。对于整个首页，店铺还进行了总体的分类，在买家向下浏览时，分类栏会固定在顶部，便于切换页面。

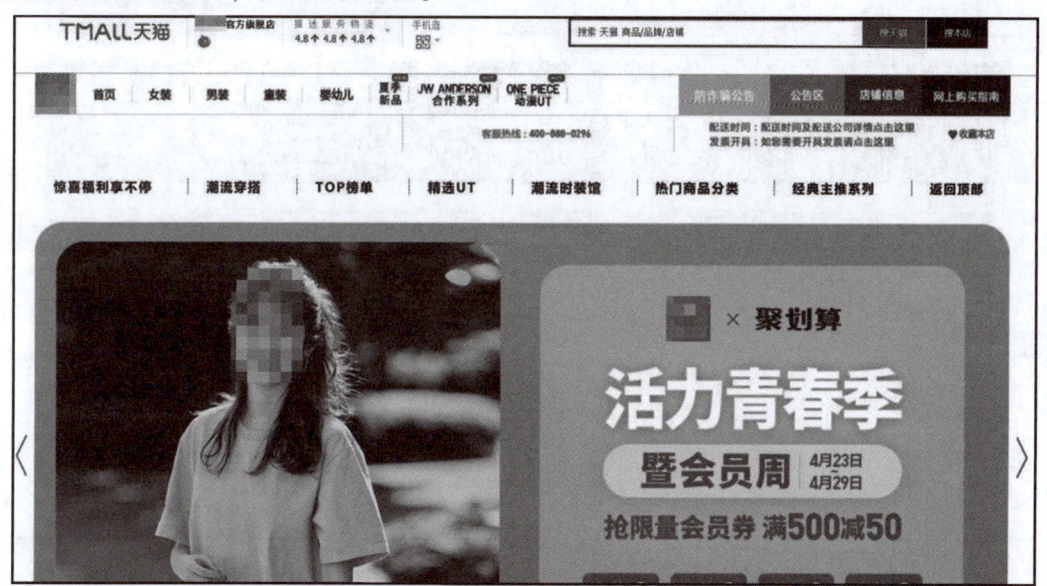

图3-6 某品牌官方旗舰店PC端店铺首页

在优惠活动、人气服装、推荐服装之后，店铺还设置了一块分类区域（见图3-7）。服装种类众多，首页上很难将所有服装的促销展示出来，而通过首页的分类区域，可以让消费者有更多的选择。

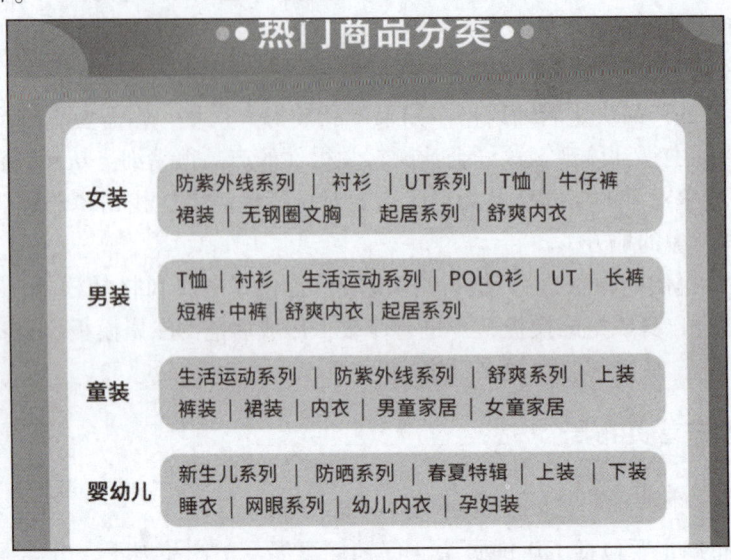

图3-7 某品牌官方旗舰店PC端首页分类区域

如图3-8所示，该品牌旗舰店在店铺页尾还设置了其他店铺的链接和服务的介绍，还有手机店铺的二维码。整体来说，该品牌的店铺内容非常完善，基本上涵盖了店铺首页所有的组成元素。

图3-8 某品牌官方旗舰店PC端店铺首页页尾

如图 3-9 所示，在某品牌官方旗舰店的首页布局中，店名和搜索栏都放在最前面。该品牌的店招经过了适当的装饰，在分类栏中包含了所有宝贝与一些细分栏目，如特惠专区、热销专区、IP 联合系列等。

图 3-9　某品牌 PC 端店铺首页

如图 3-10 所示，在该品牌官方旗舰店的促销活动界面中，有很多类目，如衬衫专区、外套专区等。

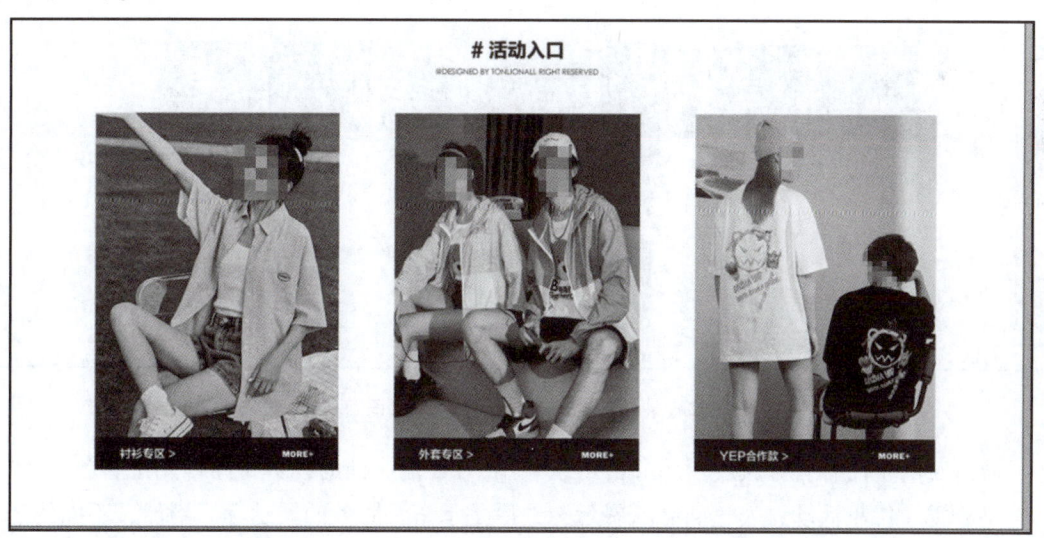

图 3-10　某品牌官方旗舰店 PC 端活动专区

从图 3-11 所示的品类通道可以看出，该品牌官方旗舰店同样也非常重视商品的分类，不仅在首页存在分类设置，在消费者往下浏览时也有分类的体现。

图 3-11　某品牌官方旗舰店 PC 端品类通道

该品牌官方旗舰店的页尾也含有服务的展示（见图 3-12），并且写明了一些承诺，如严格履行商品和服务质量法定义务、自觉接受社会监督等。这些承诺看似不起眼，在无形中却能增加消费者对店铺的好感。

图 3-12　某品牌官方旗舰店 PC 端店铺首页页尾

通过对两个品牌官方旗舰店的分析可以看出，PC 端店铺的首页布局首先是店名、店招，其次是分类、优惠活动、人气商品的展示，最后是承诺及服务的展示等。当然，不同的店铺有不同的布局，但布局的逻辑大致是相同的。

2. 移动端店铺首页的布局

移动端店铺的组成要素分别是店名、促销海报、全部宝贝、店铺微淘，以及宝贝分类等。由于手机淘宝在装修时存在较大的局限性，如过大的图片会影响网页的打开速度，颜色

过于复杂会影响视觉效果，过多的模块不利于浏览等。因此，移动端的店铺首页布局要做到简单、直接、明了，这样也能让买家用更少的流量得到更好的浏览体验。

因此，建议新手卖家在对首页进行布局时，最好采用从上到下（即店招设计—产品海报—优惠券—分类—海报—产品罗列）的布局方式，这样既方便顾客的浏览，也使得店铺布局更加清晰、明了。

如图3-13所示，在某品牌官方旗舰店的移动端店铺布局中，顶端是店名，右上角是关注店铺的按钮，随后是搜索栏及店铺针对活动促销的分类，再下方是店铺的一些公告，再后面是各项促销及推广活动，如好券先领、人气榜单等，与PC端内容大体一致。

（a）　　　　　　　　　　　（b）

图3-13　某品牌官方旗舰店移动端店铺首页
(a) 店铺首页轮播；(b) 店铺热销榜单

如图3-14和图3-15所示，促销活动的下方是商品的分类，首页页尾是退换货指南与购物须知等服务类入口。

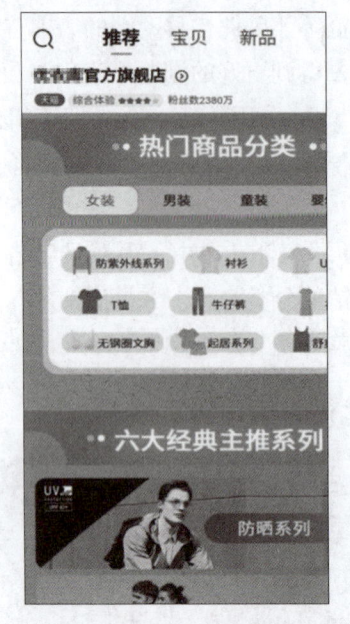

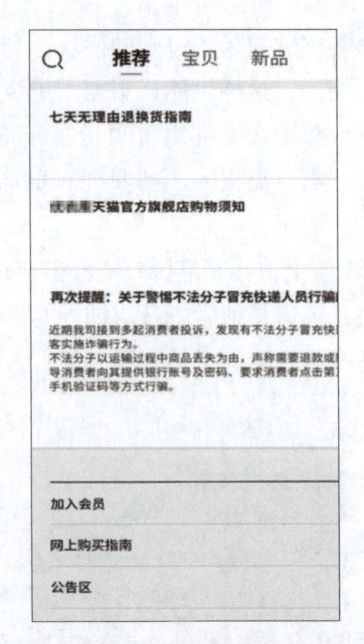

图 3-14 店铺移动端首页商品分类　　图 3-15 店铺移动端首页页尾

移动端首页的最下方有七天无理由退换货指南、购物须知、防诈骗须知、加入会员、网上购买指南、公告区等以服务类为主的导航栏按钮，这样的布局有助于顾客在浏览时可以直接从下方点击进入，找到自己想要的服务，解决网购遇到的困难。

如图 3-16 所示，某品牌官方旗舰店的移动端首页多了直播界面。

(a)　　(b)

图 3-16 某品牌官方旗舰店移动端首页

一般情况下，移动端店铺首页的布局应当具备以下三大作用。

1）展示形象。卖家在做店铺时，总是想让顾客感受到店铺的与众不同，而店铺的首页布局就是最好的方式。顾客在进入店铺首页时，会通过首页内容对该店进行详细的判断，这种判断其实就是店铺形象在客户心目中的展示。

2）商品搜索。顾客通过某款商品进入首页时，即意味着其可能有其他商品的消费需求。当顾客有明确的购买目的时，店铺首页的搜索导购功能，能够帮助顾客快速方便地找到所需商品顺利下单。

3）推荐和活动。当顾客无明确购买需求时，则需要一些推荐和活动来激发顾客的潜在购买需求，如新品推荐、促销打折、减价等，如果店铺正在做这些活动，首页上需要有明显的展示，凭此吸引顾客下单。

子任务4 商品详情页布局

1. PC端商品详情页布局

如图3-17所示，在PC端宝贝的主页面中，首先是商品图片，图片的数量不止一张，可以点击放大查看；其次是宝贝名称、价格、发货地、运费等；最后是顾客可自行选择的尺码、颜色、数量及付款方式等。

图3-17 PC端宝贝主页面

宝贝商品页下滑后可见到商品详情的展示，即商品详情页（见图3-18）。首先是商品的详细参数，如品牌、货号、风格、上市季节、材料成分等，主要根据产品的特点展示其属性；其次是店铺的促销活动及促销商品的展示。这些内容是必不可少的，通过这些促销信息，可吸引顾客浏览更多宝贝，提高店铺转化率。

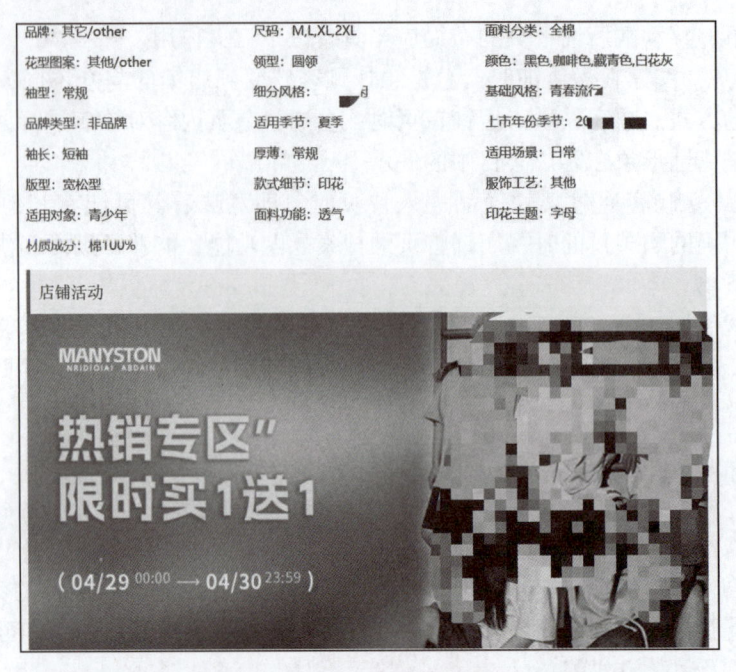

图 3-18　PC 端商品详情页

商品详情参数下方是商品实景图（见图 3-19）。当遇到店铺促销时，促销的活动内容可以放在商品实景图前，前面某品牌官方旗舰店的商品详情页就是将促销活动放于商品实景图之前的。

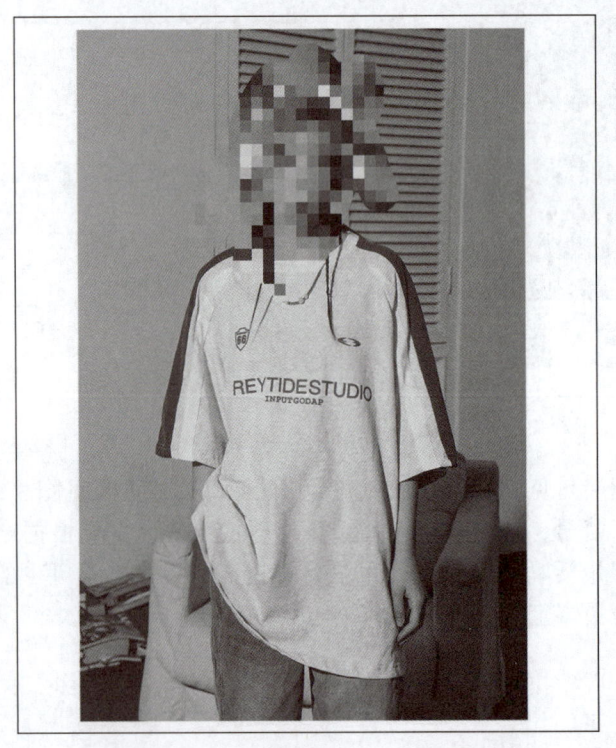

图 3-19　PC 端商品详情页——商品实景图

商品实景图下方一般为商品颜色及尺寸的展示，颜色的展示一般是将不同颜色的商品都展示出来，如图 3-20 所示。尺寸一般以表格的形式展现，如图 3-21 所示。

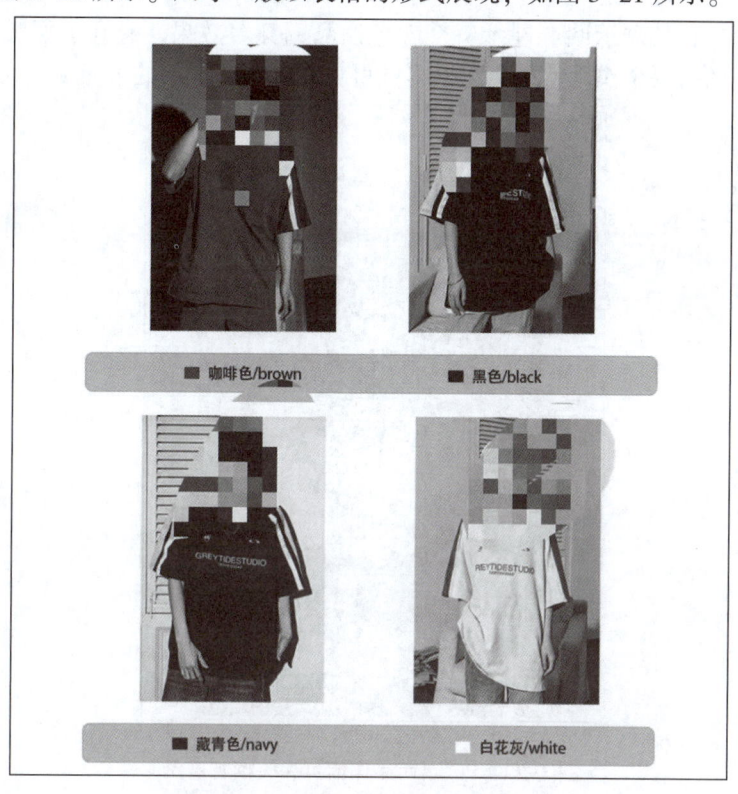

图 3-20　PC 端商品详情页——颜色展示

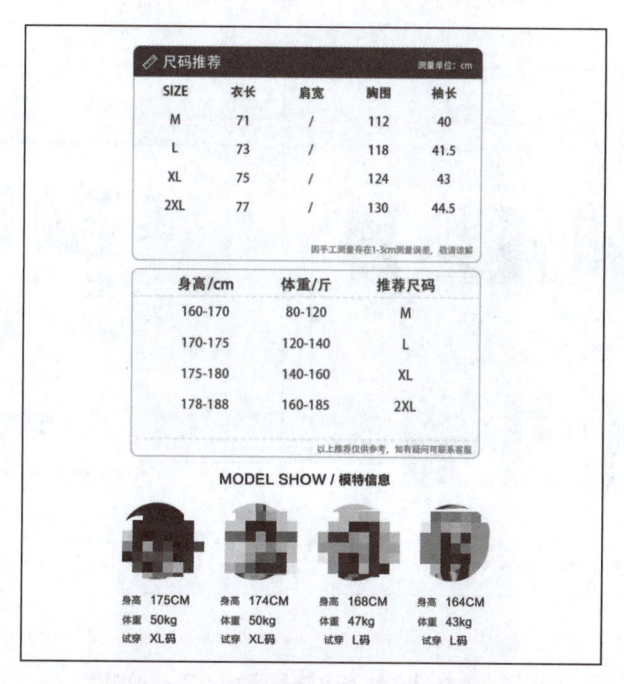

图 3-21　PC 端商品详情页——尺寸展示

商品颜色及尺寸展示图下方一般是细节图的展示，主要展示商品面料以及正面、背面、侧面的商品细节等，好处是使顾客对商品有更清晰、全面的了解。细节展示图后是模特展示图（见图3-22），模特展示图会展示每个颜色商品的穿着效果，有利于顾客做出颜色的选择。模特展示图的另一个作用就是会让顾客觉得款式好看，下单的可能性增大。

图3-22　PC端商品详情页——模特展示

如图3-23所示，在PC端商品页页尾一般是一些商品说明，如服装的色差说明、洗涤说明等。

（a）

（b）

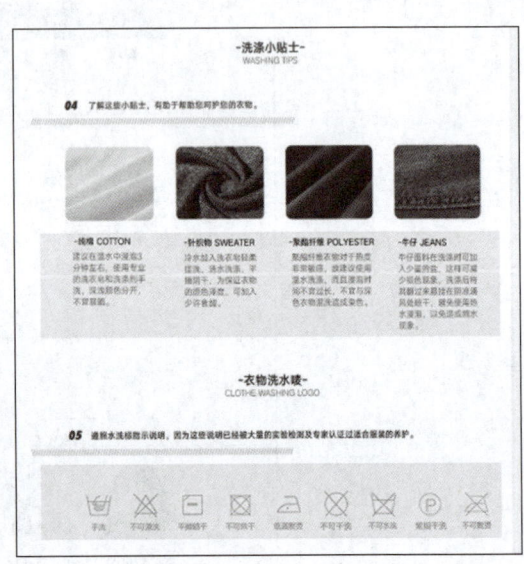

图3-23　PC端商品详情页——商品说明

（a）色差说明；（b）洗涤说明

PC 端商品的详情页一般会包含上述几项内容，有些淘宝店铺的商品详情页没有包含上述所有内容，可能只会出现商品参数或几张商品图片等，这样的展示不利于商品销售，因为顾客只有全面了解了商品，才会做出是否购买的决定。

2. 移动端商品详情页布局

移动端的商品详情页与 PC 端有些不同（见图 3-24），商品名称旁边有分享的按钮，消费者可以直接将商品分享给好友。宝贝标题下方是发货地、运费、活动、颜色、尺码等参数。在活动中有时可领取优惠券或获得运费险权益。各项参数下方是宝贝评价，PC 端的评价是在最后展示或需要买家自行点击才能展示，移动端的评价查询更加方便快捷。

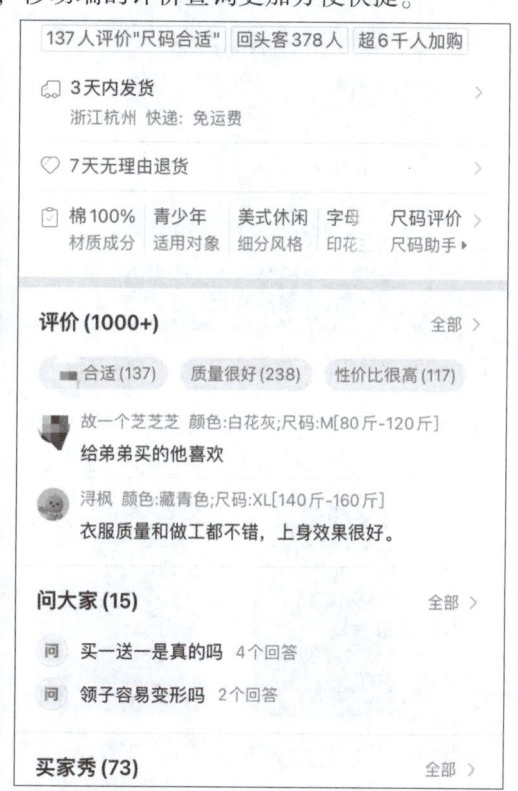

(a) (b)

图 3-24 移动端宝贝详情页
(a) 宝贝主图；(b) 宝贝评价

宝贝评价下方是商品的详情页。移动端与 PC 端的详情页差别不大，卖家可以将 PC 端编辑的商品详情页内容直接放置在移动端，高效又省力。如图 3-25 所示的商品详情页，其首先展示的是促销海报，可以吸引买家购买更多商品。促销海报下方再展示商品全景图（见图 3-26）。

图 3-25　移动端商品详情页——促销海报 　　图 3-26　移动端商品详情页——产品全景图

产品全景图下方是颜色展示、产品信息、尺寸信息，以及细节的展示，如图 3-27 和图 3-28 所示，展示内容与 PC 端基本一致。

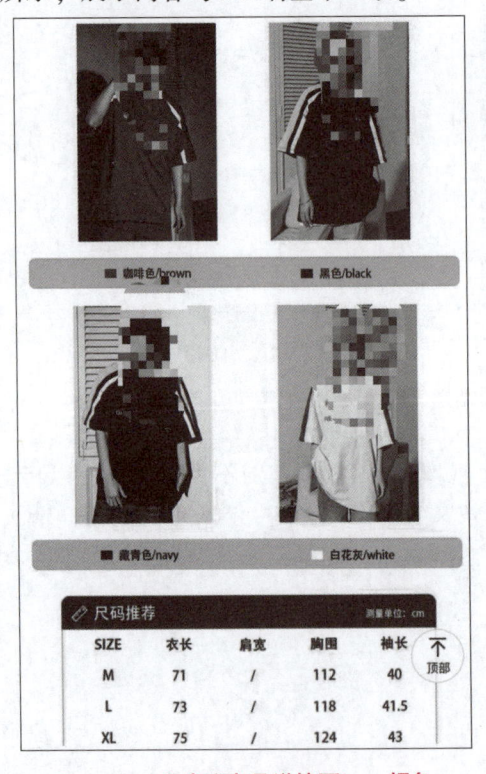

图 3-27　移动端商品详情页——颜色 　　图 3-28　移动端商品详情页——面料细节

产品细节图下方是模特展示图（见图3-29），展示每种颜色的宝贝的上身效果，这有助于顾客做出选择，内容也与PC端基本一致。

(a) 　　　　　　　　　　　　　　(b)

图 3-29　移动端商品详情页——模特展示
(a) 黑色模特展示效果；(b) 白色模特展示效果

最后是平铺细节图及价格说明（见图3-30和图3-31）。通过对比发现，PC端与移动端商品详情页差别不大——卖家在编辑商品信息时，不用刻意区分，只要对商品的描述周到即可。

图 3-30　移动端商品详情页——平铺细节 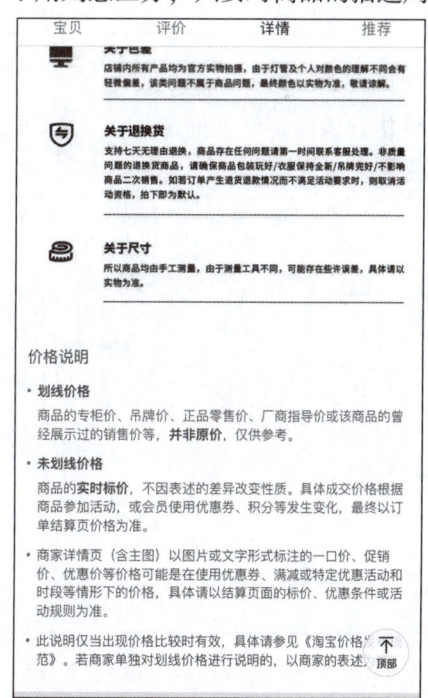　　**图 3-31　移动端商品详情页——价格说明**

任务二 店铺首页装修

子任务1 PC端首页装修

1. PC端店招制作

（1）在千牛卖家工作台中点击"店铺管理"下的"店铺装修"，如图3-32所示。

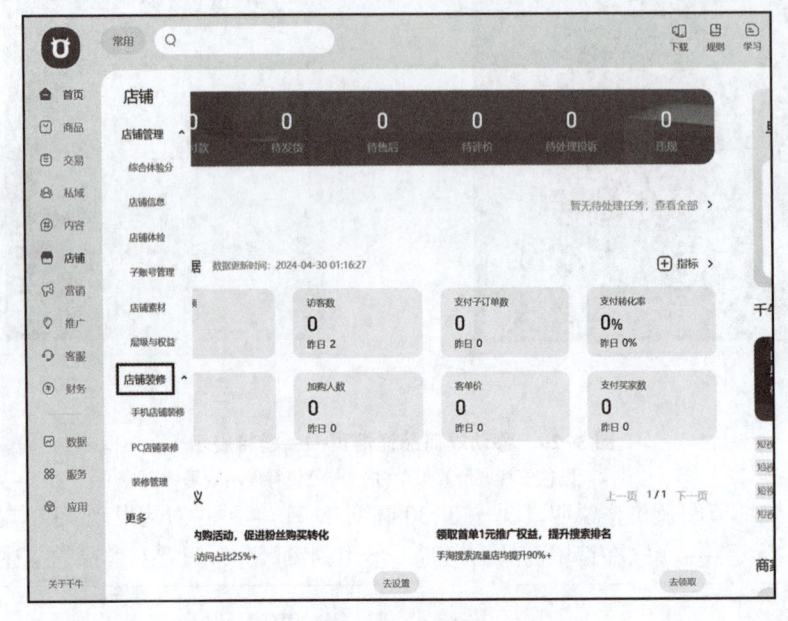

图3-32 进入店铺装修界面

（2）跳转到店铺装修界面后，点击如图3-33所示的"PC端"，再点击"装修页面"，进入首页进行店铺装修。

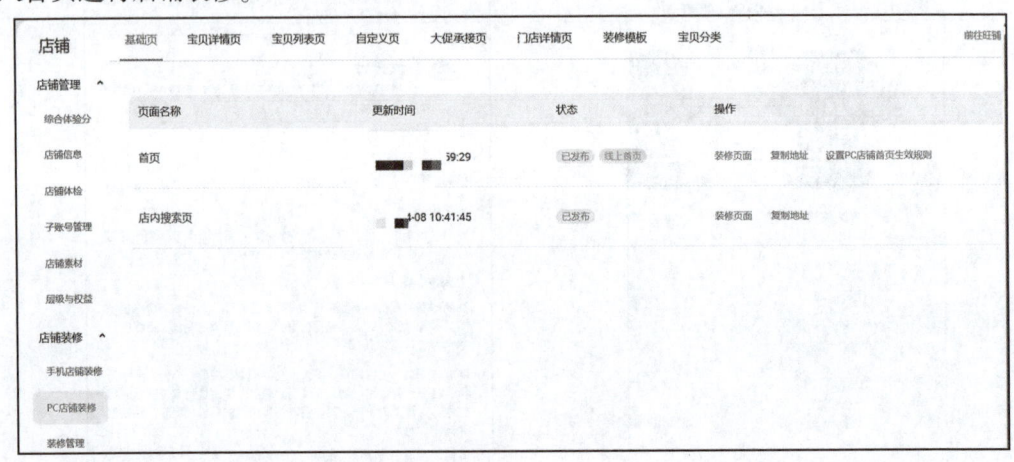

图3-33 进入PC端装修界面

（3）上一步操作后，在如图3-34所示的店招区域点击右上角的"编辑"按钮。

图 3-34　店招编辑区域

（4）在如图 3-35 所示的界面中选择默认招牌，然后添加自己的店招图片即可。注意，图片高度有限制，不能超过 120 像素。此外，还可以选择是否将店铺名称显示在店招上。

图 3-35　默认招牌界面

（5）在如图 3-36 所示的界面中，商家也可以自定义招牌，插入文字和图片。这样的编辑比默认方式会麻烦一些，但店招界面会更有特色。建议商家按照店铺风格设计自定义招牌。

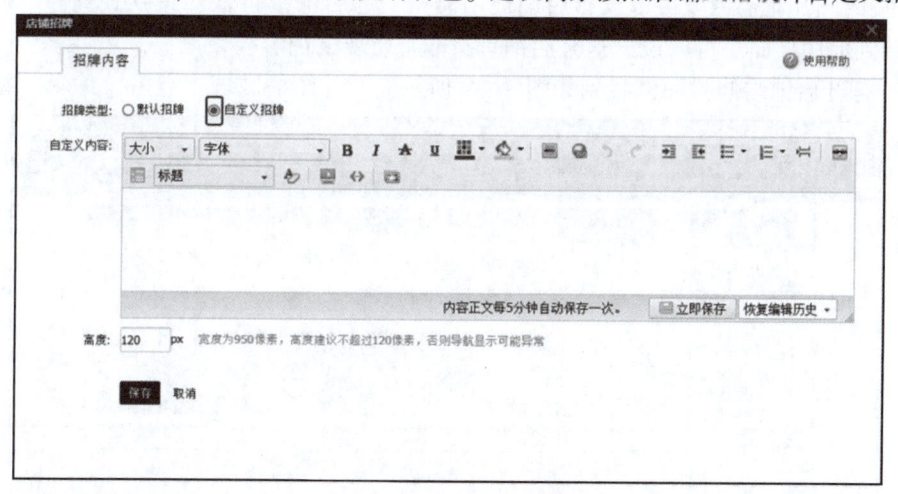

图 3-36　自定义招牌界面

（6）编辑完成后返回上一页面，点击右上角的"发布站点"（见图3-37），在弹出的对话框中点击"确认发布"（见图3-38），即完成了店招的制作。

图3-37 "发布站点"界面

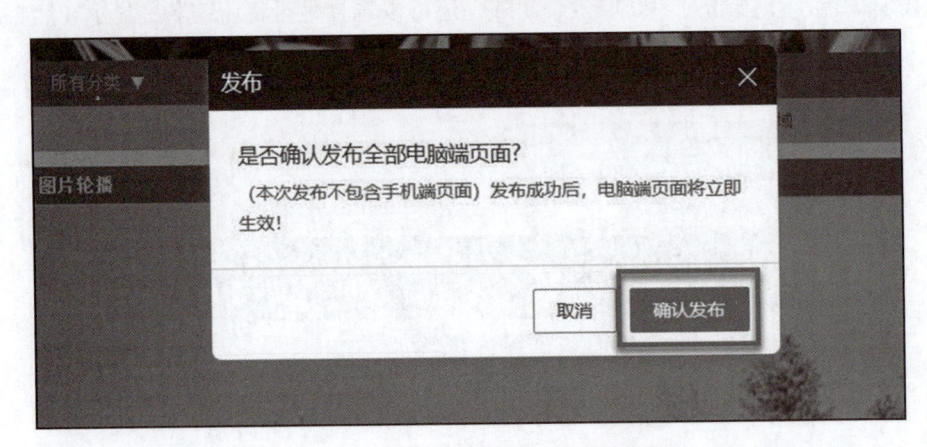

图3-38 "确认发布"PC端店招界面

2. PC端海报制作

PC端的图片轮播区域可以发布店铺促销海报，为店铺主打款、爆款做宣传。顾客点击即可跳转到促销界面。可以说，这是店铺首页非常重要的内容模块之一。

（1）打开店铺装修界面，找到如图3-39所示的图片轮播区域，点击"编辑"按钮。

图3-39 图片轮播区域编辑界面

（2）在图片轮播的"内容设置"中，可以添加海报图片及对应的商品链接，可以只用一张海报，也可点击图3-40中的"添加"按钮，从图片空间的照片里选择促销海报，添加多张促销海报。这需要商家提前将海报照片上传到图片空间。复制宣传商品的网址链接，粘贴进"链接地址"中，如图3-41所示。

图3-40 "内容设置"添加界面

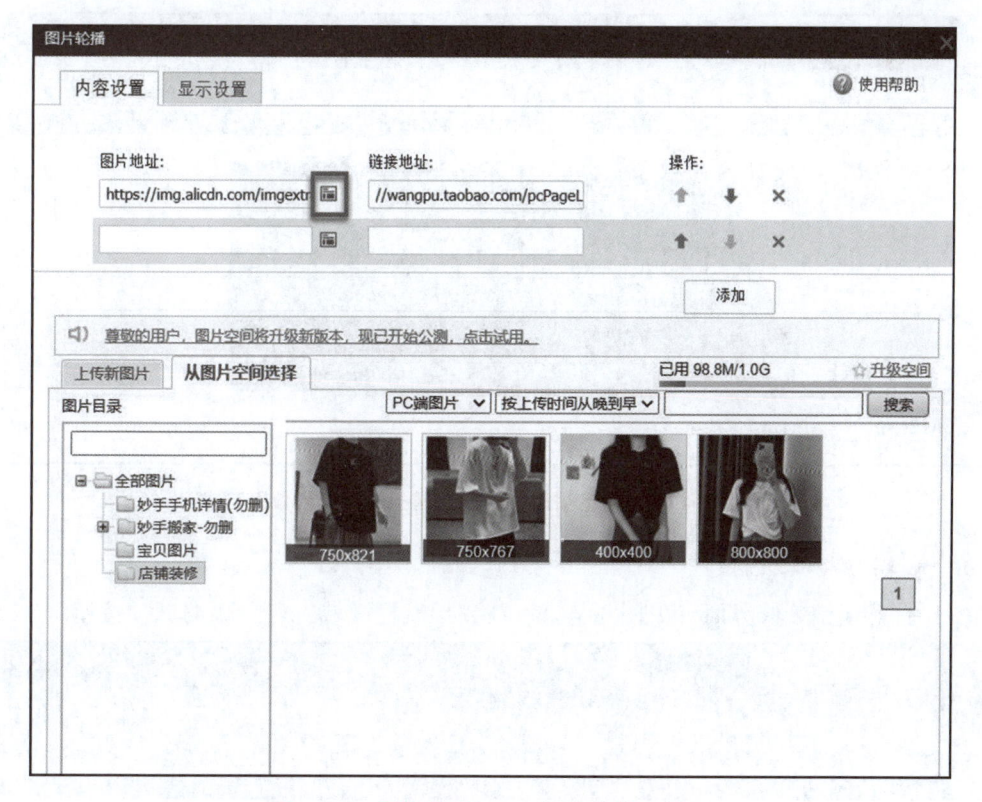

图3-41 图片轮播——"添加图片"界面

（3）第二张海报的操作流程同上，最终内容设置如图3-42所示，点击"保存"按钮，再提交装修修改，即可完成图片轮播的制作。

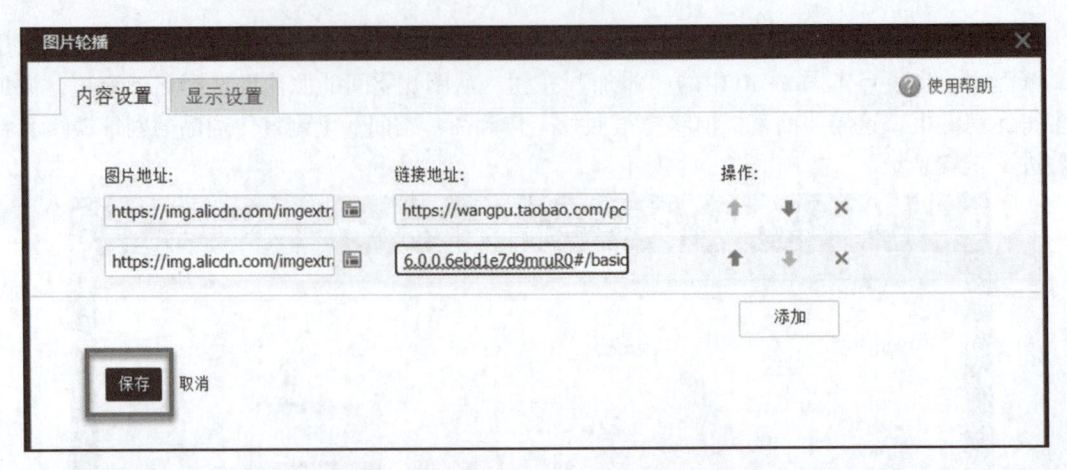

图 3-42　图片轮播——"内容设置"界面

（4）进入淘宝店铺首页查看海报轮播效果。从图 3-43 所示的效果可以看出，在提交时没有对照片进行处理，导致图片大小不太合适。因此，商家在提交修改时要注意海报尺寸，按要求进行修改后再上传，以达到最好的效果。

图 3-43　图片轮播反例效果（替换成正确的效果）

3. PC 端分类导航制作

（1）打开店铺装修界面（见图 3-44），找到导航栏区域，点击"编辑"按钮。

图 3-44　导航栏区域编辑界面

（2）在导航栏的"导航设置"中点击如图 3-45 所示的"添加"按钮，添加多个导航栏目，但最多只能设置 12 项一级内容。

图 3-45　导航栏——"导航设置"界面

（3）在如图 3-46 所示的界面中，可以展示之前对宝贝的一级分类，也可添加二级分类。

图 3-46　导航设置——"宝贝分类"界面

（4）此外，还可以自定义链接。例如，有促销打折商品时，可以在图 3-47 中的"链接名称"中输入"折扣"，并将活动页面的网址复制到"链接地址"中，点击"保存"按

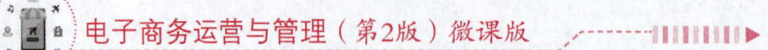

钮即可添加自定义的折扣栏。

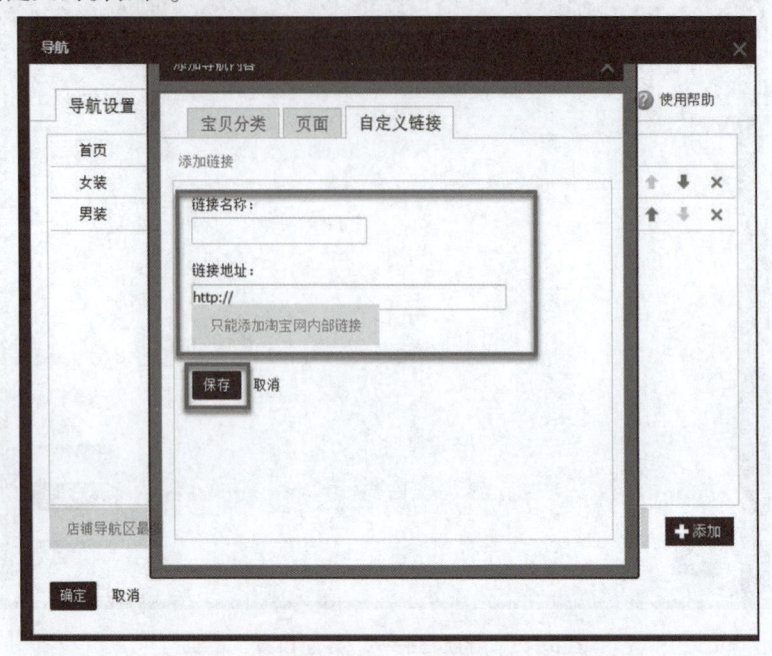

图 3-47 导航设置——"自定义链接"界面

（5）最终的"导航设置"如图 3-48 所示，点击"确定"按钮即可添加设置好的导航栏。

图 3-48 "导航设置"示意

（6）在"显示设置"中可以对导航栏进行颜色、符号、图片等方面的装饰。从图 3-49 可以看出，"显示设置"中需要输入代码。可以通过 Dreamweaver 软件，新建 HTML 文件来进行创作。

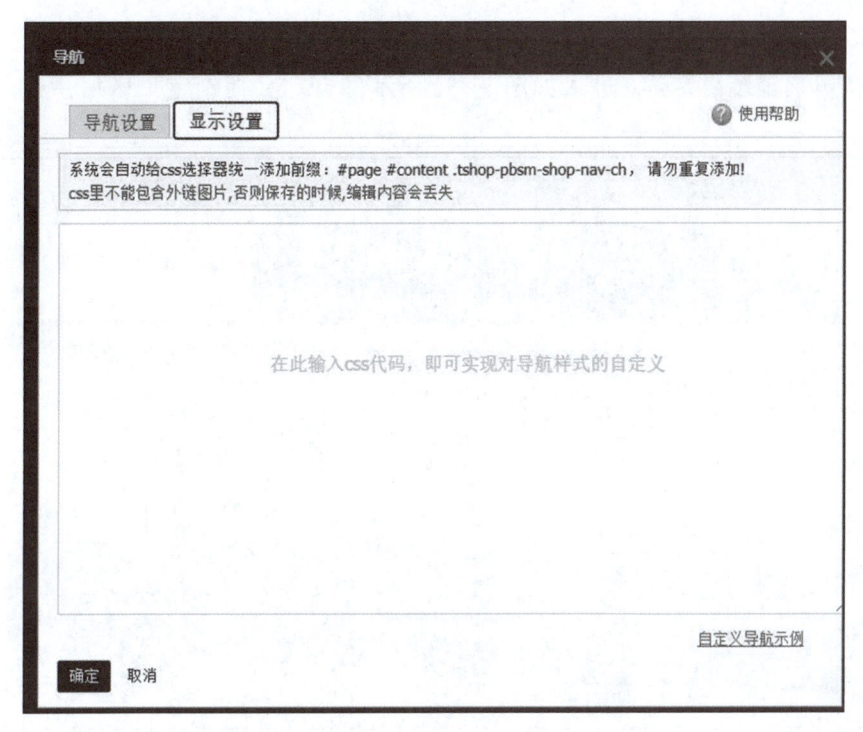

图3-49 导航栏——"显示设置"界面

（7）图3-50是导航栏经过装饰后的效果图，比默认的导航栏美观许多。

| 首页有惊喜 | 所有宝贝 | 每日新品 | 爆款专区 | 高端定制 | T恤 | 卫衣 | 长袖T恤 |

图3-50 装饰后的导航栏效果

（8）如图3-51所示，在页面编辑区域可以看到导航栏已经修改完成，点击后查看是否能够跳转至对应的页面，如果没有，就说明未输入链接或者未对宝贝进行分类。最后点击"发布站点"即可。

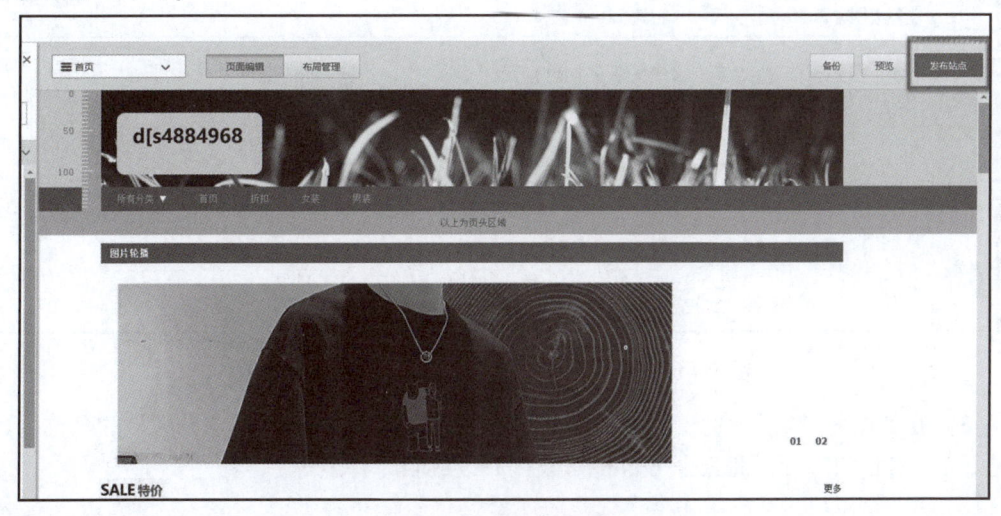

图3-51 导航栏效果

4. PC端自定义促销宝贝制作

（1）打开店铺装修界面，进入如图3-52所示的自定义促销宝贝区域，点击"编辑"按钮。

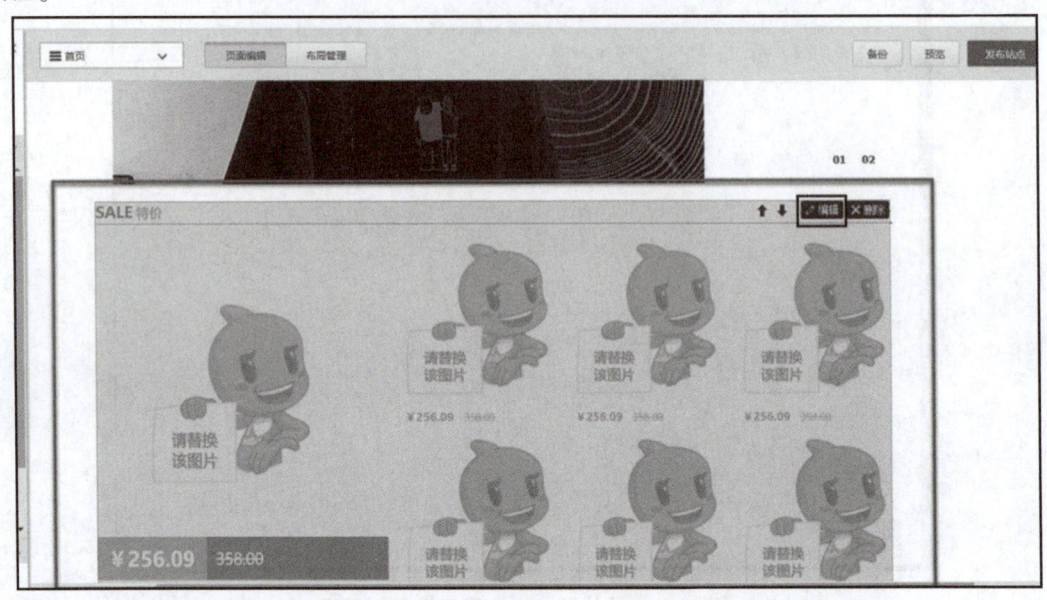

图3-52 自定义促销宝贝区域编辑界面

（2）在如图3-53所示的"宝贝设置"界面中，添加左侧大图宝贝和右侧小图宝贝，点击"选择宝贝"按钮，可以在之前发布的宝贝中选择促销宝贝。一般将折扣力度最大的宝贝放在大图位置，将折扣力度小的宝贝放在小图位置。

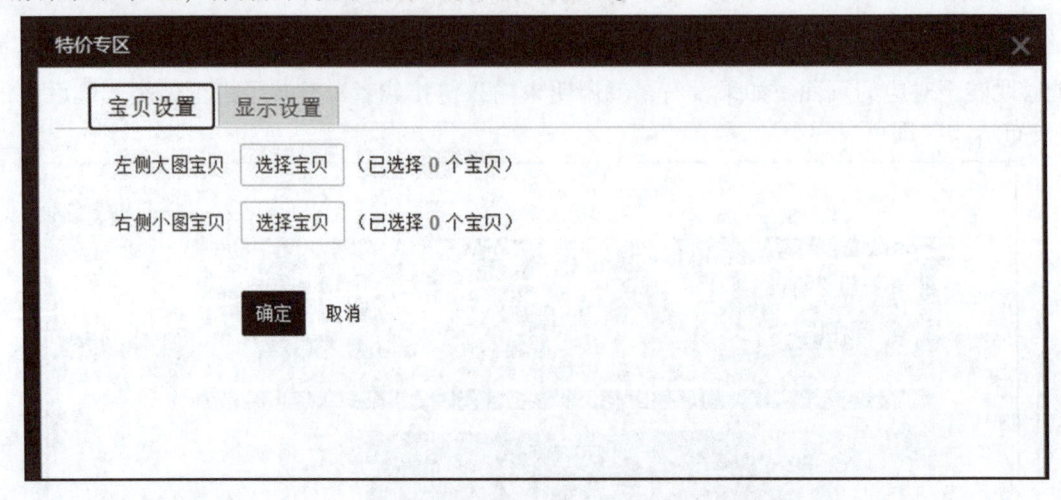

图3-53 自定义促销宝贝——"宝贝设置"界面

（3）在如图3-54所示的"显示设置"中，可以设置自定义促销宝贝区域的名称。默认情况下是SALE和特价。商家也可自行修改，如改成限时特惠等。

图 3-54　自定义促销宝贝——"显示设置"界面

（4）提交后预览，即出现如图 3-55 所示的界面。

图 3-55　自定义促销宝贝效果图

子任务 2　移动端首页装修

1. 移动端店招与分类的设置

（1）打开千牛卖家工作台中的"店铺装修"页面，点击"手机端"按钮，再点击"装修页面"，进行店铺装修。在如图 3-56 所示的移动端店铺首页装修界面中，点击右边的四个小格，选择"店招模块"进行修改设置。店招模块包括了两部分：一部分是店铺招牌的上传，另一部分是搜索栏关键词的设置。

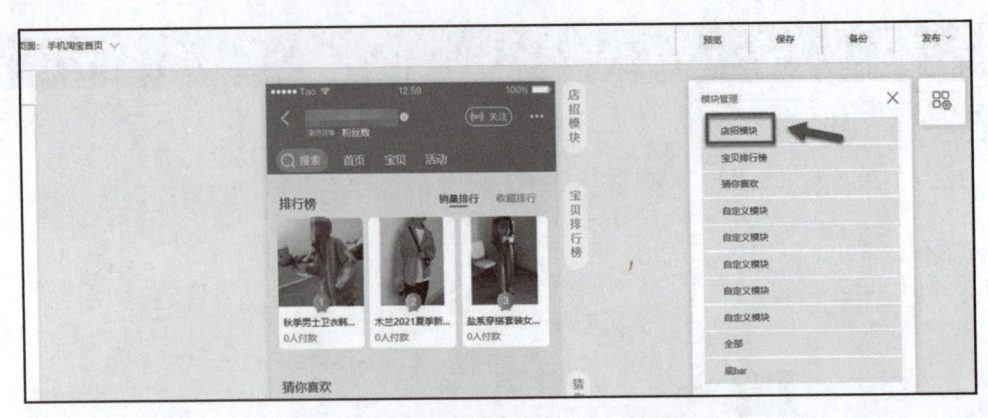

图 3-56 移动端装修界面的"店招模块"

（2）首先进行店招的上传，点击如图 3-57 所示的界面右侧的"上传店招"按钮，在弹出的商品中选择店招照片（见图 3-58），系统会默认从图片空间选择照片，所弹出的都是符合要求的照片。如果想要上传新的照片，点击右上角的"上传图片"即可。

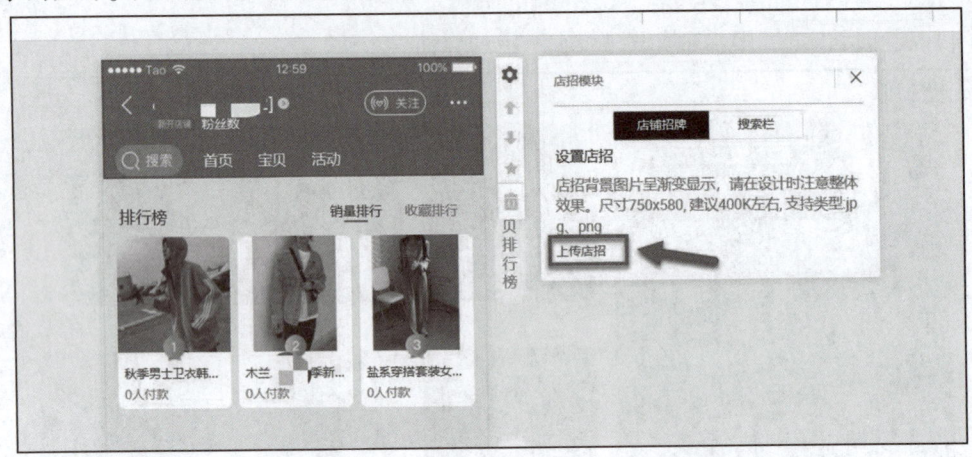

图 3-57 移动端"上传店招"界面

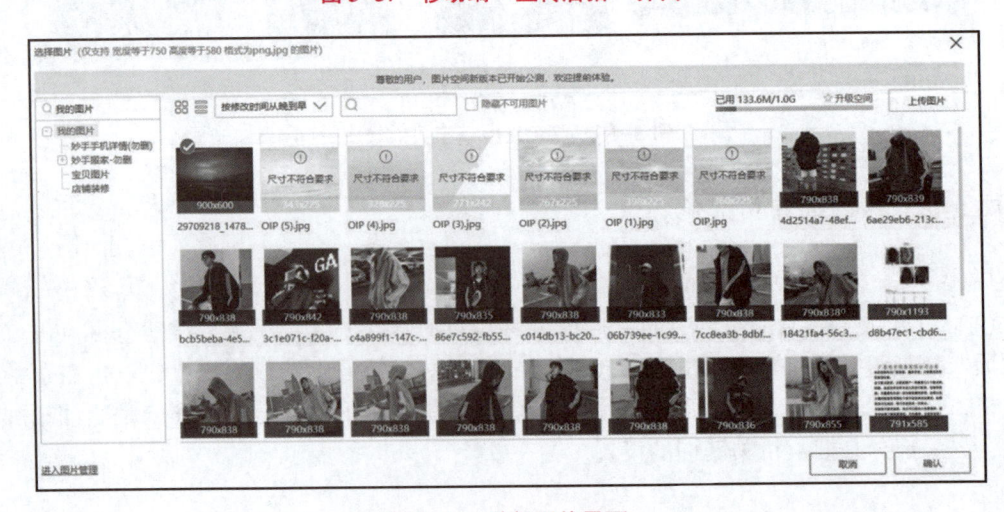

图 3-58 选择图片界面

(3) 在如图 3-59 所示的界面中选择照片后，可以对照片进行裁剪，将其裁剪到满意的区域，然后点击"保存"按钮。

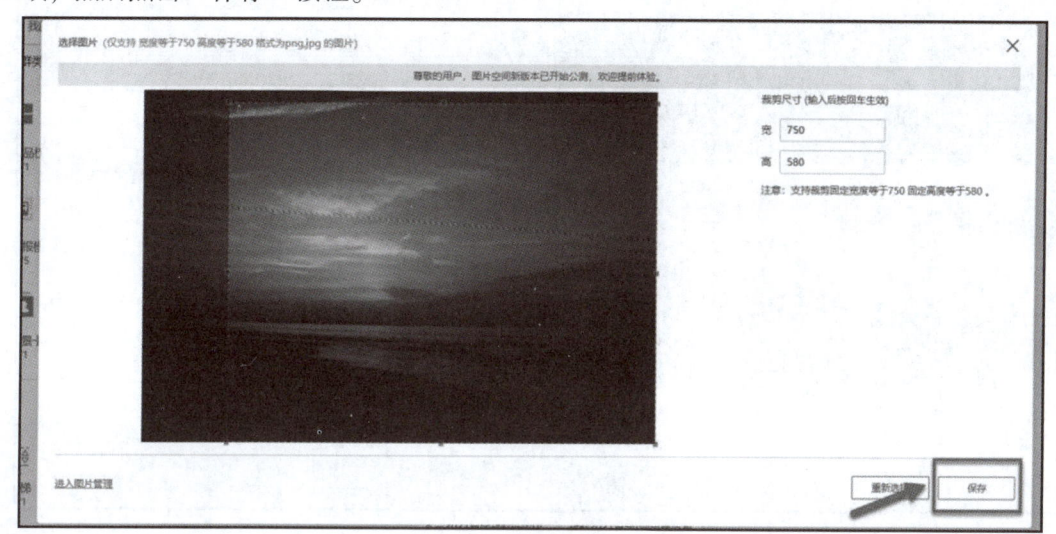

图 3-59　图片裁剪界面

(4) 店招模块的另一部分是搜索栏关键词的设置（见图 3-60），设置关键词时需要设置默认关键词和热门推荐词。设置完成后，顾客进入店铺进行商品搜索时，系统会推荐这些关键词，从而影响顾客的搜索，提高店铺转化率。需要注意的是，关键词内容在设置完成后的两天内生效。

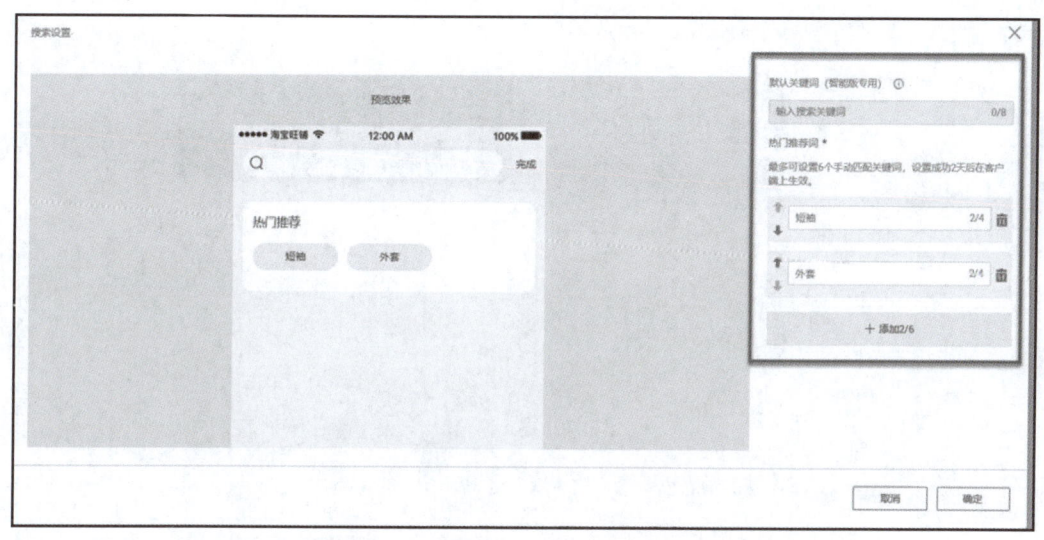

图 3-60　搜索栏关键词的设置界面

(5) 店招与搜索栏关键词都设置完成后，点击"保存"按钮返回到原先的界面，即可看到店招设置后的效果，如图 3-61 所示。

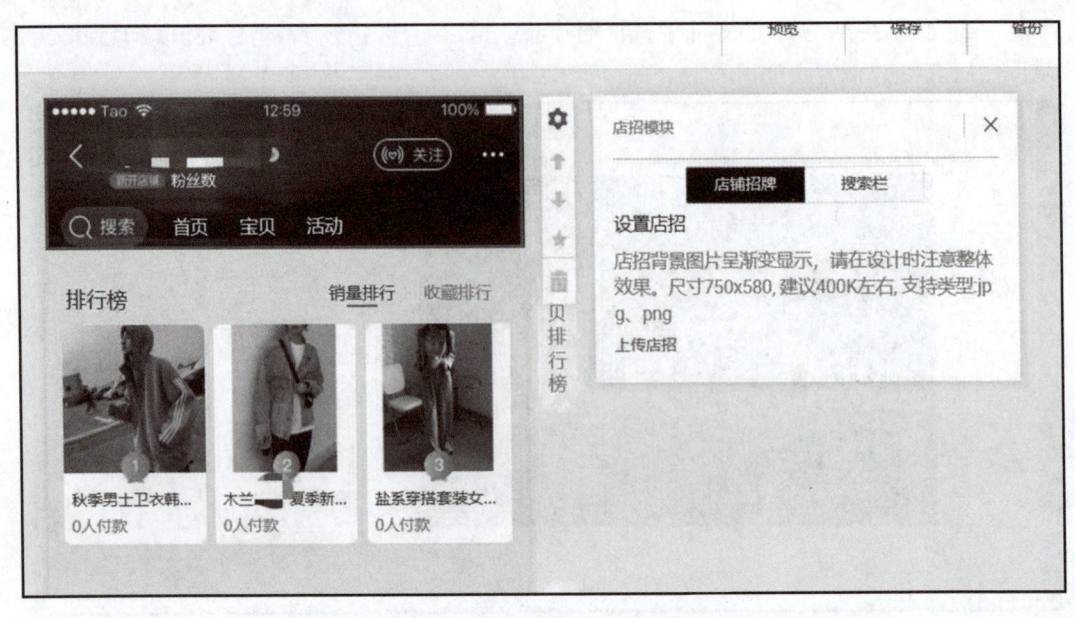

图 3-61　移动端店招设置效果图

2. 移动端智能海报制作

（1）进入移动端的装修页面后，在如图 3-62 所示的界面的左侧模块栏中找到"图文类"下的"智能海报"，将其拖动到店招下方区域。海报的位置最适合店招下方；海报位置在前，顾客就能直接看到海报中的促销信息等；海报位置在后，顾客就要下滑才能看见。

图 3-62　移动端图文类模块界面

（2）在如图 3-63 所示的界面中点击海报区域，在右侧添加图片，并在"链接跳转方案"中选择"自动获取图片上的宝贝链接"选项。

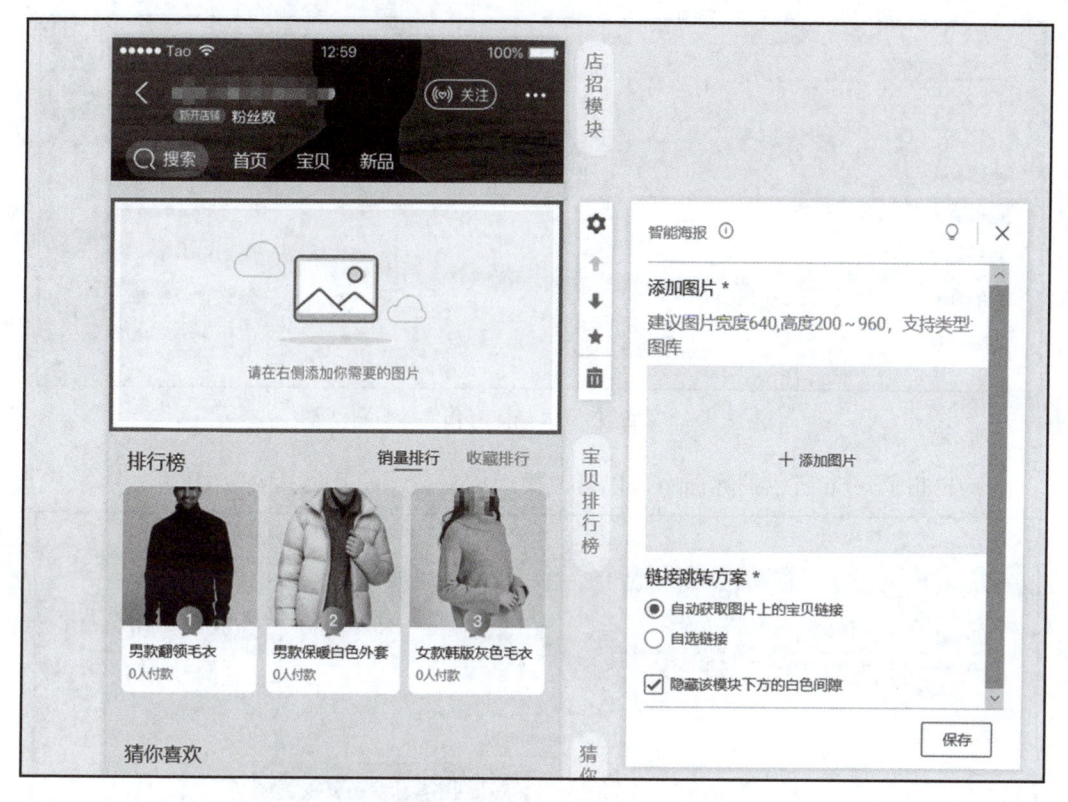

图3-63 添加移动端海报操作界面

（3）上一步操作后点击"添加图片"按钮会进入海报的装饰界面，有不同风格、色调的海报，商家可以从中选择符合店铺风格的海报样式（见图3-64）。选择后会发现，所有的宝贝都出现在了展示中，如果想要进行编辑，点击右上角的"添加图库"即可。

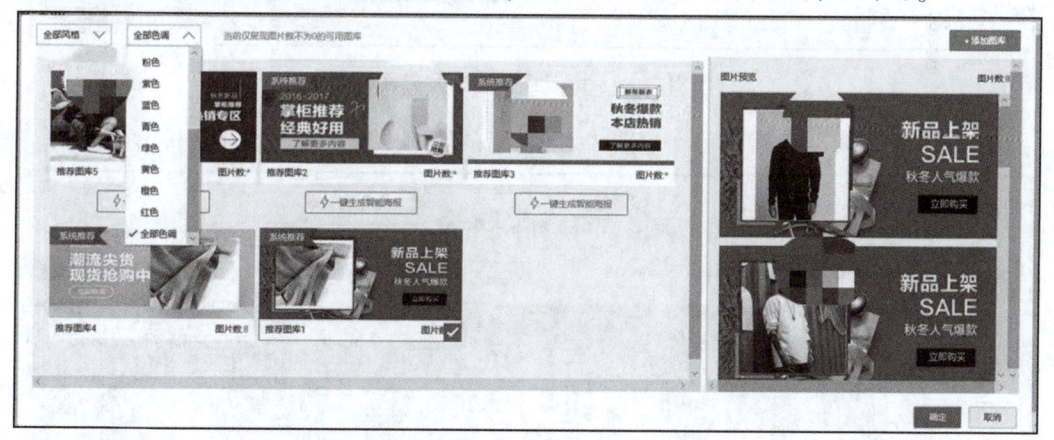

图3-64 海报装饰界面

（4）在如图3-65所示的界面中找到创建的"推荐图库5"，并点击"编辑"按钮。

055

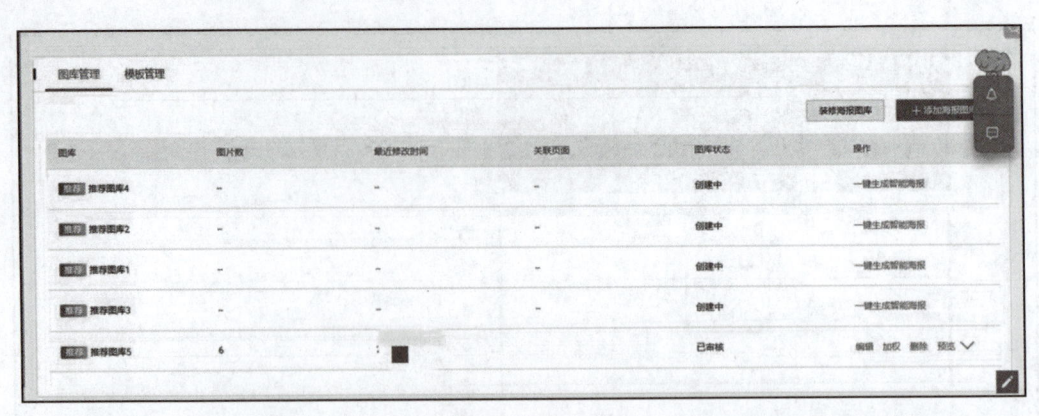

图 3-65　图库管理

（5）在如图 3-66 所示的界面中可以修改模板的文案，使其更具吸引力。

图 3-66　配置模板与文案界面

（6）设置好模板文案后，可在如图 3-67 所示的界面中选择想出现在海报上的商品。

图 3-67　商品选择界面

（7）在如图3-68所示的"合图审核"界面中，可以对海报进行微调及更换商品图，也可以进行批量删除。

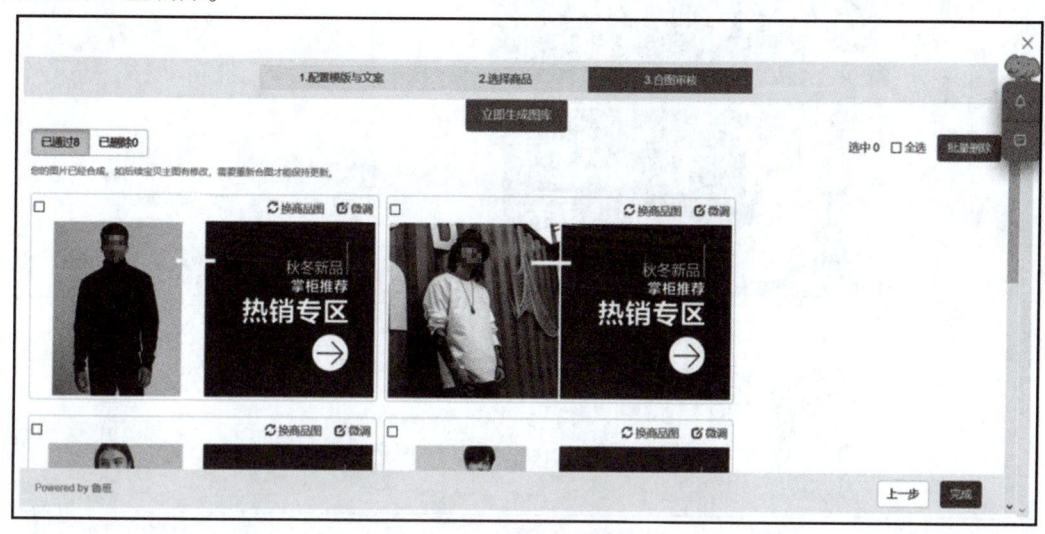

图3-68 "合图审核"界面

（8）在上图中点击"完成"按钮，跳转至如图3-69所示的界面。海报创建成功后可设置加权，能够给需要的商品增加曝光机会。点击左侧的"立即投放"按钮即可完成智能海报的制作，效果如图3-70所示。

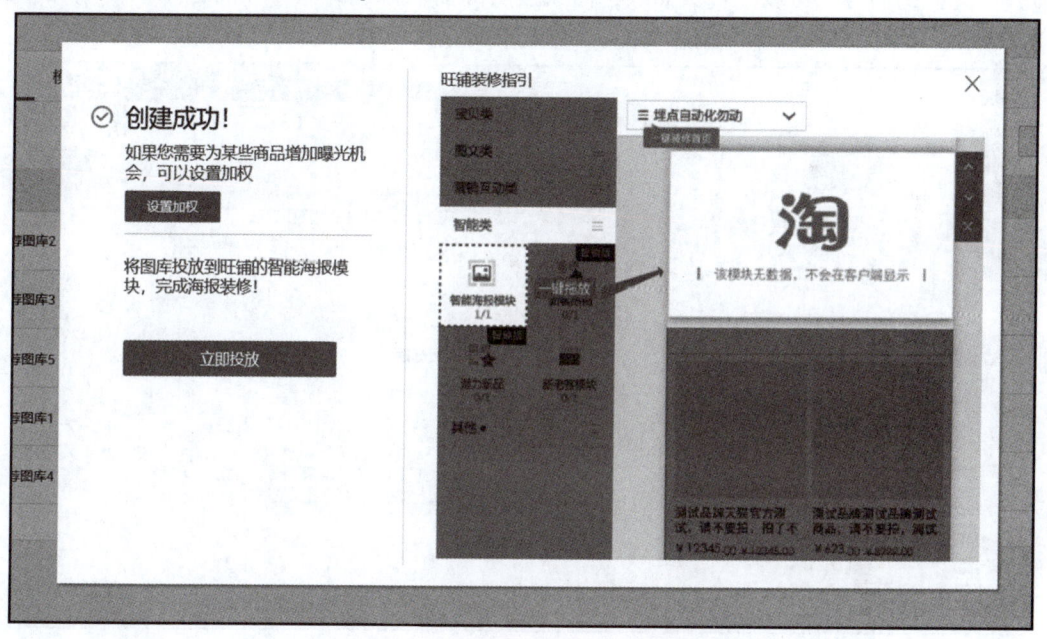

图3-69 投放智能海报操作界面

图 3-70 移动端海报制作效果图

3. 移动端宝贝展现制作

（1）进入移动端的装修页面后，在模块栏下的"宝贝类"列表中进行操作（见图 3-71），宝贝类的内容都可以在首页插入，商家按实际需求添加即可。在店铺中，使用频率较高的类别是"宝贝排行榜""智能双列""智能单列宝贝"及"猜你喜欢"。

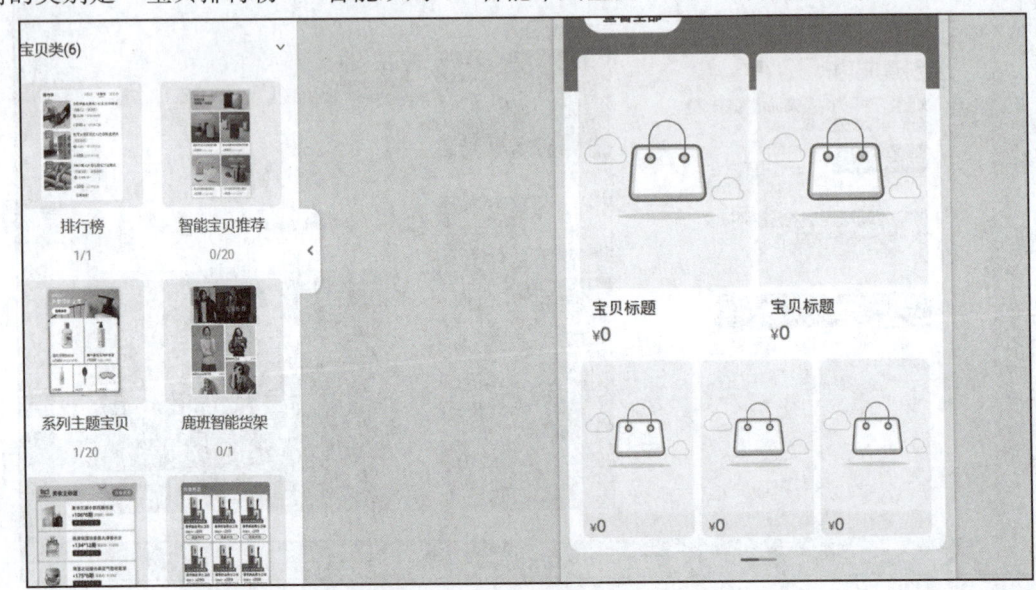

图 3-71 移动端宝贝类模块界面

（2）在如图 3-72 所示的"选择分类"中，系统按照分类自动生成排行榜。商家可以选择所有宝贝，也可以选择某个子类。一般而言，店铺以所有宝贝来展示排行榜。通过点击"添加样式"可以选择适合的展示样式，这里的样式和海报一样都是智能的。

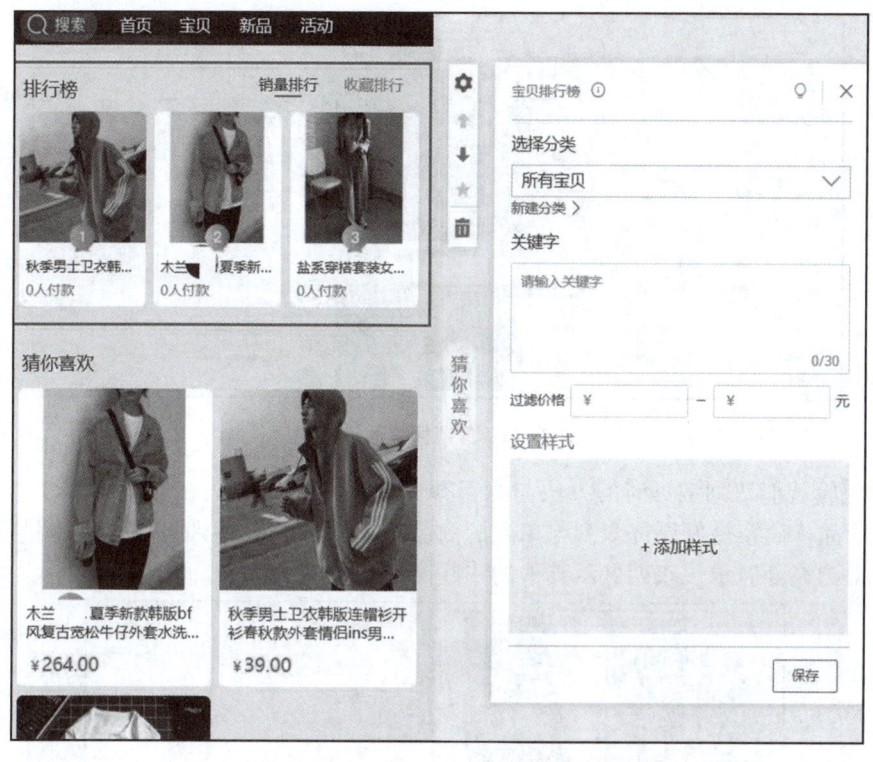

图 3-72 "宝贝排行榜"——"选择分类"界面

（3）添加宝贝排行榜后，可以添加单列宝贝或双列宝贝，单列最多添加 5 个，双列最多添加 6 个（见图 3-73）。添加智能单列宝贝后，在编辑时可以按分类排行榜展示，也可以手动添加所要呈现的商品。

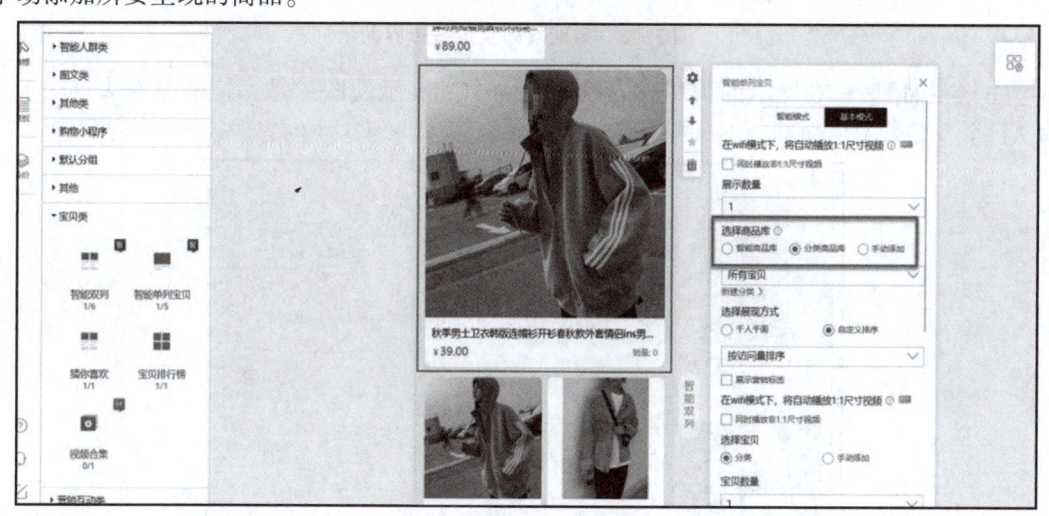

图 3-73 智能单列宝贝编辑界面

（4）此外，商家还可以添加营销标签（见图 3-74），勾选"展示营销标签"，在"模块标题"中填写"热销"，填写后单列宝贝的左上角就会显示"热销"这个营销标签。

图 3-74　营销标签添加界面

（5）编辑智能双列宝贝时的方法与编辑智能单列宝贝的方法相同（见图 3-75），可以添加多个商品。商家最好保证双列与单列的商品不重复。一般单列可以是销售量好的商品，这样就会得到充分展示。双列展示其他的一些商品就可以了。

图 3-75　智能双列宝贝编辑界面

（6）在如图 3-76 所示的"猜你喜欢"界面中所展示的图片是系统根据算法自动生成的，每个人登录的界面都会不一样，所以商家编辑不了，但这块内容建议添加在首页上。

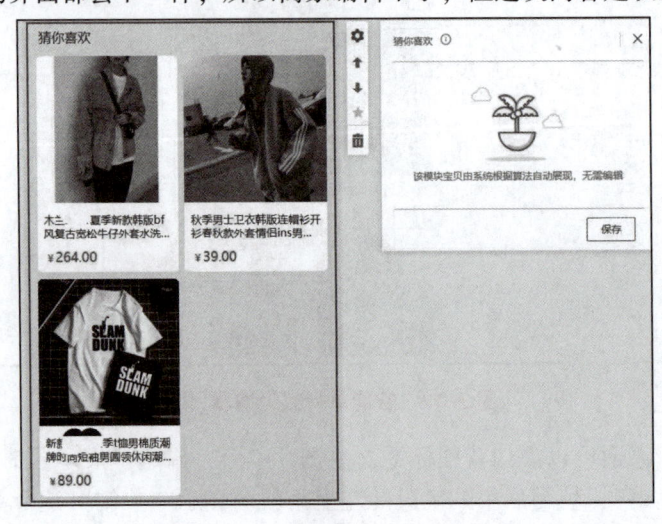

图 3-76　"猜你喜欢"编辑界面

任务三 商品详情页装修

子任务 1 主图与颜色图上传

【学习视频 3-1】商品详情页主图装修

1. 主图上传

(1) 在发布商品详情页时需要上传商品主图,如图 3-77 所示。

图 3-77 发布商品详情页的主图上传界面

(2) 如果需要对已发布商品的主图进行修改或替换,可以打开千牛卖家工作台中的"详情装修"页面,从店铺中所有的宝贝里面选择要装修的宝贝,点击"主图视频设置",如图 3-78 所示。

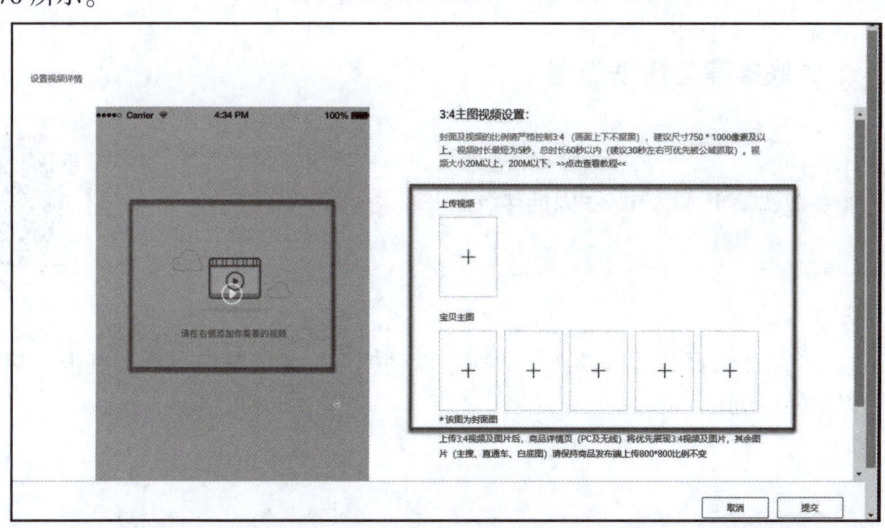

图 3-78 "主图视频设置"界面

(3)淘宝不支持主图在线编辑，商家需要在上传前借助其他软件对主图进行编辑。

2. 颜色图上传

【学习视频3-2】商品详情页颜色图装修

商品的颜色图就是买家平时在淘宝查看商品、选择颜色时看到的商品图。商家可以在上传宝贝时在销售属性中勾选商品的颜色，再点击颜色旁的"选择照片"按钮（见图3-79），进入商家的图片库，从中选择提前上传好的颜色图，点击"上传图片"即可。与宝贝主图相同，商品的颜色图也不支持在线编辑，需要商家在上传前编辑完成。

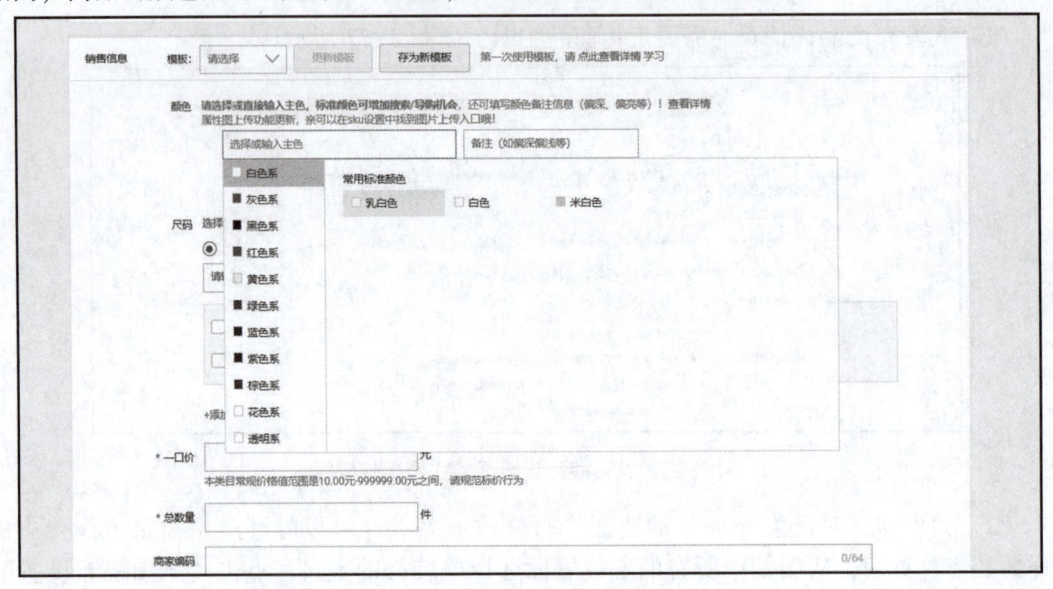

图3-79 商品颜色图设置界面

子任务2 关联推荐与活动设置

【学习视频3-3】关联宝贝推荐设置

1. 关联推荐设置

（1）进入商品详情页的装修界面，选择"营销模块"（见图3-80），点击"店铺推荐"进行编辑（见图3-81）。

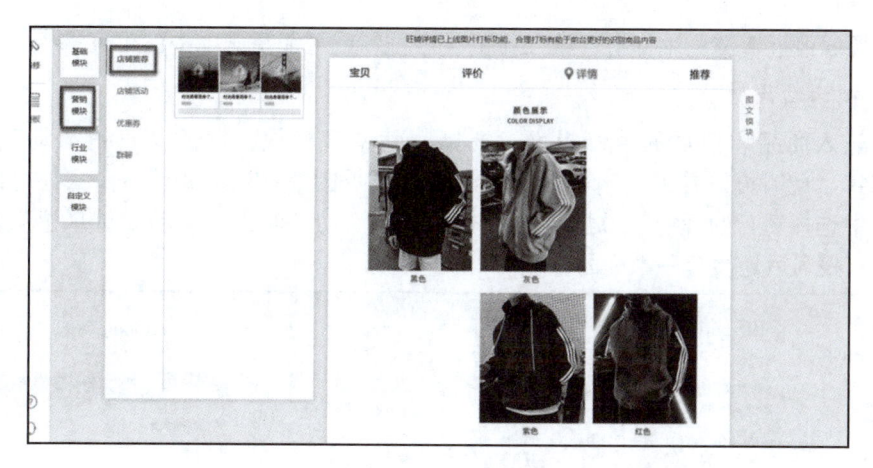

图 3-80 "营销模块"——"店铺推荐"界面

图 3-81 店铺推荐板块编辑界面

（2）接下来需要做的是上传商品，点击"更换商品"，然后在店铺所有的商品中勾选一些想推荐的商品，再点击"确定"按钮。更换推荐商品后会发现详情页变成了如图 3-82 所示的效果。

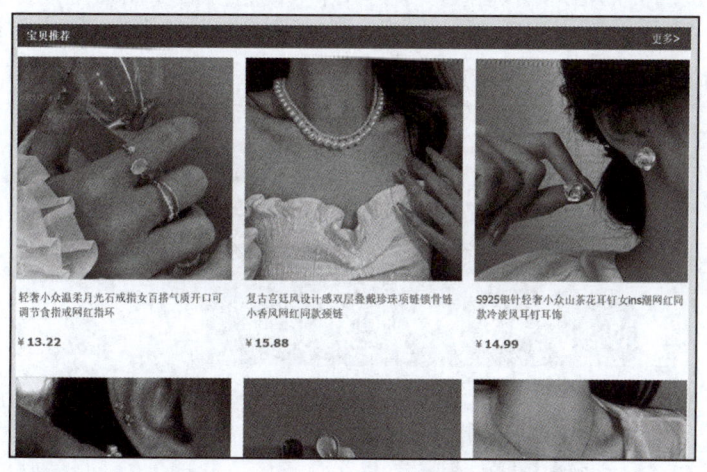

图 3-82 商品详情页——店铺推荐效果

（3）建议商家添加两排推荐商品，第二排中的三个商品淘宝会根据算法自动生成推荐宝贝，即不同的顾客所看到的页面可能会不一样。一般来说，系统的推荐会以顾客的浏览为主，例如顾客最近在浏览牛仔裤，第二排的关联推荐就可能是店铺中的牛仔裤。

2. 店铺活动设置

（1）进入商品详情页的装修界面，选择"营销"模块，点击"营销活动"，再点击"活动报名"，此时可以看到近期可以报名的活动（见图3-83）。此外，商家还可以在"所属行业"中选择经营的行业，挑选行业特有的营销活动。商家从活动中选择感兴趣的活动报名即可，报名后还会有一系列的审核。

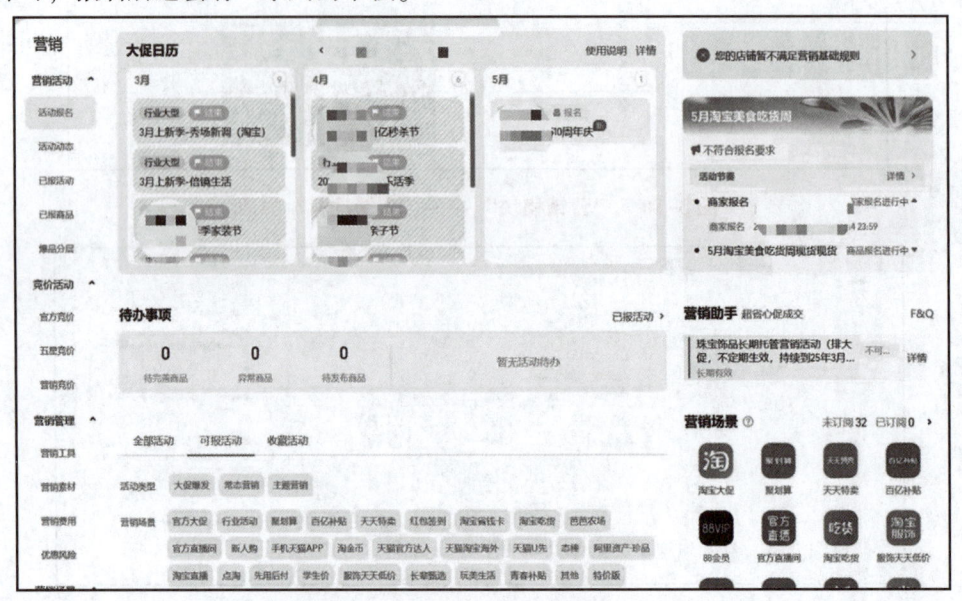

图3-83　淘宝官方营销活动中心

（2）商家也可以自己添加活动。例如，店铺要为某款宝贝开展打折促销活动（见图3-84），商家可以将活动宝贝的链接粘贴至"活动地址"框中，并添加"活动图片"。商家只需要将编辑完成的商品活动图提前上传至图片空间，然后在图片空间中选择活动图片即可。当然，商家也可以为整个店铺做活动，例如商品全场包邮、第二件半价等，此时"活动地址"框中的链接就是所有宝贝的界面。

图3-84　店铺活动编辑界面

（3）如图3-85所示的活动图片就是较为规范的活动图片设置，点击"活动图片"会进入事先设置好的链接。商品详情页下靠前的位置，是促销活动展示的不错区域，每一位查看商品详情的顾客都会看到店铺中的活动，增加了店铺活动或其他商品的曝光量，从而提升了店铺商品的连带率。

图 3-85　商品详情页——店铺活动效果

子任务 3　PC 端商品详情页装修

（1）在"宝贝详情"装修界面的上方选择 PC 端，也就是电脑图标按钮，开始时详情页是空白的，未添加任何模块，如图 3-86 所示。

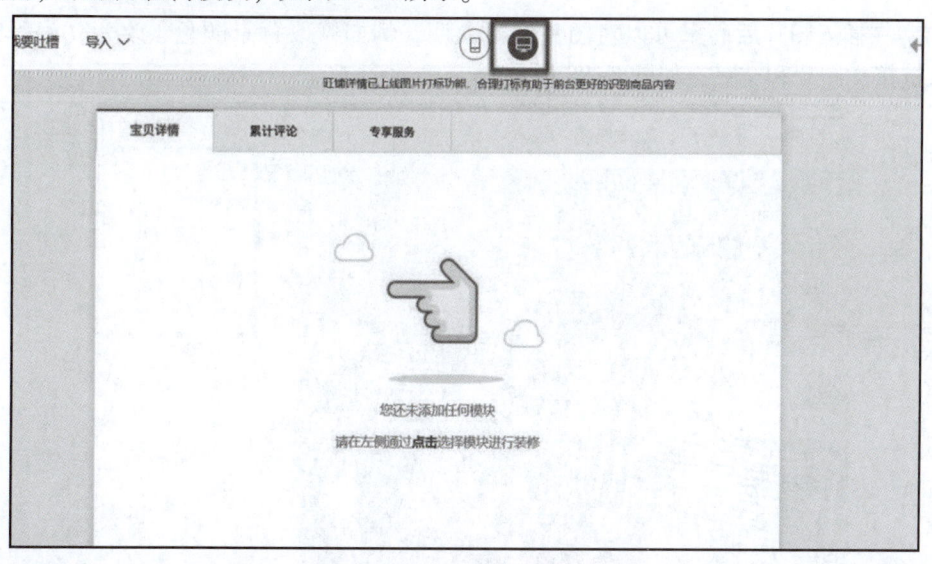

图 3-86　PC 端商品详情装修页面

（2）点击左侧的"基础模块"，在该模块下可插入图片和文字。首先插入商品对应的图片，在图片项下，有不同大小的图片样式可供选择，商家根据个人喜好或店铺风格进行选择即可（见图3-87）。应注意，从图片空间中进行选择时，商家需要提前美化好要用到的图片。

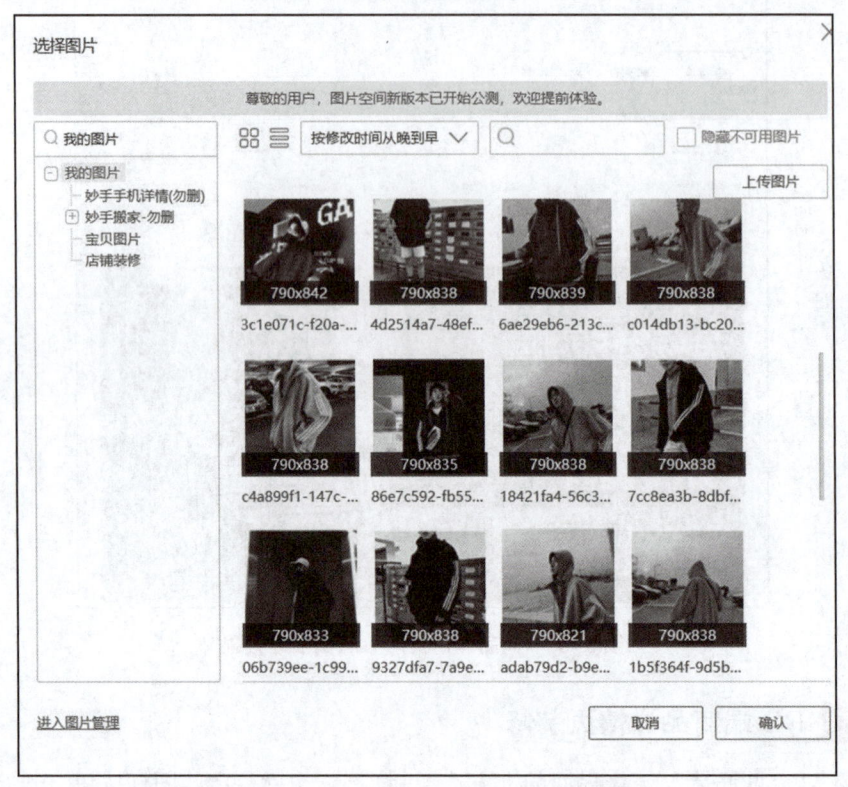

图3-87　PC端宝贝详情装修——插入图片界面

（3）在插入图片后商家可以对图片进行微调，例如修改背景颜色、改变亮度等，也可以插入链接、图片和文字，如图3-88所示。

图3-88　PC端宝贝详情装修——图片微调界面

（4）插入图片后商家还可以插入文字（见图 3-89），插入的文字有几种样式，可根据个人喜好选择添加。对插入的文字可以进行修改，改成与商品相关的文字。

图 3-89　PC 端宝贝详情装修——文字插入界面

（5）在插入第一张图片后可以继续插入图片，如插入一些产品细节图、模特图等。宝贝详情装修界面左侧的"模板"下，有淘宝官方发布的 PC 端详情页模板（见图 3-90），商家可以选择适合的模板，在原基础上替换文字和照片，这样既省力又美观。

图 3-90　PC 端商品详情页官方模板

（6）最后，对商品详情页编辑完成的内容进行保存并发布，原来的商品详情页会随之发生变化。

子任务 4　移动端商品详情页装修

（1）在宝贝详情装修界面的上方选择移动端，也就是手机的图标，进入移动端商品详情页的装修页面。进入后会发现移动端能够操作的内容比 PC 端多，原因是目前越来越多的人选择在手机淘宝上购物，手机淘宝的流量比重越来越高。因此，做好移动端商品的详情页格外重要。

（2）在移动端装修界面的基础模块中，与 PC 端一样的是可以插入图片和文字，按照

PC 端的编辑方式操作即可。在基础模块中，与 PC 端不同的是除了可以插入图片、文字外，还可以插入视频和动态图，如图 3-91 所示。

图 3-91 移动端宝贝详情装修——视频添加界面

（3）添加动态图时，可以选择左侧模板中动画效果合适的模板，插入商家想要展现的图片，修改模板中的文字即可（见图 3-92）。设置完成后，动态图呈现在页面中的效果是图片不断循环变化，类似 PPT 换页播放的效果。

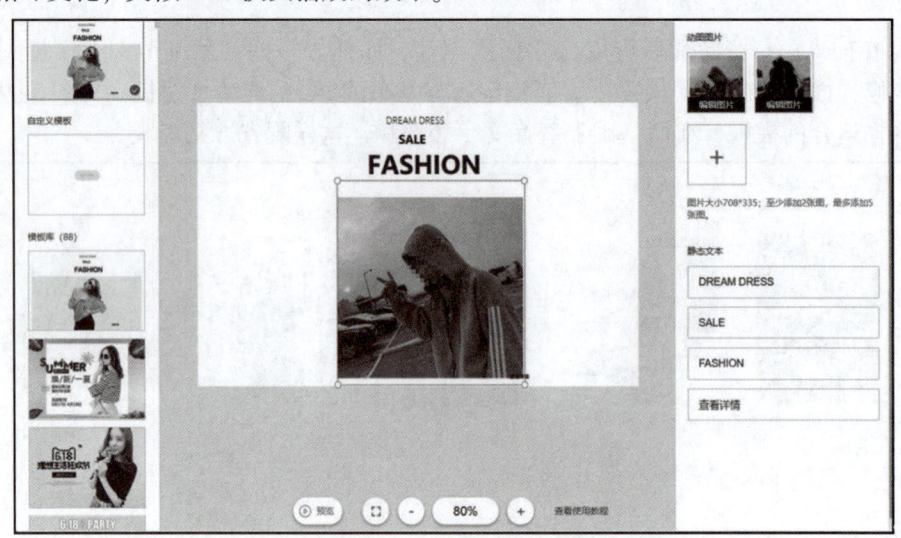

图 3-92 移动端宝贝详情装修——动图添加界面

（4）在移动端的营销模块中，除了可以添加店铺推荐以及店铺活动外，还可以添加优惠券、直播和群聊（见图 3-93），这些内容都能大大促进商品的销售。

图 3-93 移动端宝贝详情装修——营销模块

（5）在移动端的"行业模块"中，主要包括宝贝参数、颜色款式、细节材质等介绍类型的图片模板。图3-94中插入的是一个"颜色款式"的模块内容，该模块只需在原图的基础上进行细微的修改——修改照片、文字以及背景颜色即可。细节材质图的插入，则需要商家按照产品性质或店铺风格进行（见图3-95）。

图 3-94　移动端宝贝详情装修——颜色展示编辑界面

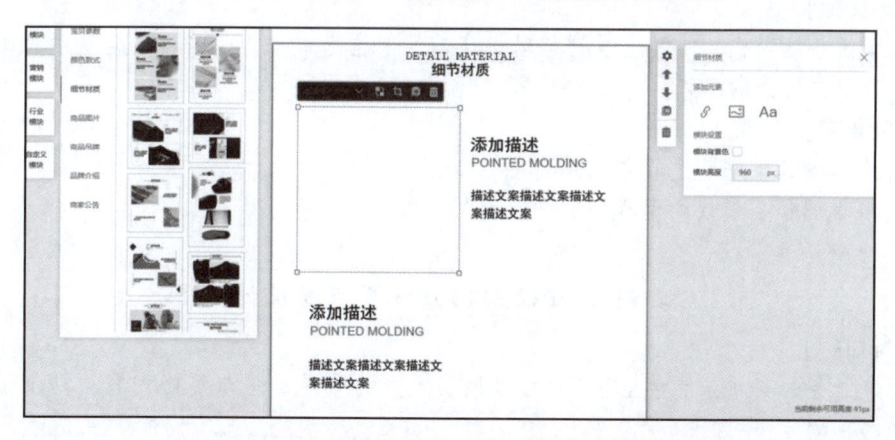

图 3-95　移动端宝贝详情装修——细节材质插入界面

（6）此外，如果商家不想按照上述步骤一步步地进行装修，也可套用移动端商品详情页模板进行。在宝贝详情装修界面左侧的"模板"下，有淘宝官方发布的移动端详情页模板（见图3-96），商家可以在模板的基础上进行照片的替换以及文字的修改。

图 3-96　移动端商品详情页官方模板界面

（7）最后，只需对商品详情页编辑好的内容进行保存并发布即可，商家可以通过手机淘宝 App 扫描二维码进入并预览移动端商品详情页。

同步实训

实训1：PC端店铺架构设计

【任务目标】

通过该任务的实施，使学生掌握 PC 端店铺的架构思路，初步培养学生从用户体验的角度去设计与架构店铺的思路。

【任务要求】

1. 画出店铺 PC 端的逻辑架构示意图。
2. 简要说明每个模块的呈现内容。

实训2：移动端店铺架构设计

【任务目标】

通过该任务的实施，使学生掌握移动端店铺的架构思路，初步培养学生从用户体验的角度去设计与架构店铺的思路。

【任务要求】

1. 画出店铺移动端的逻辑架构示意图。
2. 简要说明每个模块的呈现内容。

实训3：PC端网店首页布局设计

【任务目标】

通过该任务的实施，使学生了解 PC 端网店首页的布局思路与装修内容，初步了解网店首页装修的目的与作用。

【任务要求】

1. 列举 PC 端网店首页装修的工作内容。
2. 布局设计 PC 端网店首页。
3. 简单描述 PC 端网店首页布局设计的理由。

实训4：移动端网店首页布局设计

【任务目标】

通过该任务的实施，使学生了解移动端网店首页的布局思路与装修内容，初步了解网店首页装修的目的与作用。

【任务要求】

1. 列举移动端网店首页装修的工作内容。
2. 布局设计移动端网店首页。
3. 简单描述移动端网店首页布局设计的理由。

实训 5：PC 端商品详情页设置

【任务目标】

通过该任务的实施，使学生了解 PC 端商品详情页的布局设计思路与设置方法，初步了解商品详情页的作用。

【任务要求】

1. 列举 PC 端商品详情页布局设计的工作内容。
2. 布局设计 PC 端商品详情页。
3. 设置完成 PC 端商品详情页。

实训 6：移动端商品详情页设置

【任务目标】

通过该任务的实施，使学生了解移动端商品详情页的布局设计思路与设置方法，初步了解商品详情页的作用。

【任务要求】

1. 列举移动端商品详情页布局设计的工作内容。
2. 布局设计移动端商品详情页。
3. 设置完成移动端商品详情页。

模块二

网店管理

项目四

日常管理

◆ **学习目标** ◆

促销活动是电子商务运营过程中常见的商务活动，旨在通过让利消费者促进成交，提升销售额。但促销手段越来越复杂，很多促销规则背后的条件或者参照标准并不明确，导致消费者合法权益得不到保护、市场竞争无序等现象出现。因此，国家市场监督管理总局在发布的《规范促销行为暂行规定》中明确要求经营者开展促销活动应当明确商品价格的基准、显著标明活动期限、显著标明条件等，由此可以培养经营者在从事商业活动的过程中开展良性竞争，保持市场的有序发展，树立电子商务市场健康发展的意识。

店铺的日常管理工作既重要又烦琐，是网店运营过程中每天都必须做的工作。店铺能不能有序运作、店铺出现问题时能不能做到及时处理是店铺日常管理中的重要内容。本项目重点介绍店铺管理工具——千牛平台的使用、商品的日常管理，以及店铺的日常促销活动管理等。

任务一 千牛平台认知

子任务1 千牛平台初识

千牛平台是阿里巴巴旗下的商家工作台，淘宝、天猫商家可在此平台上进行宝贝管理、订单管理、客户关系管理等日常工作。"千牛"来源于《庄子·养生主》，在庖丁解牛的故事中，庖丁宰牛数千头，所用刀仍锋利无比。故后世称锋利的刀为千牛刀。千牛团队以"千牛"命名此平台，意欲成为广大商家手里的一把锋利的千牛刀，提高淘宝工作的能力与效率，从而更快地实现梦想。

一、千牛平台的基本功能

千牛平台的基本功能有接受推送信息、旺旺聊天、订单改价、查看店铺实时数据、沟通互动社区等，千牛平台的主要功能模块如图4-1所示。

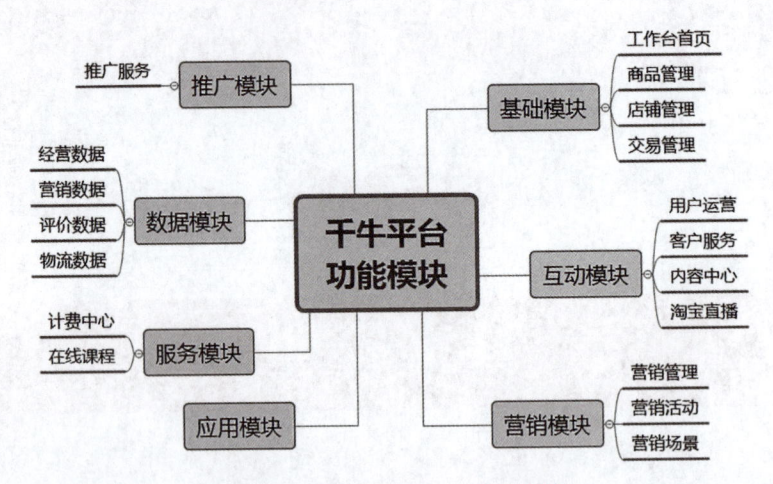

图 4-1 千牛平台的主要功能模块

每一模块的主要功能如表 4-1 所示。

表 4-1 千牛平台各模块主要功能

模块	子模块	主要功能
基础模块	工作台首页	待处理任务、基础运营数据、经营建议、我的应用
	商品管理	我的宝贝、发布宝贝、商品编辑、商品素材、图片空间、视频空间、仓储库存、商品发现、新品运营、工厂货源、货品管理、淘货源、淘分销
	店铺管理	综合体验分、店铺信息、店铺体检、子账号管理、店铺素材、隐私保护、手机店铺装修、PC店铺装修、装修管理
	交易管理	订单管理、物流管理、投诉与申诉
互动模块	用户运营	人群管理、会员运营、老客运营、自定义运营、触达通道、策略效果
	客户服务	客服总览、客服数据、接待管理、跟单工具、售后管理
	内容中心	内容发布、内容列表
	淘宝直播	直播管理、直播商品、直播数据
营销模块	营销管理	营销工具、营销素材、营销费用
	营销活动	活动报名、活动动态、已报活动
	营销场景	聚划算、天天特卖、淘金币
推广模块	推广服务	直通车、引力魔方、极速推、万向台、淘宝联盟、创意制作
数据模块	经营数据	店铺经营常用指标数据
	营销数据	相关营销活动数据，如聚划算、直通车、超级推荐等相关指标数据
	评价数据	回复评价、负面反馈数、举报评价数
	物流数据	包裹状态数据、快递异常数据
服务模块	计费中心	资金管理、收支查询、账户查询、账户充值、发票管理
	在线课程	在线学习课程
应用模块		各种应用工具入口

简单来说，千牛就是卖家中心、阿里旺旺卖家版、插件中心以及更多功能的综合体，不仅能接单、改价、发货、评论，还可以查物流、管商品、看报表，而且只要是淘宝集市卖家和天猫卖家以及 1688 用户，均可免费使用。

二、千牛平台的主要特点

1. 随时

千牛能够随时查看店铺信息，支持自主订阅实时成交额、最新订单、库存动态等数据，便于卖家根据数据及时调整营销策略。

2. 万能接单

使用千牛平台能够及时与顾客沟通，支持实时改动价格，而且千牛以客户为中心，更有利于商品的售出。

3. 精准

卖家能够精准地接收到官方信息，包括官方通知、系统消息、类目公告等。

4. 丰富

千牛平台上拥有丰富优质的工具，使卖家在交易、商品、数据、直通车、供销经营的每一环节都安心无忧。

子任务2 千牛平台的基本设置

（1）在完成千牛平台的下载与安装后，需要对千牛平台进行基本的设置。首先，在登录界面输入淘宝账号和密码进行登录。登录千牛平台后，客户端界面比网页版的千牛平台多了卖家日常使用的功能分类，因此更易于操作，如图4-2所示。

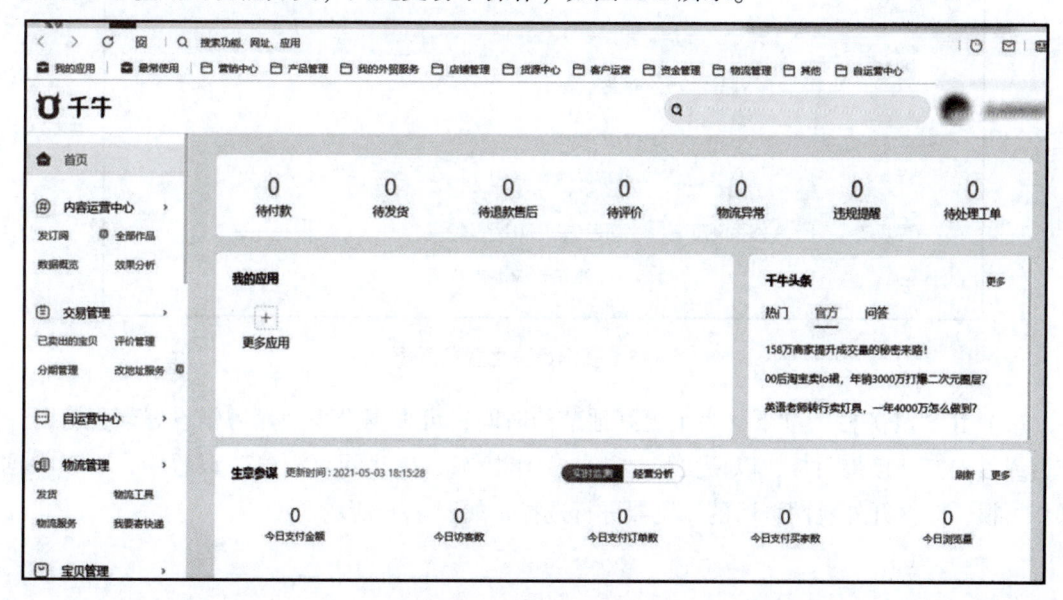

图 4-2　千牛平台主页面

（2）在主页面的右上方有个"皮肤"选项（见图4-3），点开后可以改变主页面的颜色，一共有6种颜色（见图4-4），可以根据个人喜好来选择。

图4-3 千牛换肤页面

图4-4 6种颜色的选择页面

在主页面的右上角还有一个三横的标志，选择"系统设置"。在"系统设置"下，可以编辑基础设置和接待设置。

1. 基础设置

（1）在千牛平台主页面的"登录"项下，将登录设置为"开机时自动启动千牛"，以便卖家尽快打开软件，如图4-5所示。

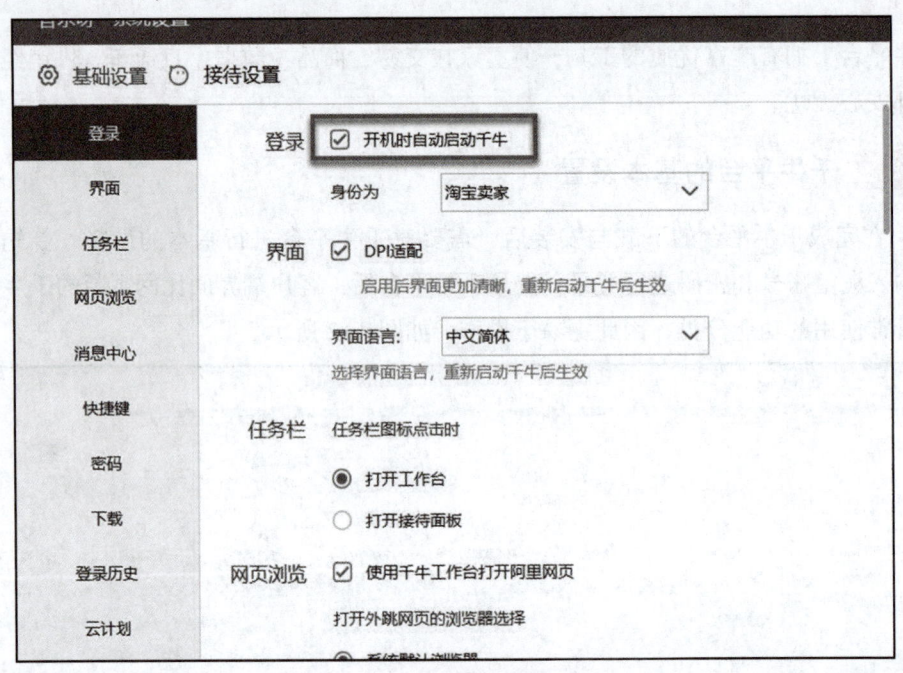

图4-5 基础设置之登录页面

（2）在"任务栏"项下，为了更好地节约时间，可根据个人使用习惯设置最先打开工作台或最先打开接待面板，以便更快地进入工作状态。在"网页浏览"设置中，可以根据操作习惯，对打开外跳网页后的浏览器进行选择，如图4-6所示。

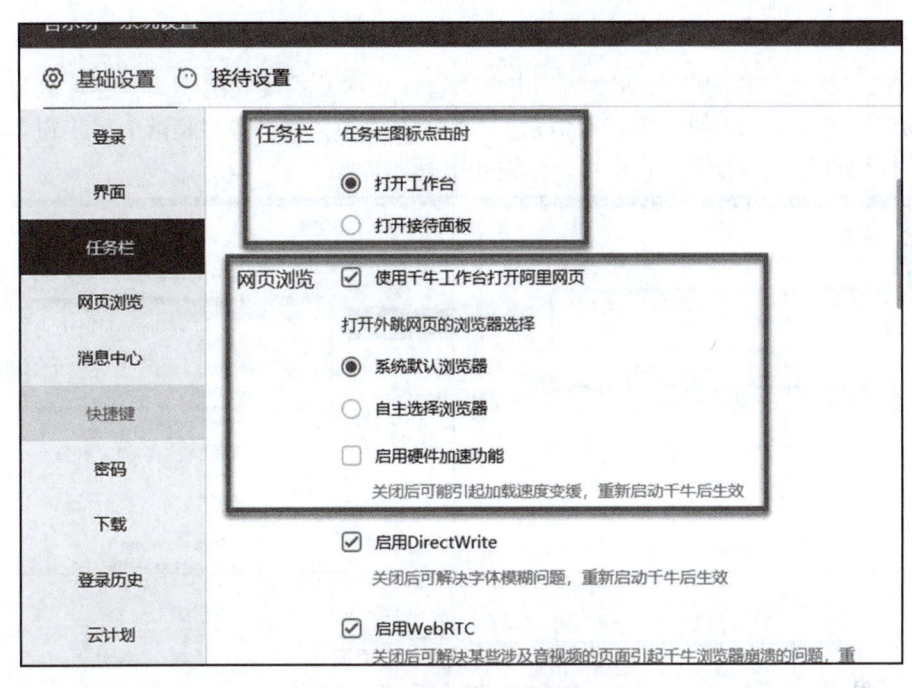

图 4-6　基础设置之任务栏页面

（3）在"快捷键"项下，可以设置打开各种窗口的快捷键，以便卖家尽快地打开功能模块（见图 4-7），设置快捷键会让工作效率大大提高。

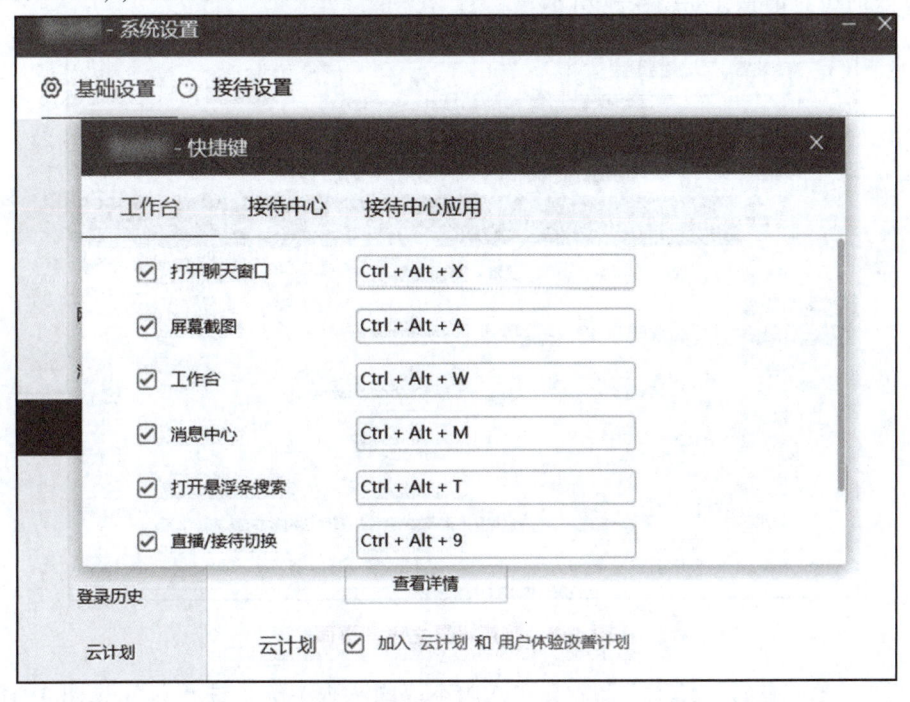

图 4-7　基础设置之快捷键页面

2. 接待设置

（1）在"状态"栏的"会话窗口"中可以选择文本模式或气泡模式，还可以勾选语音消息自动识别出文字，方便卖家查看信息。"提醒"栏中，有任务栏提醒、弹出窗口和右下角闪动，按照自身使用习惯设置即可，如图 4-8 所示。

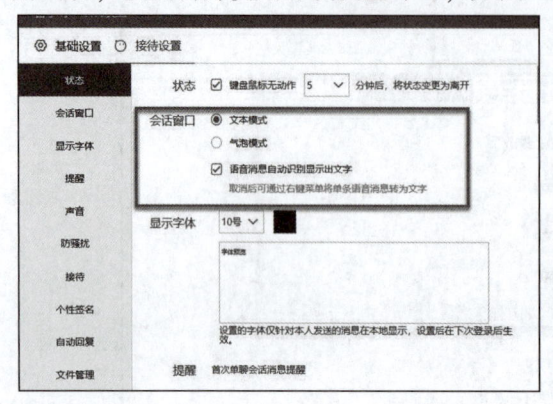

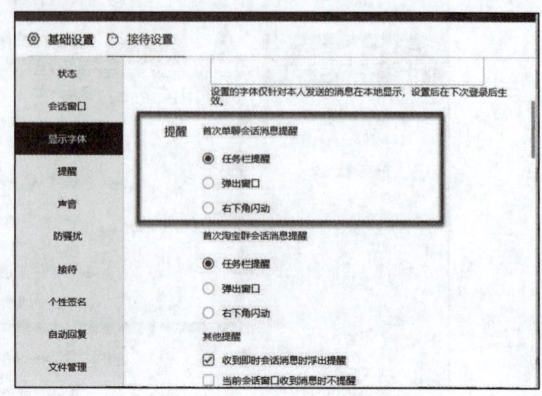

（a）

（b）

图 4-8　接待设置状态页面
(a) 会话窗口设置；(b) 提醒设置

（2）在"声音"栏中可以选择关闭/开启/改变提示音；提示音也有收到即时消息、闪屏振动和群消息三种类型。可以分别设置不同的提示音，便于卖家判断是哪一种类型的提示音，以便及时查看消息，如图 4-9 所示。

图 4-9　接待设置之声音页面

（3）在"个性签名"栏中，需设置个人版本或团队版本的个性签名（见图 4-10），如可以在签名上发布一些店铺信息、促销活动等，抓住一切可以做广告的区域。另外，也要设置"自动回复"的内容，当不能及时回复消息时，要设置好自动回复的内容，如告诉顾客客服的在线时间，不让顾客过多地等待。

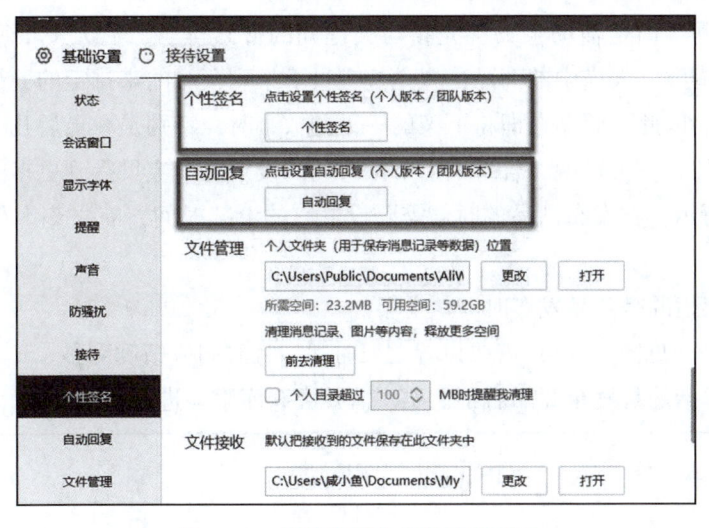

图 4-10　接待设置之个性签名页面

（4）在"文件管理"栏中可以更改千牛的消息记录或文件的接收和保存位置，如图4-11 所示。

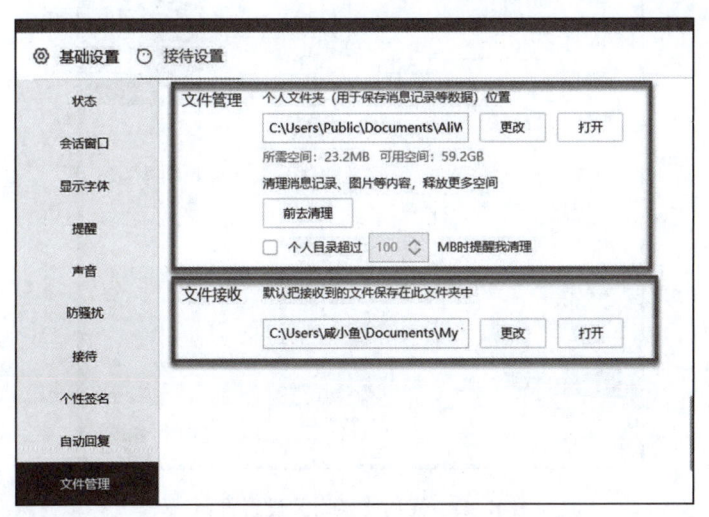

图 4-11　接待设置之文件管理页面

任务二　商品管理

子任务 1　商品的上下架管理

【学习视频 4-1】商品的上下架管理

商品的上下架管理首先需要关注商品的上下架时间，上下架时间其实并不只是简单的商

品上架和下架时间，而是辅助宝贝优先参与关键词的搜索排名，七天一个循环，自动上下架，自动变更。淘宝、天猫中的商品位置是按宝贝下架剩余时间来排定的，越接近下架的宝贝，排名就越前。因此，商品在即将下架的一天到数小时，特别是在最后几十分钟内，将获得最有利的宣传位置。可以说，合理的上下架时间的设定能使宝贝得到更多的展示。

如图4-12所示，在发布商品的时候需要设置它的上架时间，有立刻上架、定时上架和放入仓库三种。

1）立刻上架指的是商品发布时默认上架。

2）定时上架（见图4-13）需要设置上架时间，且时间应精确到秒。

3）放入仓库指的是发布商品后不上架，需要去仓库手动进行上架。

图4-12 上架时间设置页面

图4-13 定时上架时间设置页面

在实际操作中，卖家应根据实际需求对商品进行上下架安排，合理地设置上架时间，需要注意以下三点。

（1）注重目标用户的在线购物时间。

商品的上下架时间需要考虑商品目标受众用户的集中上网时间，建议利用生意参谋等电子商务平台的数据分析工具做访问时间分析，在合理的时间段安排宝贝上架，有针对性地安排商品的上下架时间。

（2）找到主推关键词的最优时间展示。

选择商品的主推关键词，要选择适合该词的上下架时间。商品下架那天的展现是根据主关键词，而非标题中的所有词来考虑的。因此，卖家需要用数据工具分析出主关键词和它的主扩展词的可展现时间，以达到充分引流的效果。

（3）尽量避开人气较高的商品。

自然搜索排序一般把上下架时间因素当成非常重要的一个排序因素，并且给新上架的商品比较大的搜索权重，因为对于刚上架的新品，其在各个方面与淘宝热销的商品相比存在着先天的劣势，如没有收藏、没有销量、没有评价等。因此，无论是基于商品情况，还是用户的消费心理，新品的发布都应尽量避开人气高的商品。

关于做好商品的上下架管理，充分引流，还有两点建议：一是如果有已确定的最大竞争宝贝，而自身商品销量或价格都优于竞争品种，则选择相同的时间上下架，压制它的成长；若自身的商品处于劣势，则要错开上下架时间，寻找自身商品较为合适的时间来成长。

子任务 2 商品上下架时间统计

【拓展资料】商品上下架时间数据表

扫描"商品上下架时间数据表"二维码，为了统计出一周内、每天各时间段的商品上下架数量，可以将该数据表进行整理，保留宝贝标题、下架时间和星期字段，并将下架时间粒度选择为小时，整理后的数据表如图 4-14 所示。

宝贝标题	下架时间	星期
冬季韩版2023新款宽松立领两面穿加厚保暖中长款长袖棉服外套女装	13	星期四
冬季韩版2023新款宽松小个子加绒加厚气质西装领长袖皮衣外套女装	21	星期五
可可里小姐~韩版宽松学生面包服加厚外套过膝棉衣中长款棉服女	19	星期一
可可里小姐~秋冬新款韩版外套中长款保暖毛呢绑带大外套配送腰带	19	星期一
冬季韩版2023新款超火假两件宽松过膝长款连帽长袖棉衣外套女棉袄	20	星期日
冬季韩版2023新款工装风夹棉加厚宽松中长款假两件长袖棉衣外套女	20	星期五
冬季韩版宽松加厚保暖时尚立领纯色长袖棉服外套女装学生	23	星期三
秋冬2023新款韩版宽松连帽毛领加厚中长款长袖棉服外套上衣女	16	星期二
冬季韩版2023新款设计感拼接加厚宽松面包服长袖棉衣棉服外套女	14	星期一
秋冬2023新款流行长款大衣宽松加厚收腰开叉长袖毛呢外套女装	0	星期三
冬季韩版2023新款仿羊羔毛加厚保暖工装风宽松长袖棉衣棉服外套女	16	星期一
秋冬韩版2023新款宽松蓝色BF风时尚减龄加绒加厚翻领长袖外套女装	14	星期二
冬季韩版2023新款宽松时尚假两件连帽中长款长袖棉服外套女	19	星期六

图 4-14 整理完成的商品上下架数据表

利用数据透视表工具将下架时间的数量按照星期与时间进行统计，如图 4-15 所示。

星期	0	9	10	11	12	13	14	15	16	17	18	19	20	21	22	23	总计
星期日	4	9	8	7	8	14	7	13	12	8	11	6	29	14	13	9	172
星期一	7	11	15	16	19	20	19	14	18	18	112	31	22	23	16	20	381
星期二	7	24	22	22	24	28	30	32	26	29	35	20	27	31	23	45	415
星期三	11	20	19	16	26	29	28	20	24	20	40	18	29	31	20	18	369
星期四	8	16	17	17	20	14	18	21	19	35	14	12	23	23	14	10	281
星期五	7	9	10	8	11	13	13	12	15	10	5	17	16	25	9	9	189
星期六	3	10	11	11	10	7	13	2	12	7	20	21	18	14	7	11	191
总计	47	99	101	97	114	131	118	128	126	114	138	245	175	125	138	102	1998

图 4-15 下架商品数量汇总表

从图 4-15 的下架商品数量汇总表可以了解到一周内以及每一天各时间段的下架商品数量分布情况，根据店铺访问量的情况可以对店铺商品的上下架数量进行优化。

子任务 3　商品相关数据观测

【学习视频 4-2】商品相关数据观测

针对商品的相关数据，需要每天都进行观测与分析，卖家可以针对数据分析结果，对商品的营销策略进行改进，进一步增加浏览量，提高转化率。很多商家都会觉得测试款有点"烧钱"，但是根据自己的主观意识又无法判断哪个款式能够做成爆款。因此，商家很有必要进行商品的相关数据观测，唯有这样，才能找出一些内在规律和商品的不足之处等，有利于下次的改进。

分析之前，要确保商品达到了基本的品质、表现和运营要求。首先，一款商品销售数据好的基础是品质有保证以及货源供应稳定；其次是商品在电子商务平台中的表现问题，好的主图增加点击量，好的详情页提高转化率；最后是运营，包括定位消费人群、设置人群标签等。做好这三点，确保商品可以被大众接受后，就可以去观测商品的相关数据。

商品的相关数据主要包括点击率和收藏、加购数据两部分。

（1）点击率。通过点击率可以看出商品是否受欢迎。在分析点击率之前需要先测图，点击率的高低基本由主图决定，消费者主要也是依靠主图来判断自己是否需要该商品。在保证了主图的质量后，才能保证测试出的点击率具有参考意义。

（2）收藏、加购数据。从这两个数据可以看出消费者对商品的关注程度。消费者需求一般有多种，有些人会将自己感兴趣的商品添加收藏或加购，卖家可以通过这类需求人群的数据来观察商品以及消费者的购买意向。

在获取相关数据后，需要对数据进行分析，这也是最重要的一步，否则，观测到的数据就是无效的。只有进行数据分析，才能了解自己、了解对手、了解行业，越做越好。

单单进行数据分析还不够，商家还需做到掌控趋势，随时对销售、经营、管理进行诊断，及时调整原有计划或者调整执行中存在的问题。另外，还要找出各项指标，分析影响指标数据的原因，然后针对实际数据做出相应调整。

任务三　店内活动

子任务 1　限时打折

限时打折是淘宝提供给卖家的一种店铺促销工具，订购了此工具的卖家可以在自己店铺中选择一定数量的商品，在一定时间内以低于市场价的方式进行促销。限时打折的优点主要有以下两点。

1）增加店铺流量。
2）提高转化率。能够把更多流量转化成有价值的流量，让更多进店的人购买。

1. 选择限时打折设置工具

进入淘宝的卖家服务市场（见图 4-16），搜索"限时打折"，从搜索结果中选择一个性价比高的服务。关于如何在众多产品里选择性价比高的活动，商家可以点击产品进入查看服务介绍。

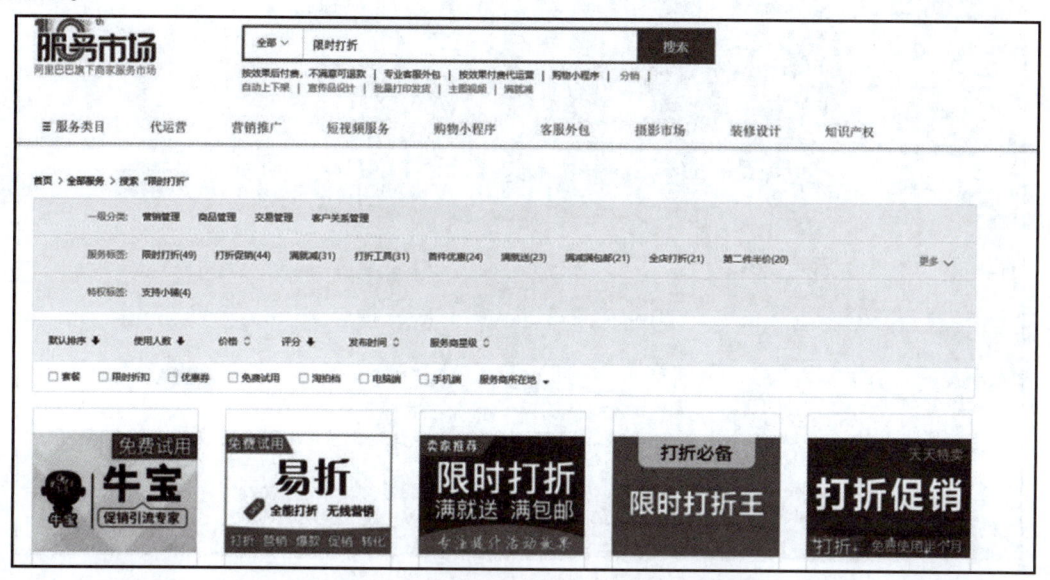

图4-16　卖家"服务市场"页面

（1）图4-17所示为使用服务后的效果图，图片中显示原价138（元），限时打折使用后，会把价格进行打折处理，价格旁还注明了限时促销。如果对此服务满意，则可以购买。

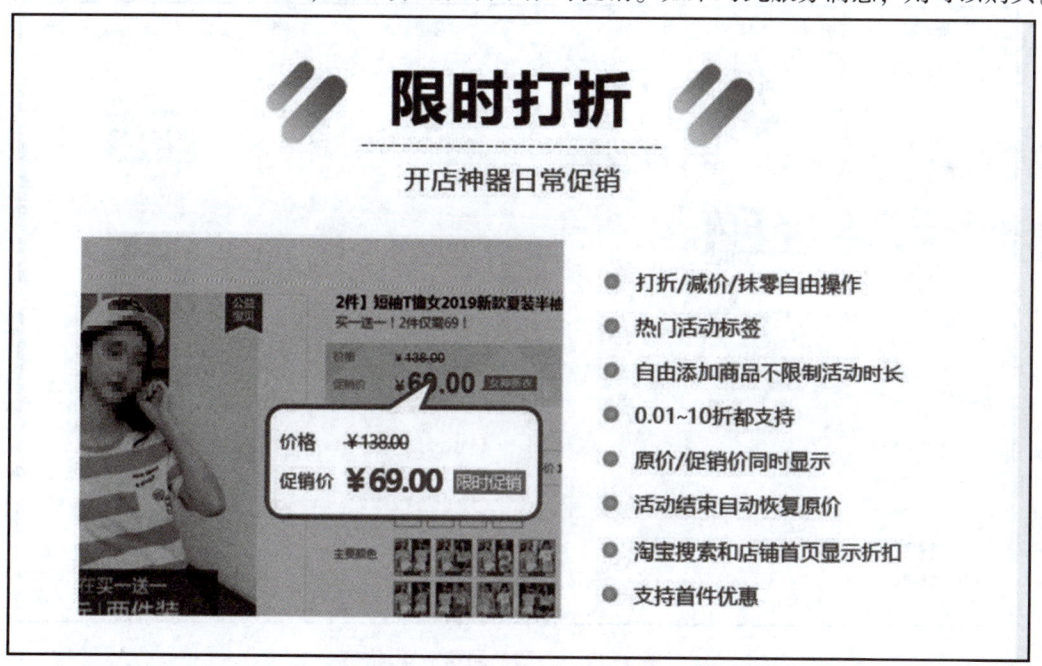

图4-17　"限时打折"服务介绍页面

（2）如图4-18所示，此服务购买页面中提示可以先试用15天，点击"同意并付款"按钮即可试用。

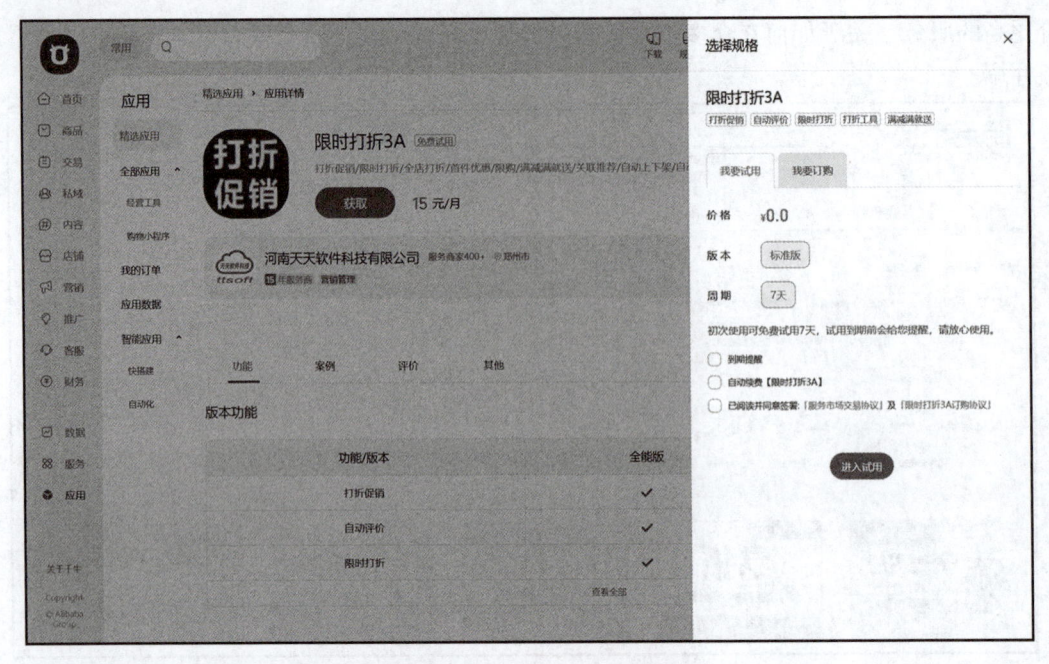

图4-18 "限时打折"购买页面

(3) 回到"服务中心"主页面后，点击进入"我的服务"（见图4-19），可以看到购买的产品，点击"使用"按钮即可。

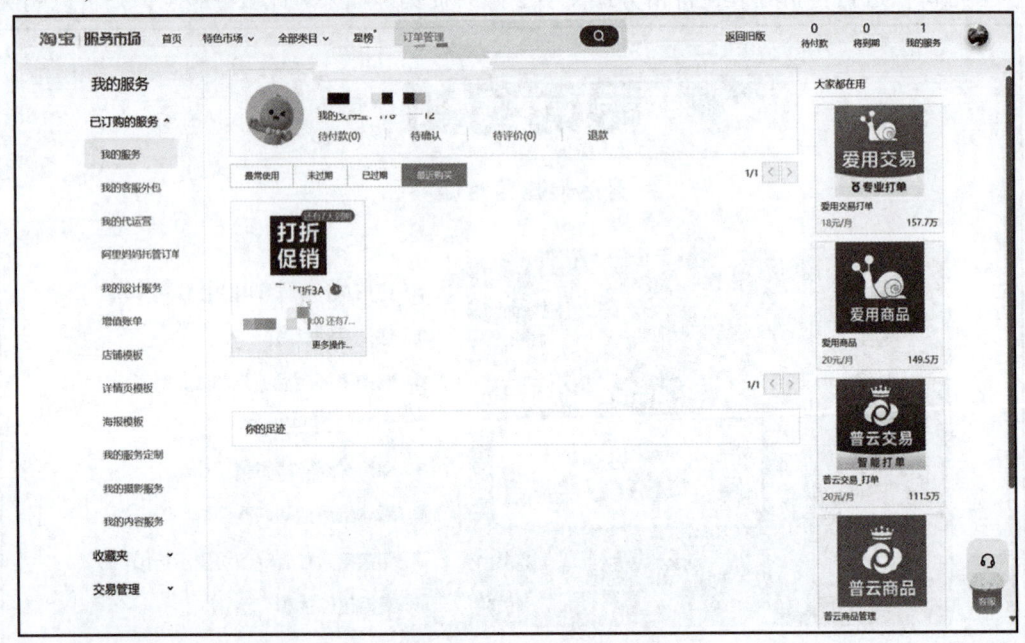

图4-19 "我的服务"页面

(4) 进入服务界面后（见图4-20），可以看到有很多活动工具，选择"限时打折"活动进行添加。

图 4-20 "限时打折"服务页面

2. 设置限时打折活动

（1）添加限时打折后，可以设置折扣力度及折扣开始与结束的时间，如图 4-21 所示。

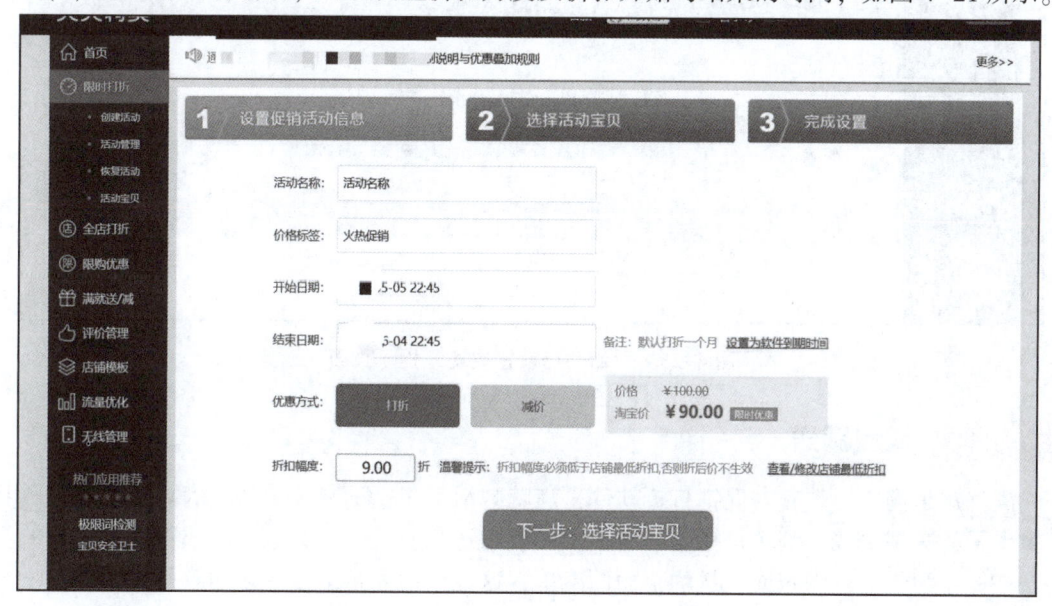

图 4-21 "设置促销活动信息"页面

（2）设置限时打折的基本信息后，可以选择对店铺里的商品进行打折设置（见图 4-22），勾选需要打折的商品。如对第一件商品进行打折，原价 264 元打 9 折后的价格就是 237.6 元。

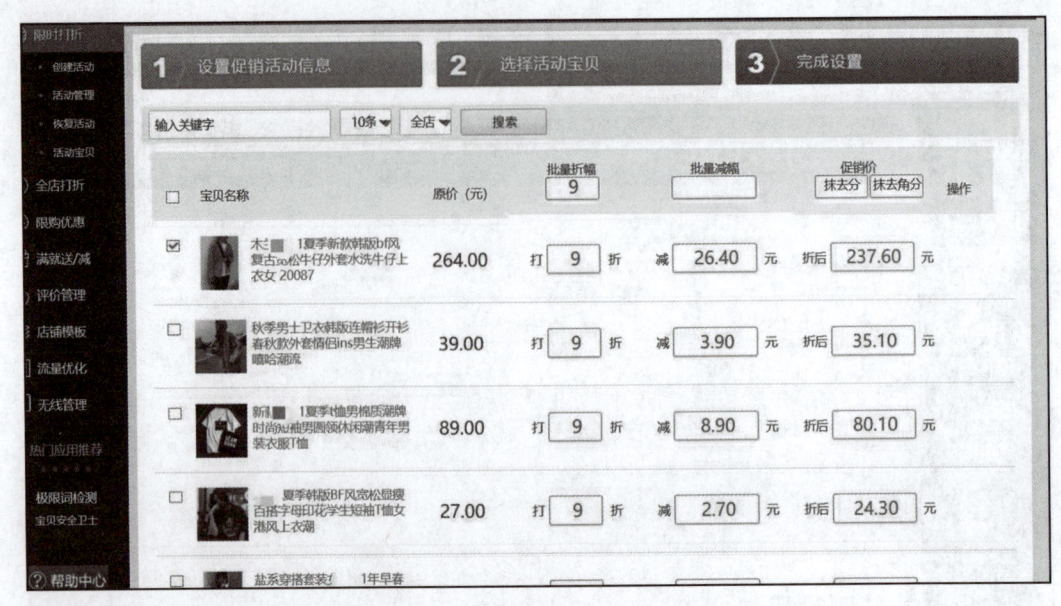

图 4-22 "选择活动宝贝"页面

(3) 设置打折商品后会出现"活动已设置成功"页面，如图 4-23 所示。

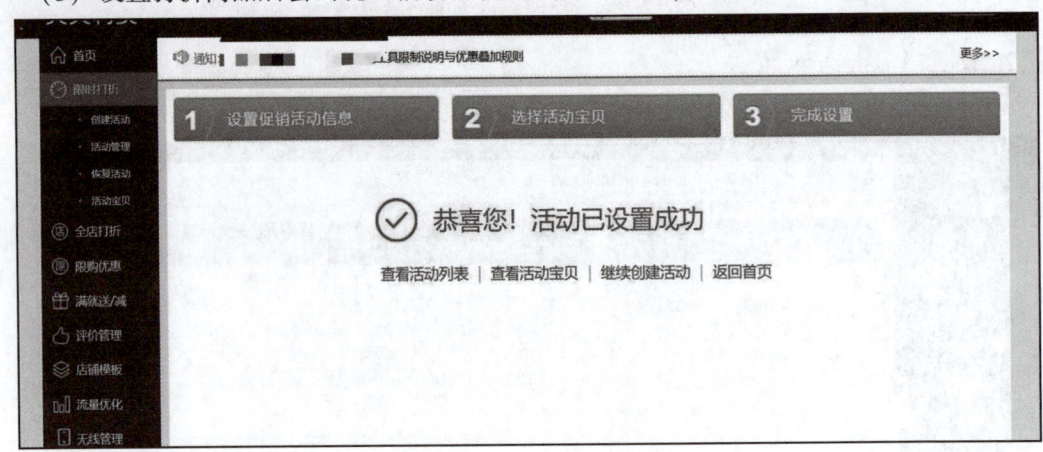

图 4-23 "活动已设置成功"提示页面

子任务 2　满减满送

满就减是淘宝一款官方促销打折软件，满就减活动包括满减和满送。满减的意思是购物满多少元就减多少钱，满送是指购物满多少元就赠送相应礼品。买家一般都很喜欢这样的活动，往往会为了达到满减或满送的金额而凑单，这也给商家带来了更多的收益。

1. 选择满减、满送工具

(1) 打开千牛软件，在"营销中心"里找到"我要推广"，点击进入后找到"基础促销"（见图 4-24），里面有搭配套餐、优惠券和满就送（减）（现在叫店铺宝），选择"店铺宝"。

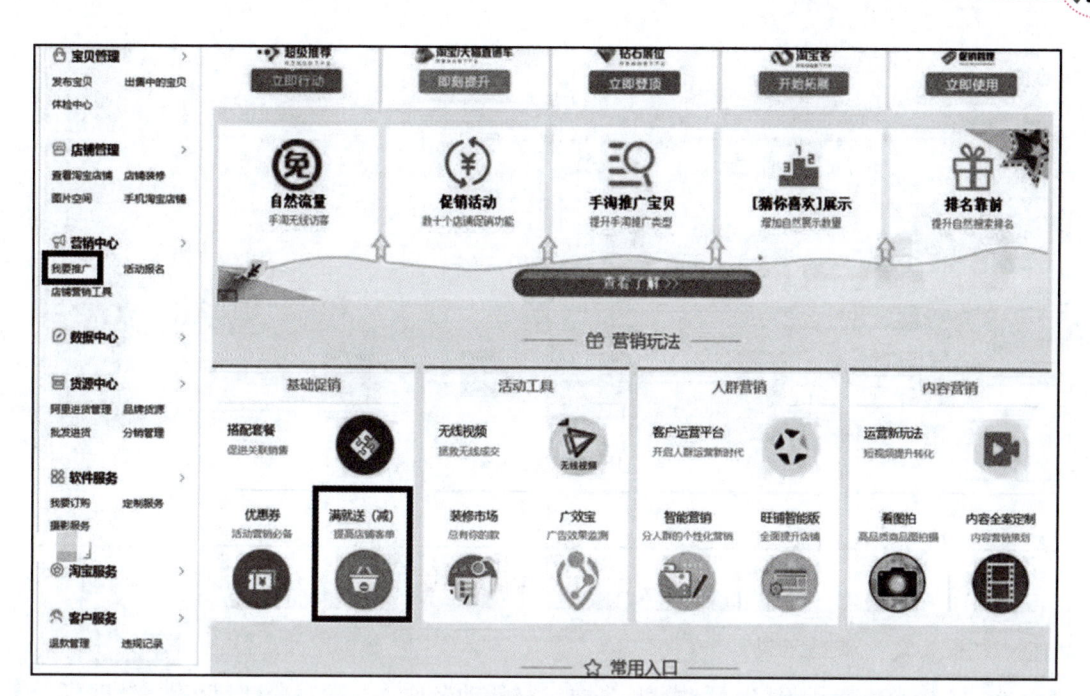

图 4-24　推广工具选择页面

（2）选择之后会发现这项服务也是一项付费服务。当然，商家也可以在服务市场自行搜索此类服务，不过店铺宝是官方的营销工具，功能也足够强大，同样有 15 天的免费试用期，所以商家可以优先考虑使用店铺宝，如图 4-25 所示。

图 4-25　店铺宝服务购买页面

（3）回到"服务中心"主页面后，点击进入"我的服务"，可以看到购买的店铺宝服务，点击"使用"后跳转到如图 4-26 所示页面，活动的内容非常丰富，包含多件多折、拍下立减×元、拍下送赠品等活动工具。卖家可以根据自身的需求进行选择，对不同的商品采用不同的优惠类型。

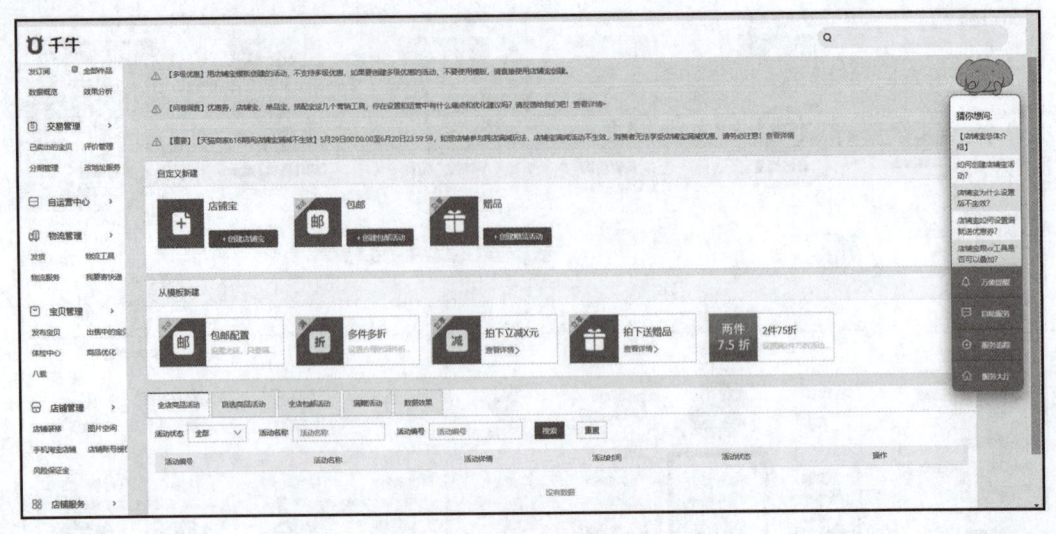

图 4-26 店铺宝服务页面

2. 设置满减、满送活动

（1）如选择"满元减钱"活动。首先要定义活动名称，一般写成"满×减×"即可，便于买家理解；其次需要设置活动的开始时间和结束时间；最后，商家还可以自行选择优惠类型（参加优惠活动的是自选商品还是全店商品）。设置完成后点击"下一步"按钮，如图 4-27 所示。

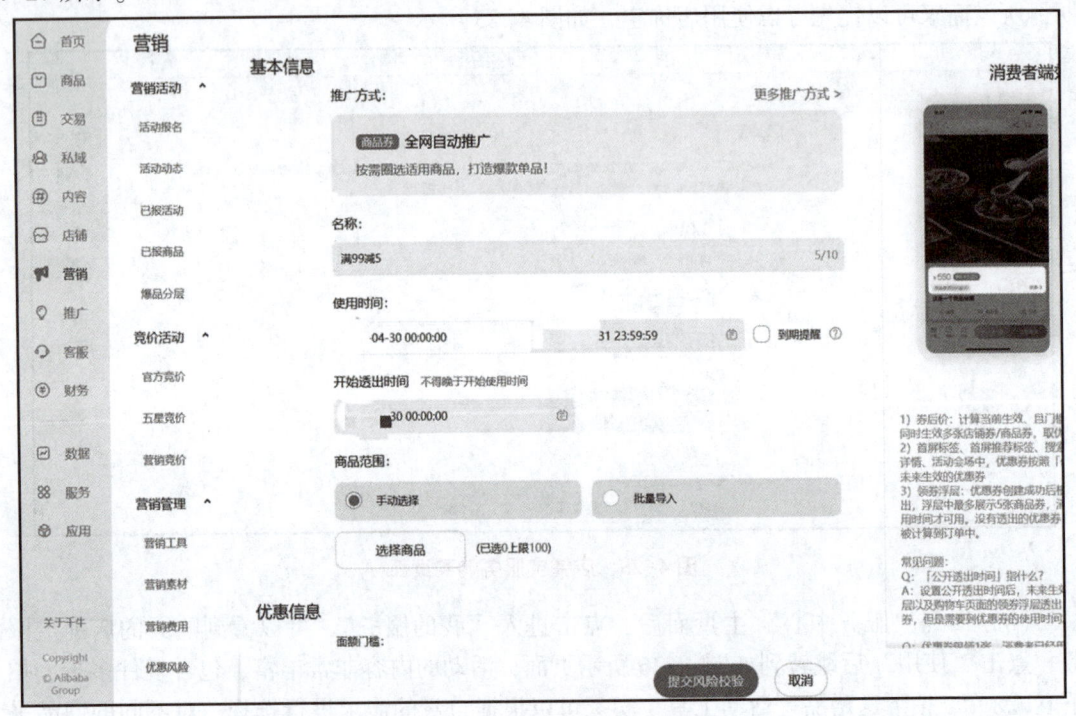

图 4-27 满元减钱服务页面

（2）在图 4-28 所示的页面中设置内容，输入满减的金额，设置完成后点击"下一步"按钮。

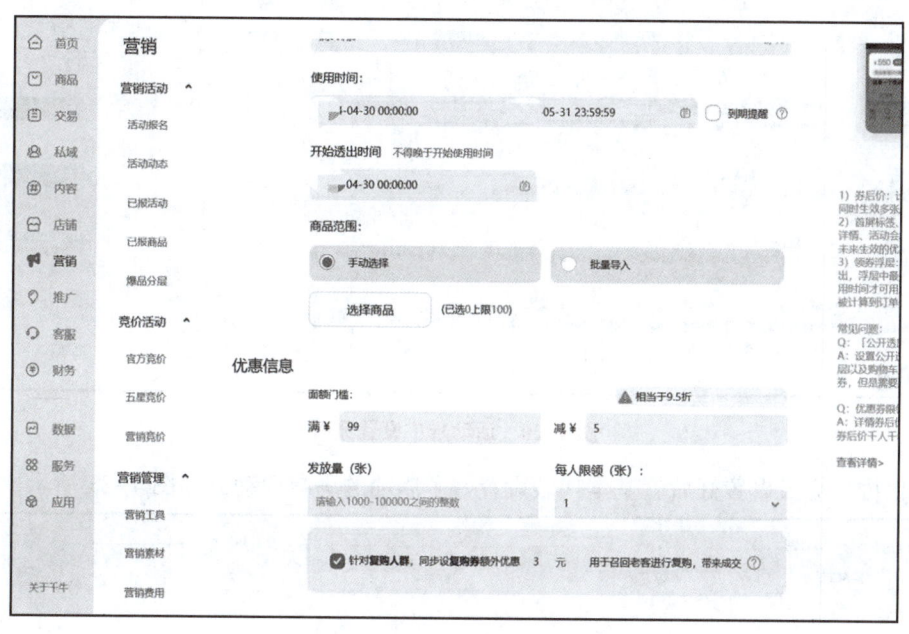

图 4-28　优惠门槛及内容设置页面

（3）设置完满减活动的基本信息后，可以选择店铺里的一些商品做满减活动（见图 4-29）。由于图 4-27 中选的是自选商品，也就是让部分商品参与活动，所以商家从商品库里选择参与活动的商品即可。

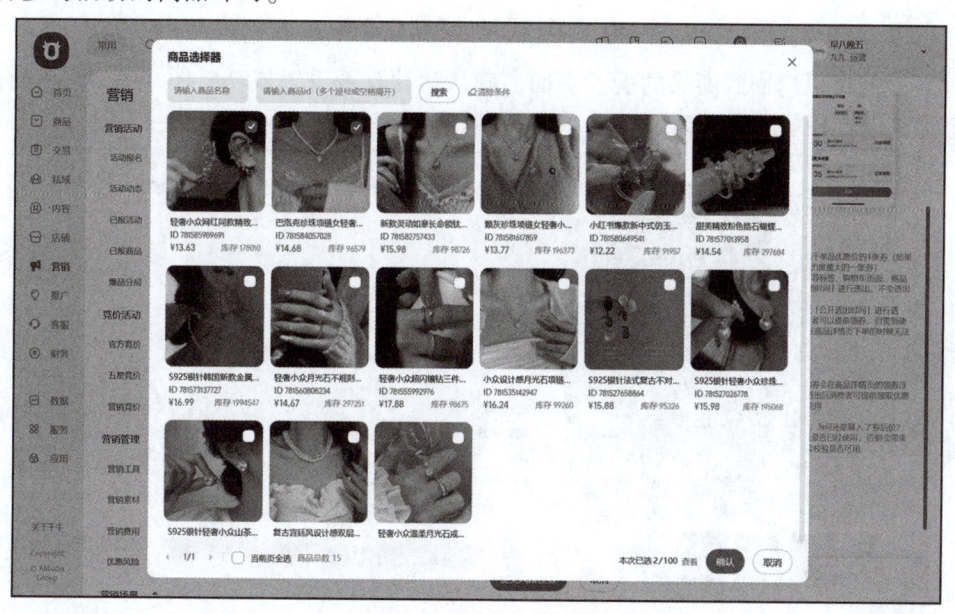

图 4-29　选择满减宝贝页面

（4）设置好满减活动后，可以选择推广方式，默认情况下是自动推广（见图 4-30）。如需立即推广，卖家则需要购买相应的服务，通过超级推荐信息流广告可以获取首页、购物车、支付成功页的"猜你喜欢"的站内流量，达到更好的效果。

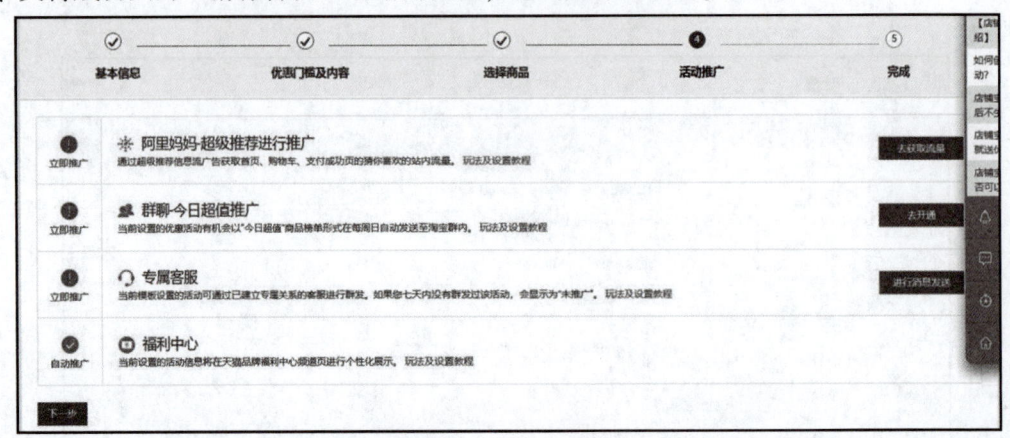

图 4-30 活动推广设置页面

（5）推广方式设置好后就基本代表设置好了店铺的满减活动，如图 4-31 所示。

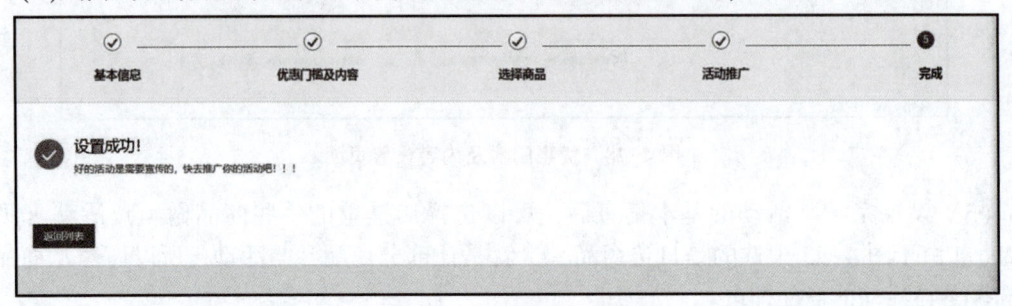

图 4-31 活动设置成功页面

（6）卖家可以返回到商品的展示页面，确认活动是否设置成功。图 4-32 所示的商品，卖家已为其设置好了满减活动。

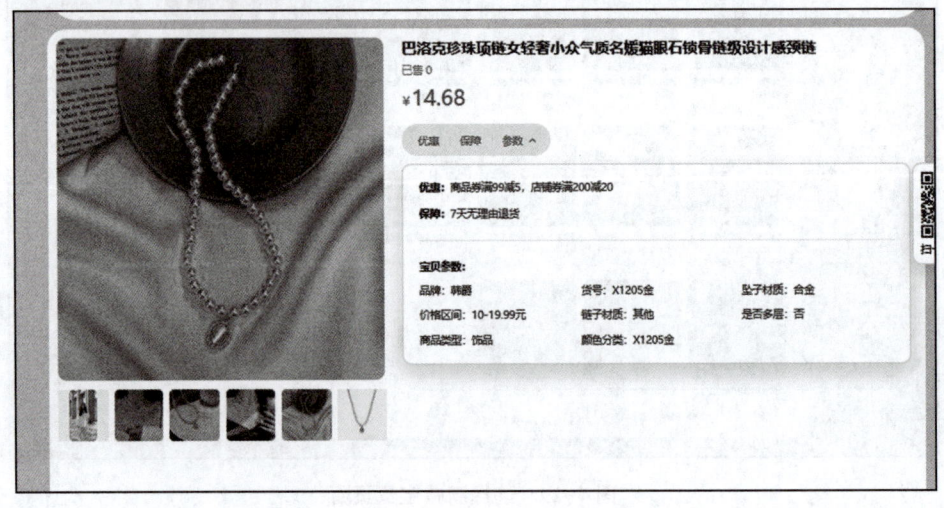

图 4-32 满减活动展现页面

子任务 3　优惠券

优惠券也是商家的促销手段，商家发行优惠券的目的一般都是提高转化率，增加销售业绩。买家使用它的好处是可以得到优惠。

1. 选择优惠券工具

（1）在千牛平台的"营销中心"里找到"我要推广"，点击进入后在"基础促销"中选择"优惠券"，如图 4-33 所示。

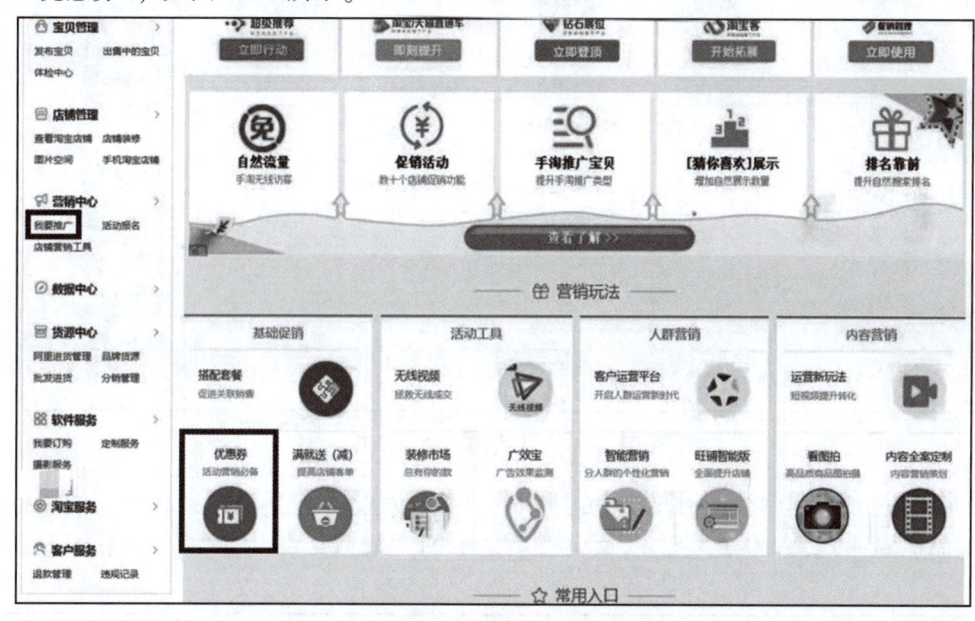

图 4-33　"基础促销"工具页面

（2）上一步操作后进入图 4-34 所示页面，可以看到这也是一项付费服务，也有 15 天的购买试用期。

图 4-34　优惠券服务页面

（3）购买后回到"服务中心"主页面，点击进入"我的服务"（见图4-35），可以看到购买的"优惠券"服务，再点击"使用"按钮。

图4-35 "我的服务"页面

（4）上一步操作后跳转到图4-36所示的页面，优惠券包括自定义新建下的店铺优惠券、商品优惠券、裂变优惠券，以及模板新建下的"满就送券""客户关系管理"店铺券等。

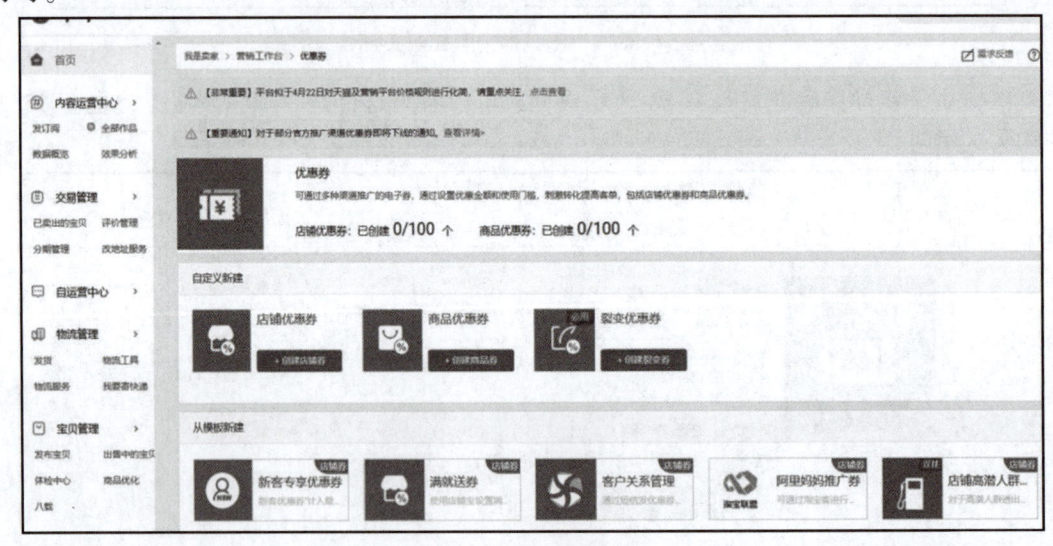

图4-36 优惠券类型

2. 设置优惠券

（1）选择"店铺优惠券"（见图4-37），编辑基本信息和面额信息，点击"确认创建"按钮。

图 4-37 "店铺优惠券"设置页面

基本信息中包括了名称和使用时间，名称可以简单命名为多少元优惠券，并选择好开始时间和结束时间。

面额信息中包括了优惠金额、使用门槛、发行量和每人限领。优惠金额中要输入 1/2/3/5 的整数倍金额，且不得超过 1 000 元。使用门槛就是指要购买满多少元才能使用优惠券。发行量指的是一共设置多少张优惠券，买家每领完一张就会减少一张。每人限领指的是每人最多能领取多少张优惠券。

有时候，卖家可以在店铺中推广整点优惠券活动，金额大、数量少，这样就可以让很多买家同时等着整点进入店铺，以便抢券，从而增加店铺的流量。

（2）点击"确认创建"后出现"创建成功"页面，如图 4-38 所示，说明已经成功设置好店铺的优惠券。

图 4-38 优惠券设置成功页面

（3）创建成功后，卖家可以返回到商品的展示页面，确认优惠券是否设置成功。如图 4-39 所示，该宝贝已设置好了 10 元的店铺优惠券活动。

图 4-39　店铺优惠券展示页面

子任务 4　搭配销售

搭配销售就是将几件商品搭配成一个组合，如果买家购买组合，也会有一定的优惠。搭配销售活动主要有以下四个优点。

1）提升客均购买件数，从而提高客单价。对于提供包邮或者免部分邮费的商家，可以很好地平摊成本。

2）套装搭配体现的折扣既让消费者感受到了优惠，同时也不会有价格的横向比较。直接打折可能会损伤品牌的影响力，而套装搭配对原价购买的老顾客伤害性更小。

3）提升客户体验。如购买上衣并搭配裤子，因同一品牌风格统一，展现效果好，所以更容易获得客户的满意，相对只购买单件商品的回头率也会更高，能够培养忠实用户。

4）可以直接购买。不用加入购物车，更加方便顾客购买。

1. 选择搭配销售工具

（1）在千牛平台的"营销中心"中找到"我要推广"，点击进入找到"基础促销"（见图 4-40），里面有搭配套餐（现在叫作"搭配宝"）、满就送（减）、优惠券、单品宝，点击选择其中的"搭配宝"。

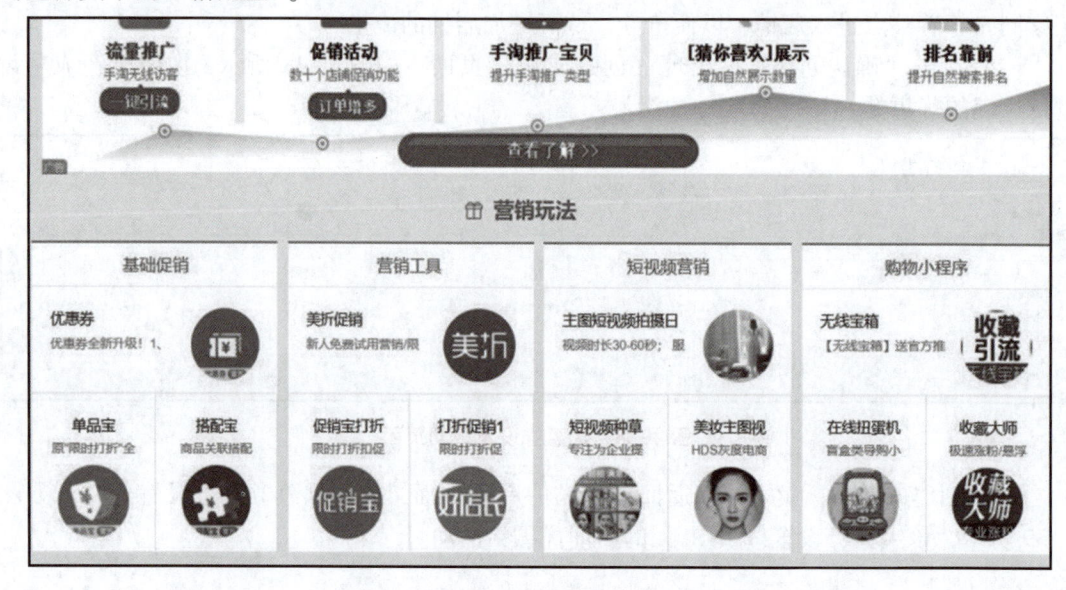

图 4-40　推广工具页面

（2）搭配销售也是一项付费服务，点击进入后可以先进行 15 天的免费试用，如图 4-41 所示。

图 4-41 "搭配宝"服务页面

（3）卖家同样可以返回到"服务中心"主页面，进入"我的服务"，如图 4-42 所示，可以看到购买的"搭配宝"服务，再点击"使用"按钮。

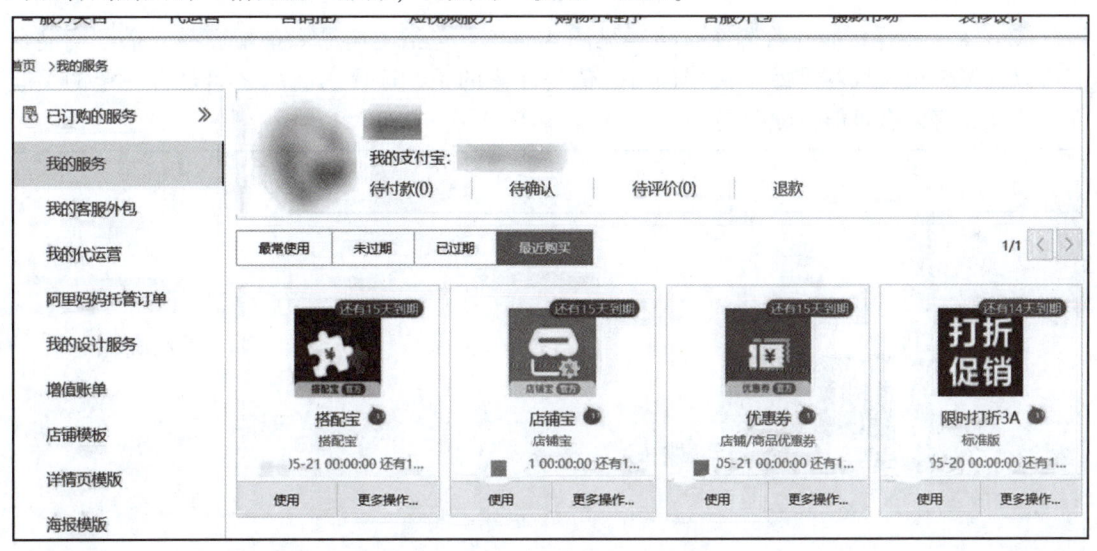

图 4-42 "我的服务"页面

2. 设置搭配销售活动

（1）选择使用搭配销售活动工具，跳转到如图 4-43 所示的页面，再点击"创建套餐"按钮。

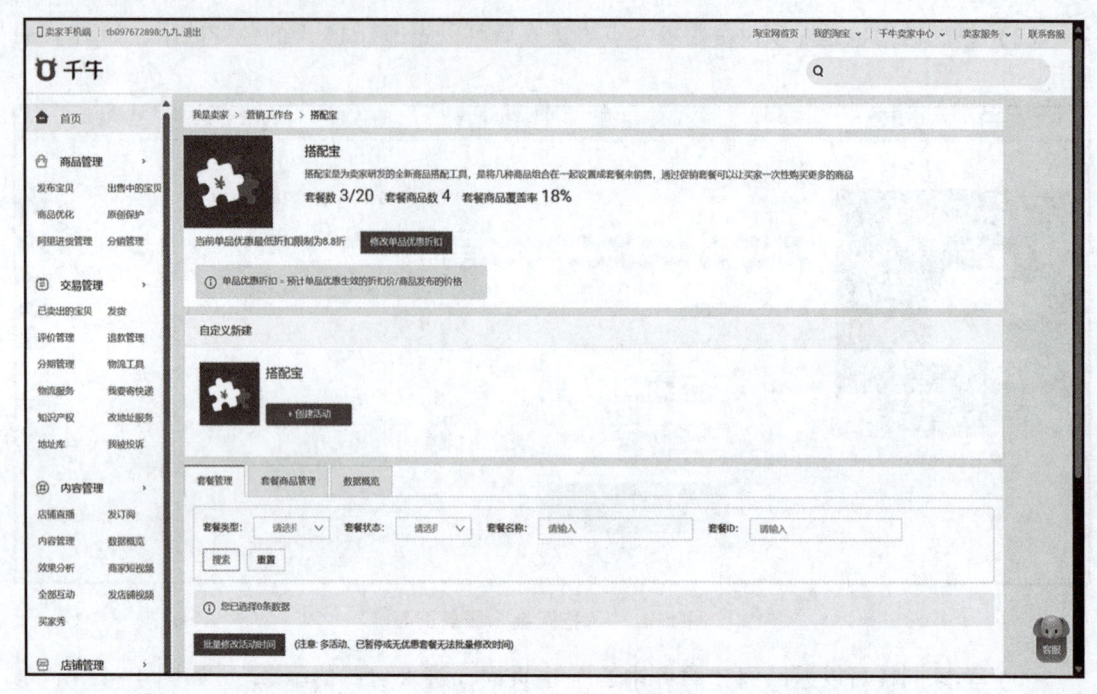

图4-43 "创建套餐"页面

（2）上一步操作后开始选择商品（见图4-44），包括主商品和搭配商品，搭配商品最多可以选择8个，从商品库中选择即可。值得注意的是，选择的商品之间要有一定的关联性，这样顾客才有可能搭配购买。

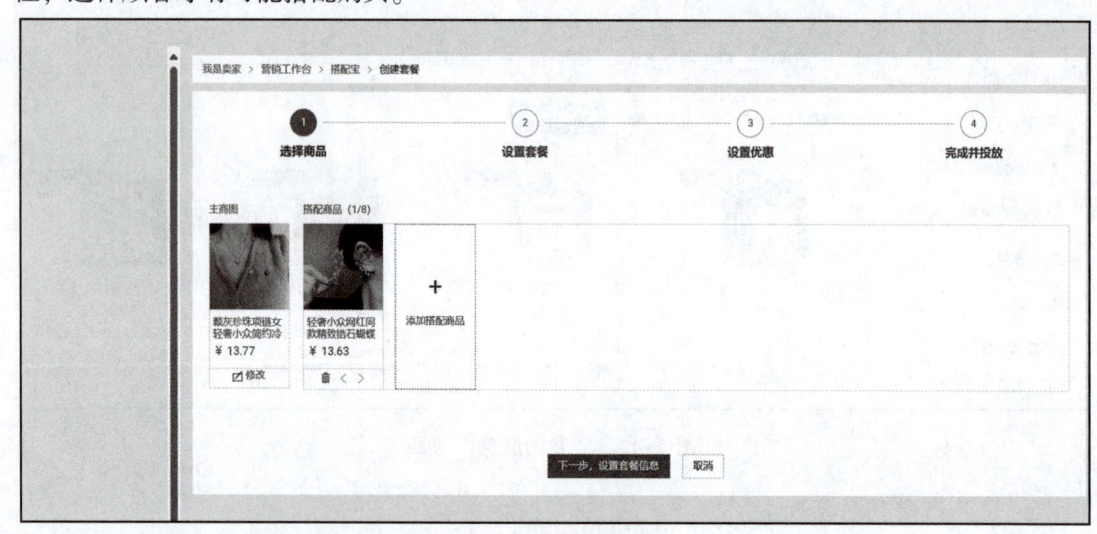

图4-44 选择商品页面

（3）设置套餐（见图4-45），此时需要输入套餐名称和套餐介绍。对于套餐图，可以自行上传图片，也可以选择智能合图。图4-45是智能合图的效果。建议卖家可以自行设计拼图，再上传，这样可以保证套餐图的质量，使顾客更有购买欲望。

图 4-45 设置套餐页面

（4）设置优惠（见图 4-46），包括是否包邮、活动起止时间及预热时间的设置。

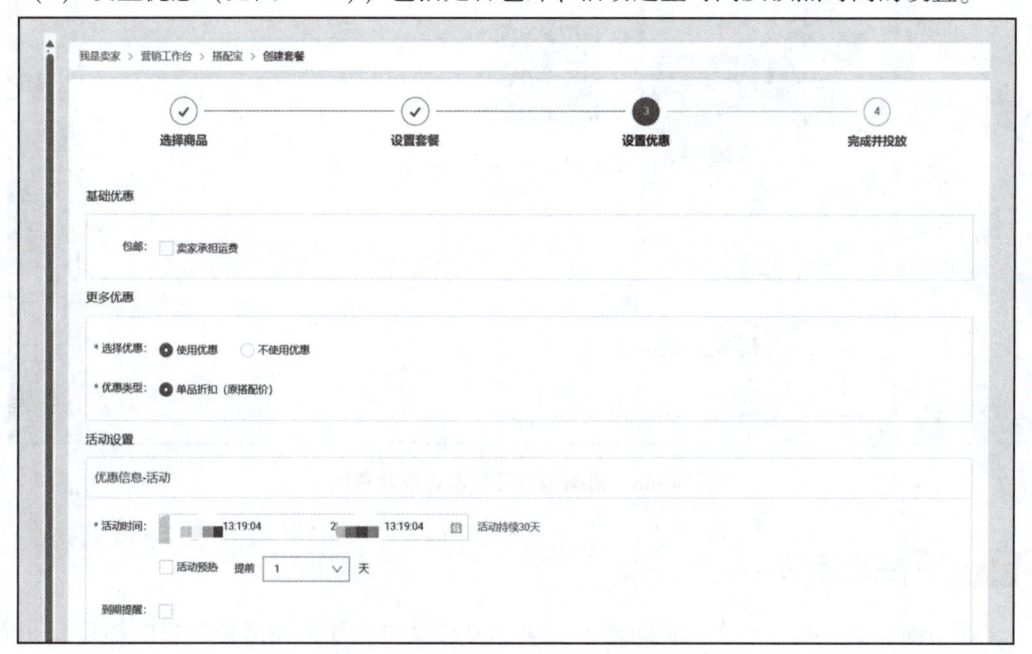

图 4-46 设置各项优惠信息页面

（5）设置优惠后还要对商品的价格进行修改，也就是搭配套餐中的搭配价（见图 4-47）——设置第一件商品的搭配价为 83 元，第二件的搭配价为 93 元。这样，顾客一起购买的时候就会便宜 12 元。设置完成后，点击"保存套餐"按钮。

图 4-47 搭配价设置页面

（6）投放后出现"设置成功"页面，代表成功添加了一组搭配销售的商品，如图 4-48 所示。

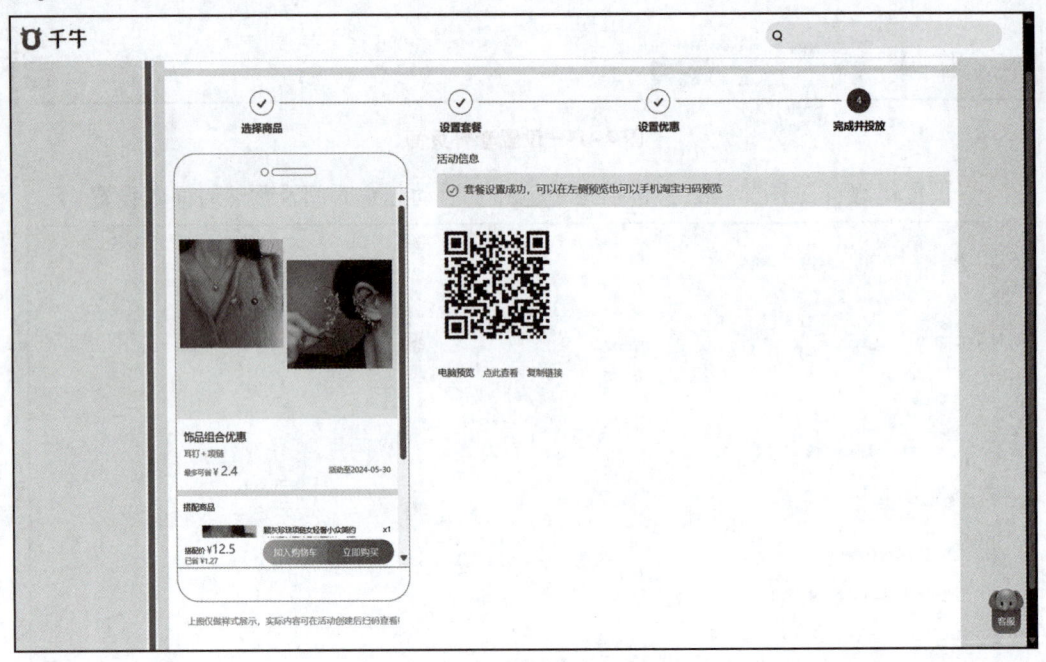

图 4-48 搭配销售活动设置成功页面

子任务 5 主题活动

主题活动是指一些淘宝或天猫的营销活动。卖家参加各种主题活动的目的都只有一个，那就是借助平台的主题活动把商品卖火、卖爆。

一般来说，新手卖家也可以参加淘宝的营销活动。一个好的活动带来的流量对店铺的销量是有很大帮助的，而随着店铺等级越来越高，卖家对流量的需求也越来越大。淘宝官方推出的很多营销活动套餐，虽然不贵，但也需要花一些钱，所以卖家是否需要购买，要根据自己的实际情况进行选择。总体来说，淘宝的各种营销活动，都可以为店铺带来更多的展示机会。淘宝营销活动做得好的店家，所收获的流量是非常可观的。

新手卖家参加营销活动时，建议多去报名参加一些官方的活动，因为官方的营销活动一般不会把商品价格压得太低；而第三方的营销活动一般会把商品价格压得很低，降低店铺的利润，甚至有时候是亏本销售。

参与主题活动的示例。

（1）在千牛平台的"营销中心"里找到"活动中心"，点击进入（见图4-49），可以看到有很多活动类型，如行业活动和品牌活动。行业活动下还有很多子类目，如女装、男装、女鞋、男鞋等，商家可以根据自身情况进行选择。

图4-49　活动中心页面

（2）以男装为例（见图4-50），选择"淘宝618"活动，点击右侧的"去报名"按钮进入。

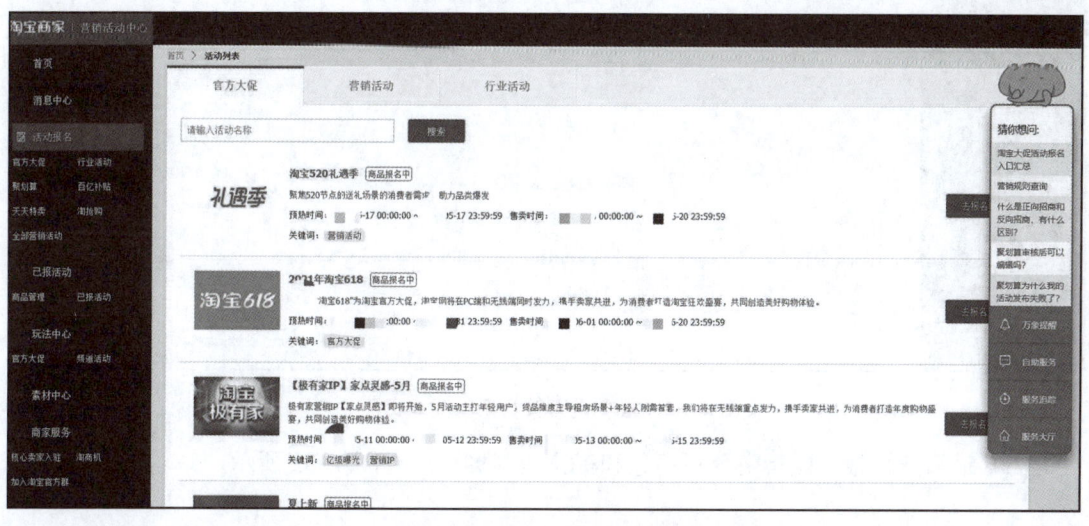

图4-50　男装营销活动页面

（3）进入报名页面后会有报名指南及流程，按照要求进行报名即可（见图4-51）。其他活动操作也是如此。

图4-51　2021年"淘宝618"活动报名页面

（4）对于新手，有些活动可能无法报名参加，商家就要选择可以参加的活动，一般活动页面会显示商家是否符合活动条件，如图4-52所示。

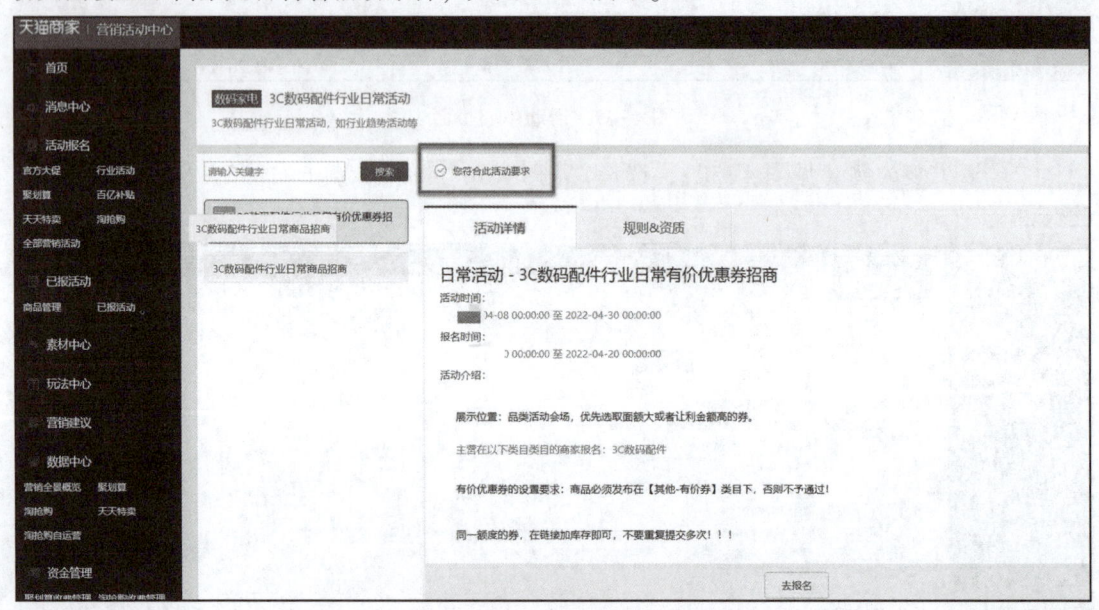

图4-52　报名是否符合活动要求页面

（5）最后按照报名的指南填写信息和提交资料即可，如图4-53所示。

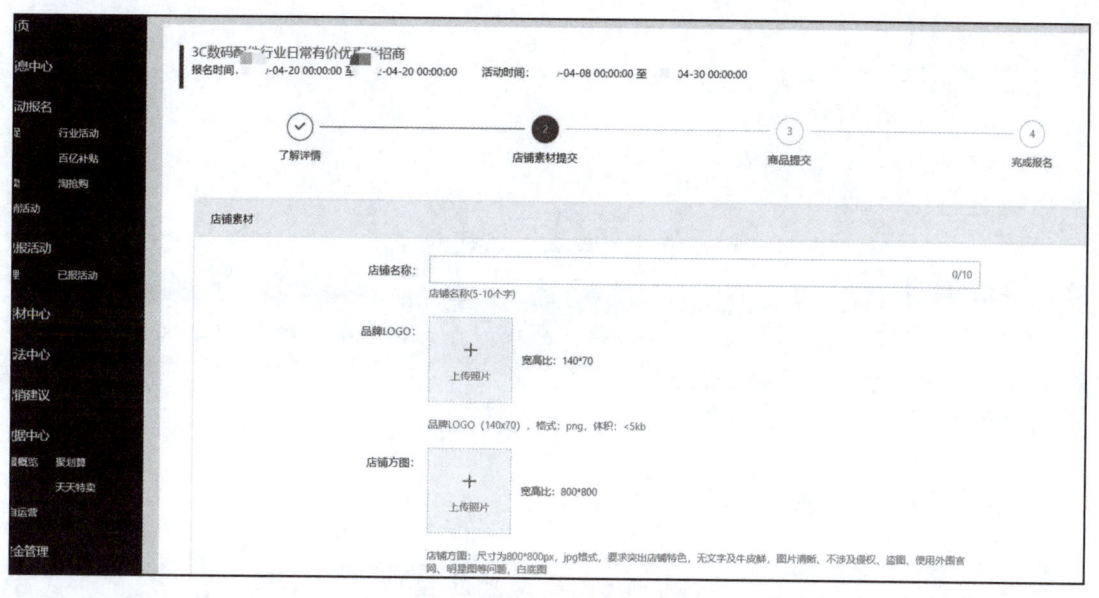

图4-53 设置促销活动信息页面

同步实训

实训1：千牛平台的安装与设置

【任务目标】

通过该任务的实施，使学生了解千牛平台的功能模块，初步掌握利用千牛平台运营与管理店铺的方法。

【任务要求】

1. 在电脑端与移动端分别下载、安装及登录千牛平台。
2. 罗列千牛平台的各功能模块，并简要说明每个功能模块的主要功能。
3. 完成旺旺等常用工具的基础设置。

实训2：店铺商品的管理

【任务目标】

通过该任务的实施，使学生了解店铺商品日常管理的内容，培养其认真打理店铺商品的意识。

【任务要求】

1. 规划商品上下架时间，并按计划完成商品的上下架设置。
2. 列举店铺后台商品数据的基本维度。

实训3：限时打折设置

【任务目标】

通过该任务的实施，使学生了解限时打折的作用，掌握限时打折设置的方法与技巧。

【任务要求】
1. 了解限时打折工具。
2. 完成全店商品的打折设置。
3. 完成部分商品的打折设置。

实训 4：满减、满送设置

【任务目标】
通过该任务的实施，使学生了解满减、满送的作用，掌握满减、满送设置的方法与技巧。

【任务要求】
1. 了解满减、满送设置工具。
2. 完成满减、满送的设置。

实训 5：优惠券设置

【任务目标】
通过该任务的实施，使学生了解优惠券的作用，掌握优惠券设置与派送的方法与技巧。

【任务要求】
1. 了解优惠券设置工具。
2. 完成店铺优惠券的设置。
3. 完成店铺优惠券的派送。

实训 6：搭配销售活动设置

【任务目标】
通过该任务的实施，使学生了解搭配销售活动的作用，掌握搭配销售活动设置的方法与技巧。

【任务要求】
1. 了解搭配销售活动设置工具。
2. 完成搭配销售活动的设置。
3. 完成搭配销售活动的活动展示设置。

项目五

交易管理

◆ **学习目标** ◆

在电子商务行业日趋成熟的背景下，商家通过服务质量的提升保障消费者的权益，将运营重心从单纯的吸引新客户转变为吸引新客户与留住老客户并重，通过提升老客户的黏性与复购率从而提升电子商务的运营效率。

从网店的成交管理、订单管理与评价管理入手，做到售前、售中与售后的有序管理与高效管理，培养学生以消费者为中心的服务意识。

网店中的商品交易是网店运营的最终目标，所有的网店运营工作都是围绕商品交易展开的。同时，商品的交易过程直接关系到消费者的成交体验，也是一个网店在运营过程中每天都需要做好的工作。本项目重点介绍商品交易过程中的成交管理、订单管理和评价管理。

任务一　成交管理

子任务1　售前导购

【学习视频5-1】售前导购

售前导购是网店成交过程中一个重要的环节，网店中除了静默下单以外，还有很大一部分访客在下单之前会向客服咨询有关商品信息、发货及售后保障等方面的问题，有时还需要客服根据访客的需求做好商品推荐与个性化的服务。一般情况下，售前导购分为问好、询问、推荐、议价、核实、告别与跟进等步骤。

1. 问好——及时答复，礼貌热情

当买家来咨询时，先回复一句类似于"您好，欢迎光临"的问好，让客户有一种亲切的感觉。不能单独只回复一个"在"字，给买家感觉客服很忙，根本没空理人的感觉，也不能买家问一句，客服答一句。可以运用旺旺的动态表情增添交谈的气氛，让买家知道客服的热情和亲切，增添对店铺的好感。另外，买家来咨询的第一时间就需要快速回复，因为买家买东西都会货比三家，可能会同时跟几家联系，这时候谁第一时间回复，谁可能就抢占了先机。

2. 询问——热心引导，认真倾听

通过引导的方式，搜索买家更多的信息。当买家还没有目标，不知道自己需要买哪款时，要有目的性地向其推荐。如果询问的产品刚好没货了，不要直接回复没有，可以这样回答："真是不好意思，这款卖完了，有刚到的其他新款，给您看一下吧。"即使没有，也要让客户看看店里的其他产品。

3. 推荐——体现专业，精确推荐

根据收集到的买家信息，推荐给买家最合适的而不是最贵的，用心为买家挑选产品，不要让买家觉得客服只是为了商业利益。

4. 议价——以退为进，促成交易

在规范、公平、明码标价、坚持原则不议价的情况下，可以适当有一些优惠或送一些小礼品，以便满足个别买家追求更加便宜的心理。如果买家说贵的话，可以顺着他的意思，承认自己的产品的确是贵，但是要委婉地告诉买家，要全方位比较，一分钱一分货，还要看产品的材质、工艺、包装、售后等。当话语很长的时候，不要一次性打很多，因为买家等久了，可能就没有耐心了，可以一行为一段，连着发出去，这样就不会让买家等太久了。

5. 核实——及时核实，买家确认

当买家拍下商品后，店家应该及时跟客户核实地址、电话等个人信息。另外，要特别关注个性化留言，做好备忘录，有效避免错发、漏发等情况，尽可能减少售后不必要的麻烦和纠纷。

6. 告别——热情道谢，欢迎再来

无论成交与否都要表现出大方热情，特别是让因为议价没有成交的买家明白卖家不议价的经营模式。如果卖家一直保持诚恳热情的态度，那么买家再购买的概率也是很高的。在成交的情况下，可以这样回答买家："您好，谢谢您选购我们的产品！"

7. 跟进——及时沟通，增进感情

及时跟进未付款的交易，在适当时间和买家及时沟通、核实，了解未付款的原因。针对物流问题，可以先查看订单物流有没有疑难问题，及时跟进查询，发现问题第一时间通知顾客，说明情况，避免因物流产生纠纷。如果接到顾客的反馈——物流停止更新，要记录ID进行跟踪处理，做到对顾客负责。虽然一些物流问题会严重影响收货进度，但只要顾客感受到卖家在用心为他们处理，那么就可以化解很多纠纷。

子任务 2 价格修改

【学习视频 5-2】价格修改

商品被买家拍下来后可能会出现未付款的情况，在未付款的商品订单价格下面会有改价按钮，可以点击进行改价。

什么时候需要进行订单的价格修改呢？一般来说，当遇到一些特殊顾客时才需要改价。例如，有顾客买了大量商品，想要一些优惠，卖家就可以适当给一些折扣。

具体操作步骤如下。

（1）首先打开千牛平台，找到导航栏订单下的"已卖出的宝贝"，如图 5-1 所示。

图 5-1 千牛卖家平台——已卖出的宝贝界面

（2）点击进入之后可以看到最近三个月的订单，排在最前面的就是最新的订单（见图 5-2），可以对其进行价格的修改。

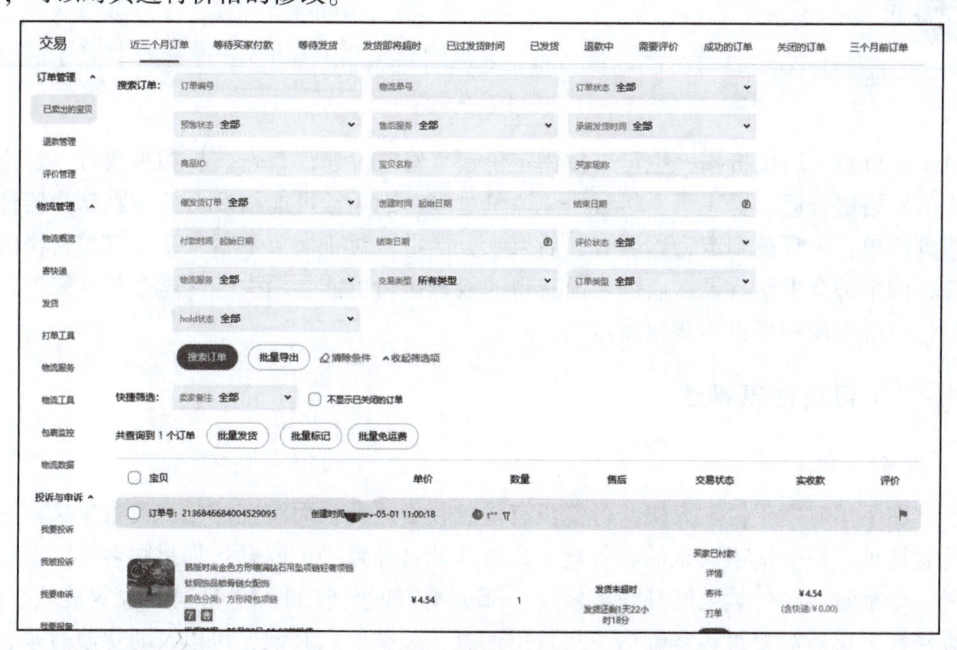

图 5-2 订单查询界面

（3）例如，顾客付的金额是 117 元，其中，商品价格是 110 元，快递费是 7 元。现在想把商品价格打 9.5 折，其他信息不变。此时，可以点击"修改"按钮跳转到修改界面（见图 5-3），对单价进行折扣设置，再加上快递费 7 元，买家实际支付的金额为 110.00＋7.00－5.50＝111.50（元）。在价格修改界面中，还可以对快递费进行修改。

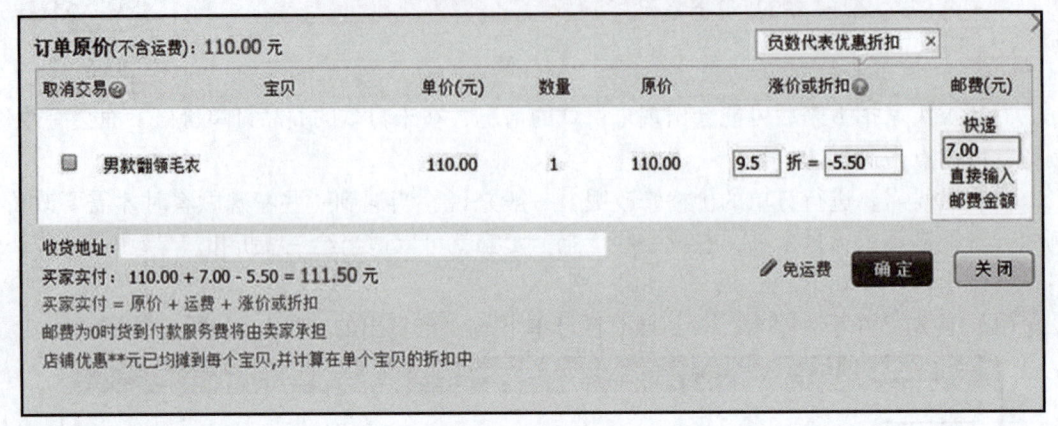

图 5-3　价格修改界面

　　（4）修改完毕后，返回订单页面（见图 5-4），发现价格已经修改成功。这个时候，需要马上告知顾客价格已修改，可以进行付款了。

图 5-4　价格修改后的订单信息

　　订单的价格可以按折扣，也可以按固定价钱来修改。建议首选按折扣来改价，这样要比直接降低价格更合适。要注意，尽量避免改价过多，因为很可能被后台监控默认为店铺炒作销量或者刷单，一旦被判定为这两者，后果十分严重。对于淘宝平台来说，订单价格的每一次修改，淘宝都会重新收录，店铺之前获得的权重排名可能会消失，从这个角度来说，订单价格的修改既不能频繁也不能幅度过大。

子任务 3　订单信息管理

1. 订单信息核对

　　买家在下单时由于付款太快，可能没有注意收货地址，而淘宝的付款流程里又没有强制确认收货地址，只会使用默认的收货地址。这样就会导致一个问题：如果顾客实际上想选的是另外一个地址，在付款之前又没有修改，那么卖家就会收到一个错误的收货地址。所以，卖家在顾客下单后需要跟顾客确认一次订单信息，如果信息有误，可以及时更改过来，这样就能避免许多售后问题。

订单信息的核对具体操作步骤如下。

（1）在千牛平台的搜索框内输入关键词"客户服务"，然后跳转到如图5-5所示的界面。

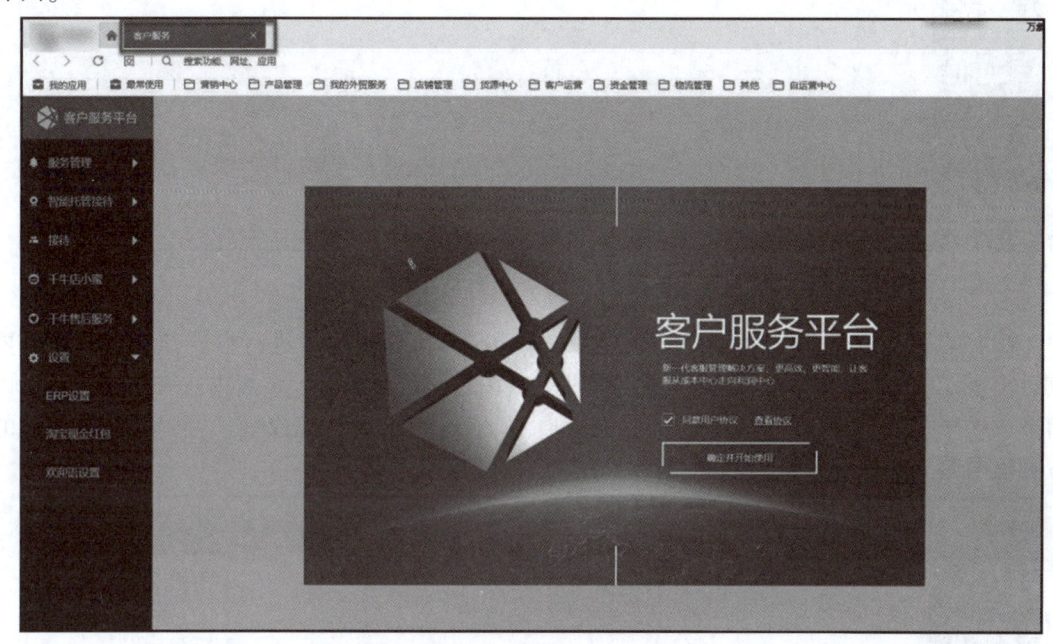

图5-5 "客户服务"平台界面

（2）在如图5-6所示的界面左侧点击"设置"，在展开的选项中再选择"自动化任务"，可以看到里面有很多内容，包括售前阶段的自动催付、自动核对订单等服务，还包括售后阶段的自动服务。找到"自动核对订单"，并点击进入。

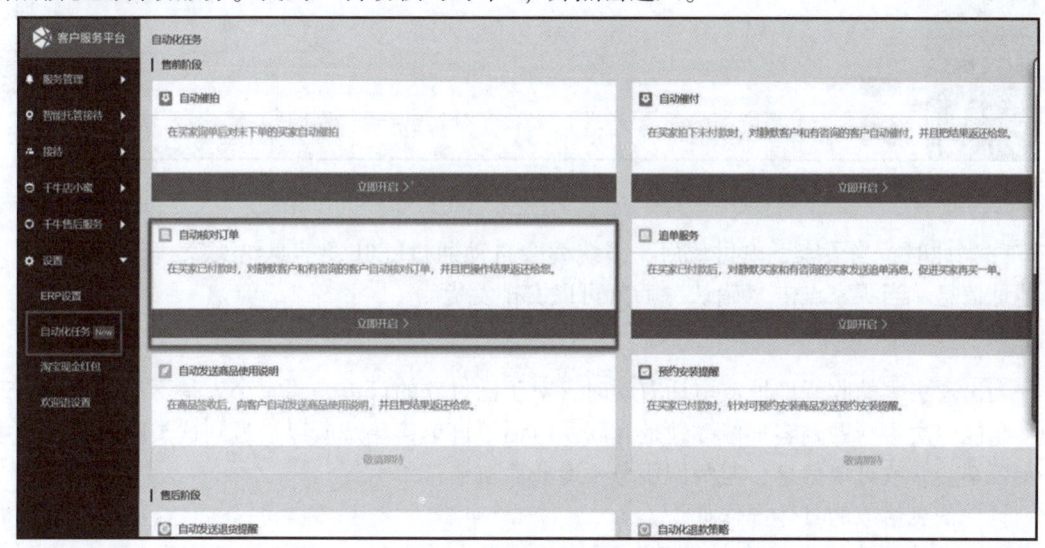

图5-6 "自动核对订单"界面

（3）打开"自动核单"页面，点击右上角的"规则设置"按钮，如图5-7所示。

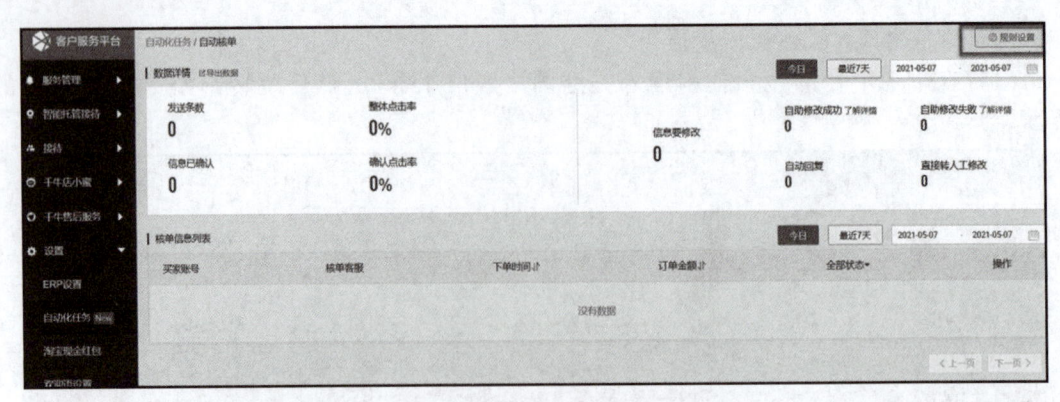

图 5-7　"规则设置"界面

（4）完成上一步操作后就可以设置在什么情况、什么时间段进行自动核单，以及需要核对哪些订单信息，如核对地址、留言等都可以在这里进行设置。页面内所有的选项都可以勾选，这样便于全部信息的核对，以免遗漏（见图 5-8）。设置完成后，可以在操作界面的右侧框内点击"核单预览"查看效果，最后点击"保存"按钮。

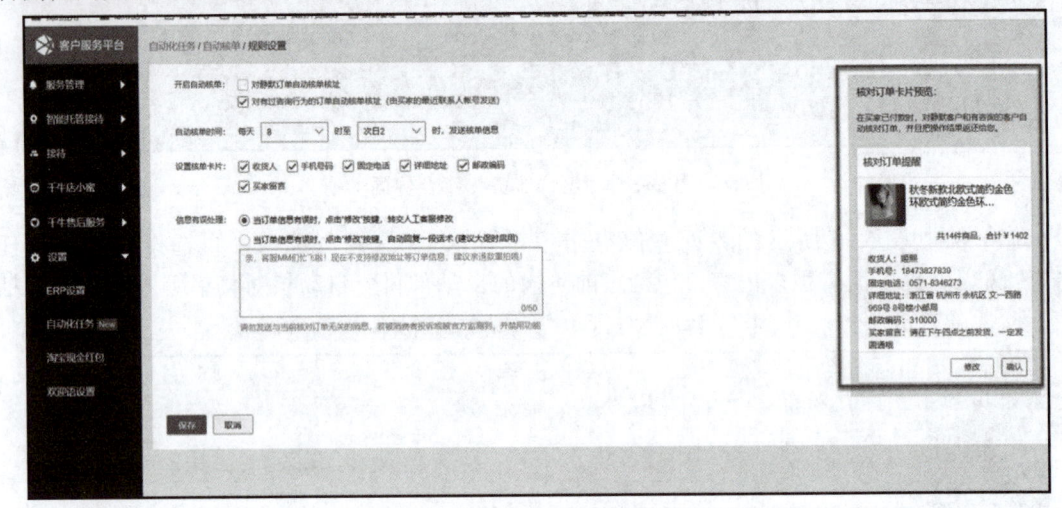

图 5-8　完成自动核单界面

（5）此时，当买家下单付款后，系统就会自动通过旺旺发信息给买家，向买家核对订单地址信息。当买家点击"确认"后就可以安排发货。

2. 订单信息修改

当出现买家的收货地址或电话有误时，对于已付款的订单，买家个人是不能再进行修改的，只能由卖家帮助顾客来修改地址和联系电话等订单信息。所以当遇到这类问题时，卖家一定要学会修改订单信息，避免因服务不专业而取消订单。

订单信息修改的具体操作如下。

（1）点击千牛平台"产品管理"下的"已卖出的宝贝"，进入订单查询界面，找到需要修改信息的订单，然后点击"详情"，此时会显示当前的订单状态为"买家已付款，等待商家发货"（见图 5-9）。点击"修改收货地址"按钮，进入如图 5-10 所示的"修改收货地址"页面。

项目五 交易管理

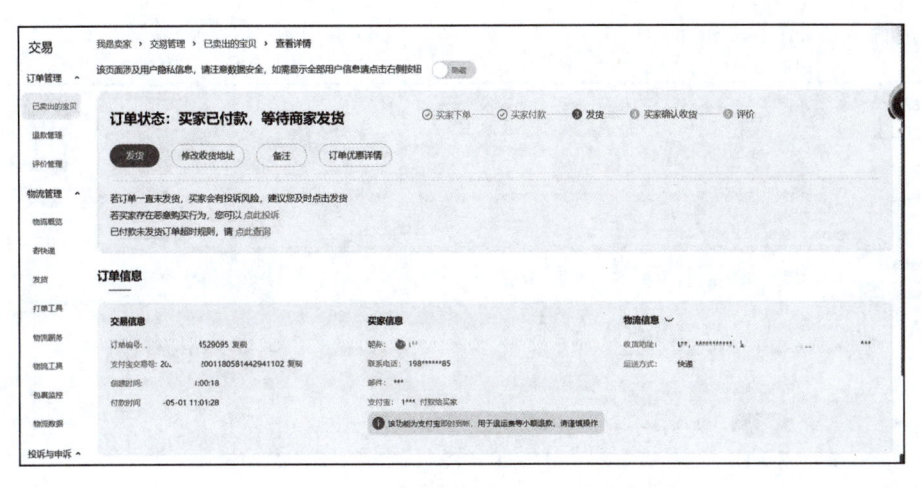

图 5-9 "当前订单状态"显示页面

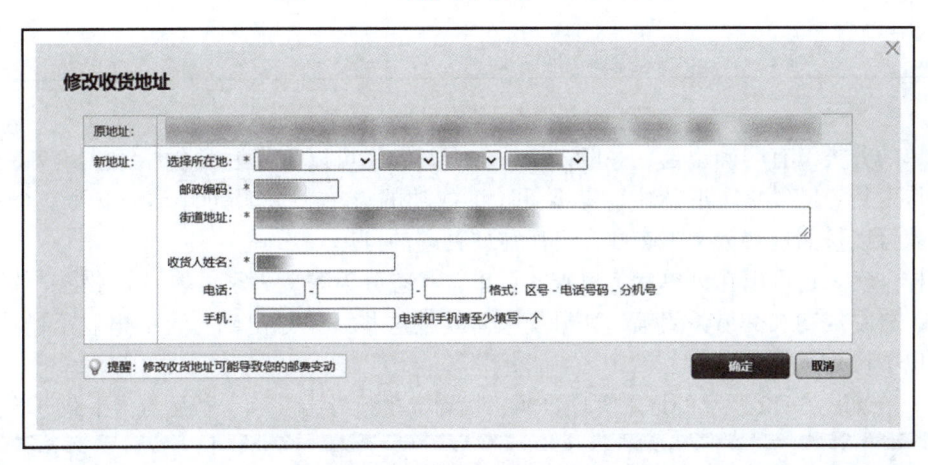

图 5-10 "修改收货地址"页面

（2）在这里卖家可以对订单的收货地址进行修改，还可以对收货人的姓名和电话进行修改。卖家只要按照买家的要求重新修改就可以了。修改完之后，卖家最好将新的信息再次发给买家确认一下，以免再次出现错误。

任务二 订单管理

卖家在进行订单管理时需要对订单进行分类、标注、发货，并掌握订单物流信息查询的方法，以此来掌握店铺的整体情况，选择最优物流方案并维护自身权益不受损害。

子任务1 订单分类

【学习视频5-3】订单分类

（1）在千牛平台找到导航栏的"产品管理"，在其下拉列表中选择"已售出的宝贝"，进入订单页面，如图5-11所示。

图5-11　千牛卖家平台——订单页面

订单的分类没有明确规定，一般来说，根据标题栏可以分为近三个月订单、等待买家付款、等待发货、已发货、退款中、需要评价、成功的订单和关闭的订单，以及三个月前订单，卖家可以按照这些分类来查找自己所需要处理的订单。

同样，卖家还可以在订单状态里查找订单，状态分为等待买家付款、买家已付款、卖家已发货、交易成功、交易关闭等。如果卖家需要把这些订单导出到自己的电脑上做成表格，可以按以下操作进行。

（2）在如图5-12所示的订单管理页面，找到"批量导出"项，然后点击下载订单报表。

图5-12　已卖出的宝贝——"批量导出"订单页面

（3）由于打开的是一份受保护的文件（因为里面的内容涉及买家的个人信息），所以需要密码，点击"发送密码"后就可以在手机上查看密码，用来打开文件，如图5-13所示。

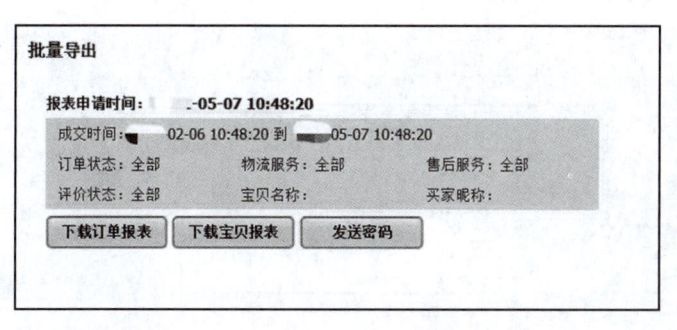

图 5-13　批量导出——"发送密码"页面

（4）打开文件后会显示所有订单，订单上会显示很多内容，包括订单编号、会员名、支付宝号、支付金额、收货地址等（见图 5-14）。卖家可以进行分类和统计，以便了解店铺的整体经营状况。

图 5-14　导出订单内容页面

子任务 2　订单标注

（1）在千牛平台的"产品管理"下选择"已卖出的宝贝"，进入订单界面，如图 5-15 所示。

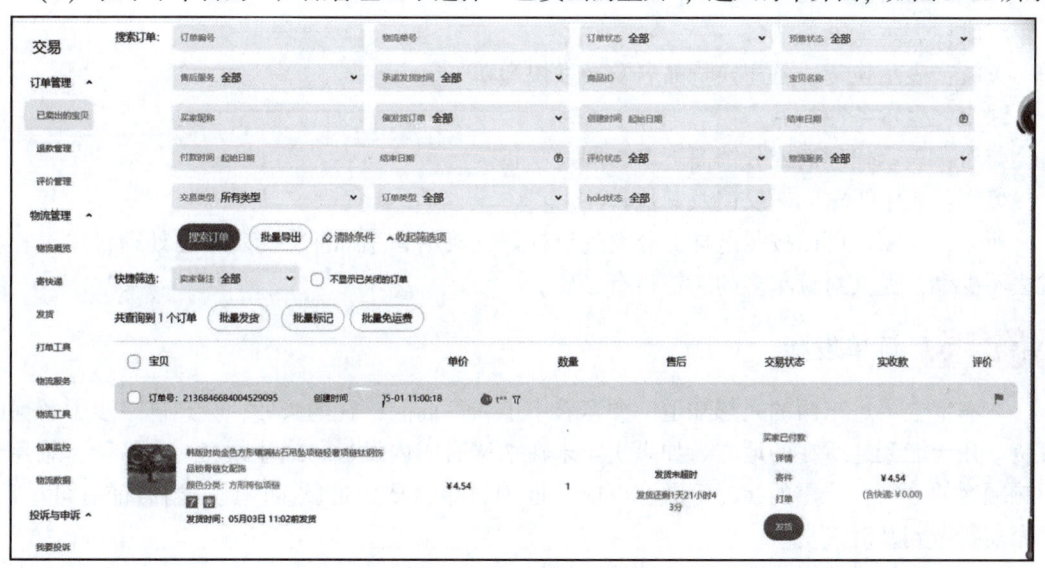

图 5-15　"已卖出的宝贝"页面

（2）点击订单右下角的小旗子标志，出现如图 5-16 所示的页面。淘宝备注里有很多有颜色的旗子，主要用以区别订单。

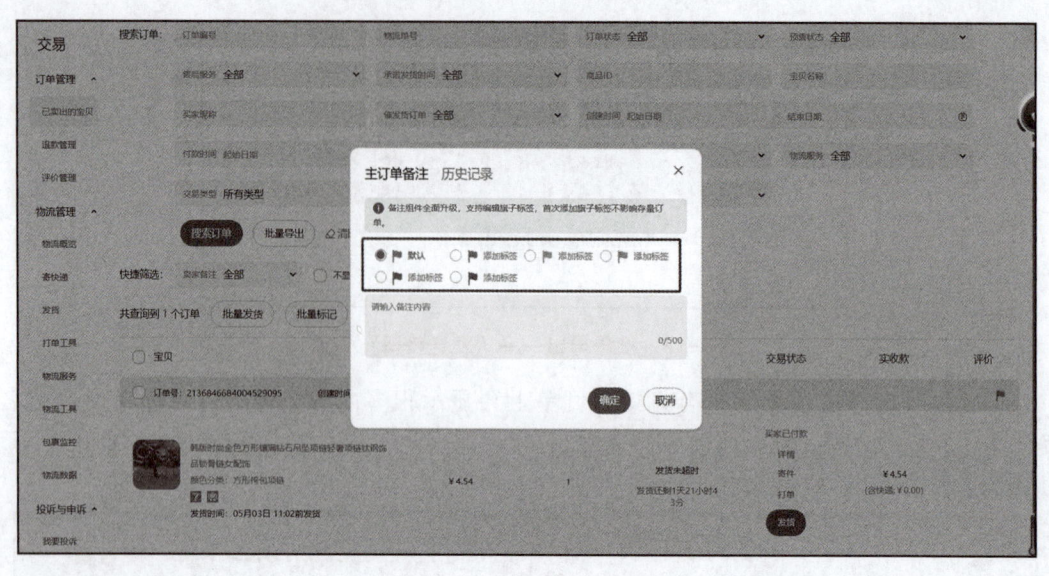

图 5-16 "编辑标记"页面

有些顾客对订单会有一些要求，如急用、需要发特定的快递等。给订单标上不同颜色的旗子，代表着顾客对订单的不同要求。当用于标记客服时，旗子的颜色代表某个客服负责的客户，如果客户要咨询售后的话，可以直接找到对接的人。当用于备注时，标记上醒目的颜色可以方便卖家注意和看到。但是要注意，淘宝订单标签一旦标注小旗子就无法去掉，如果标注错误就只能重新标注或者更改旗子的颜色，但是不能标注后取消。

对于这些不同颜色的小旗子，官方也给出了相应的定义。

红旗：表示买家备注。

黄旗：表示换货，备注换货品名及换发快递单号。

绿旗：表示备注礼品。

蓝旗：表示代理商或分销商下单，朋友拿货。

紫旗：表示买家问题反馈及其他备注。

所以，卖家也可以按照这样的分类进行标记。灵活运用标注会为卖家在处理订单过程中省去不少事，尤其对订单多的店铺很有必要。

子任务 3 订单发货

在淘宝上买过东西的人都知道，顾客看中了一件商品，在购买后，会想进一步了解何时发货、几天能到达所在的地方。如果卖家未在承诺时间内发货，或让顾客一直等待，难免会影响顾客的心情，严重的情况下顾客可能会取消订单，要求退款。因此，当店铺有订单后，卖家需要做到及时发货。

订单发货的具体操作步骤分下面两种情况。

1. 单一订单发货

如前所述，在"产品管理"中选择"已卖出的宝贝"，进入后找到要发货的商品，并点击"发货"按钮，进入发货界面（见图5-17）后，第一步就是确认收货信息是否正确；第二步是查看发货信息和退货信息是否正确，主要检查寄出地址和电话，这一步在第一次检查后确认没问题，就可以设置为默认地址，以后不用再进行检查了；第三步是选择物流服务，卖家可以选择在线下单、自己联系物流、无纸化发货和无须物流。

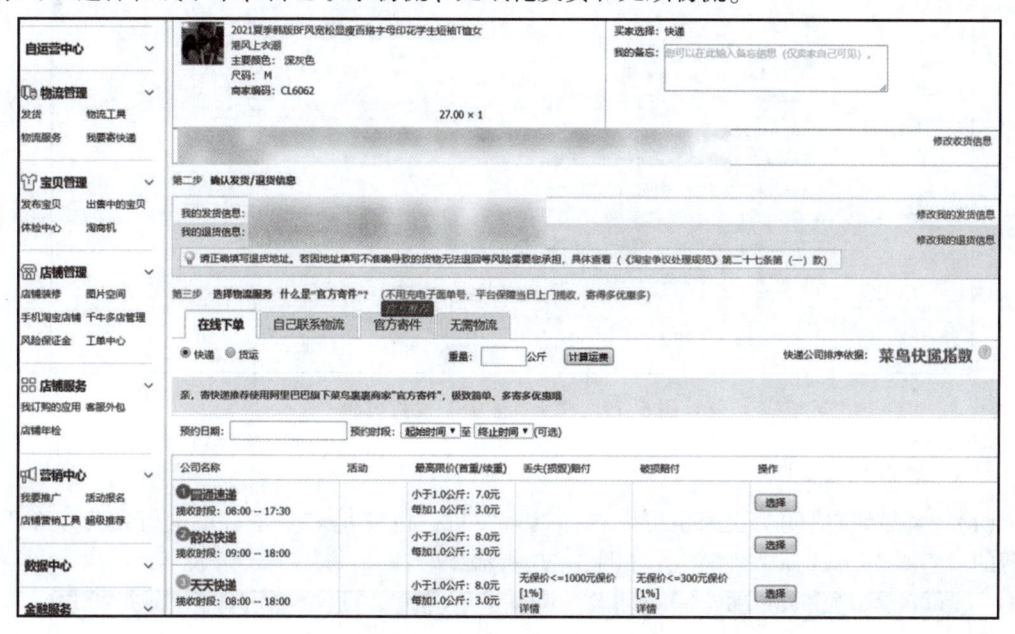

图 5-17　在线下单发货页面

一般来说，如果店铺一开始的订单量不大，卖家选择在线下单即可，然后选择性价比高的物流公司，具体可以从服务、价格两方面考虑。

当订单量很大时，卖家就需要自己联系物流（见图 5-18），也就是跟某家物流公司进行合作，当天的所有订单都由该物流公司负责。这样的好处就是价格能得到优惠，而且专由一家公司负责，可以提高效率。

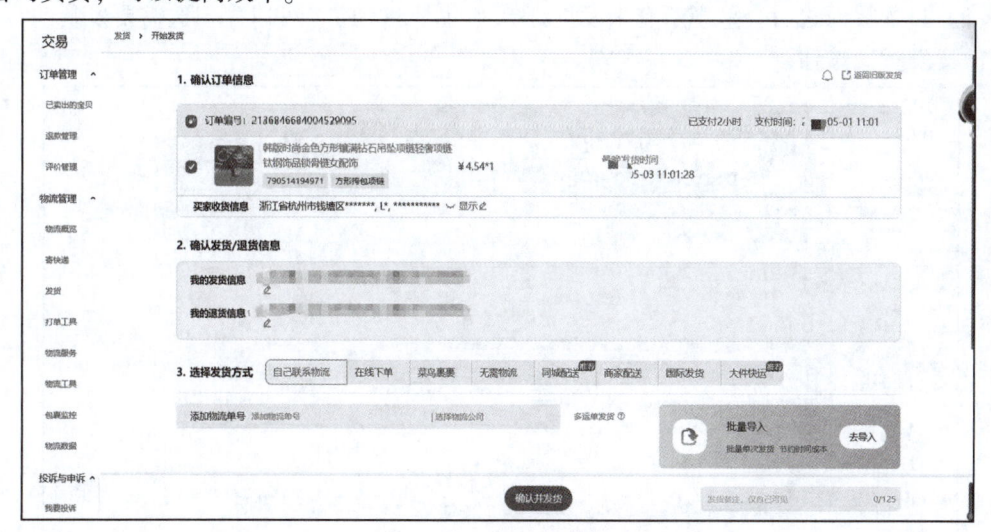

图 5-18　自己联系物流发货页面

一般来说，当这个商品是虚拟商品时，商家可以选择"无需物流"（见图 5-19），然后点击"确认"按钮就可以了。

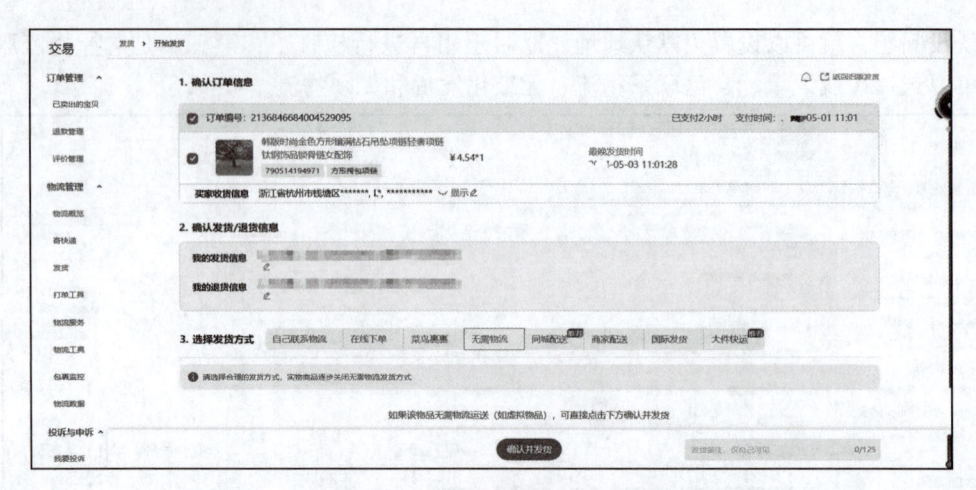

图 5-19 "无需物流"发货页面

2. 批量订单发货

（1）为了节省时间，卖家也可以选择批量发货，也就是对多个订单进行发货。在千牛平台的"订单"下选择"发货"，如图 5-20 所示。

图 5-20 千牛卖家平台的订单发货处理页面

（2）进入界面之后会呈现所有未发货订单（见图 5-21），可以先勾选需要发货的订单，再点击"发货"按钮。

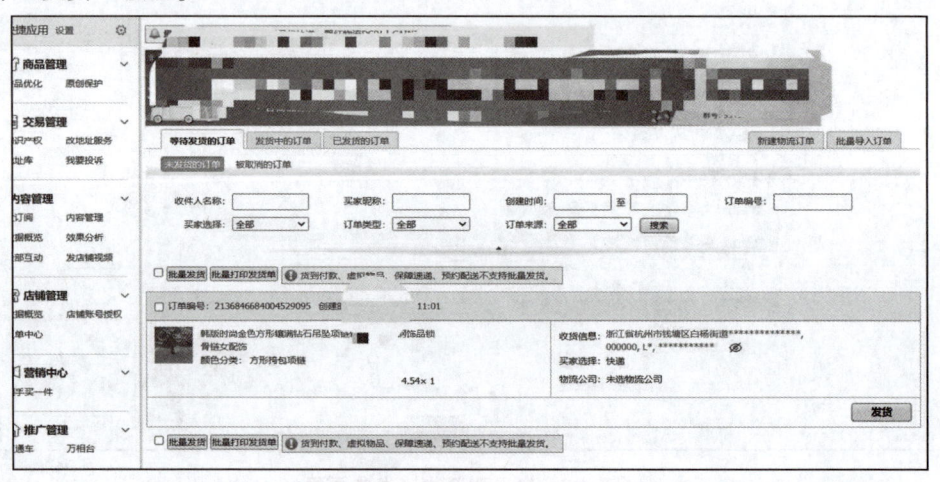

图 5-21 批量发货的订单页面

子任务 4　物流信息查询

当出现顾客提出自己的物流信息查询不到或想要询问的商品是不是丢了的情况时，卖家必须在第一时间稳定顾客的情绪，然后再利用淘宝千牛上的工具来查询该顾客的商品物流信息。因此，不仅买家需要查询物流信息，卖家也要掌握查询物流信息的方法，否则，顾客可能会提出强行退款来维护自己的权益。

一般来说，查询商品的物流信息有以下两种方法。

方法一：通过订单查询。

在已卖出的宝贝里找到顾客想要查询物流的商品，然后点击详情进入如图 5-22 所示的页面，这里包括订单信息、收货和物流信息，点击"收货和物流信息"查看。

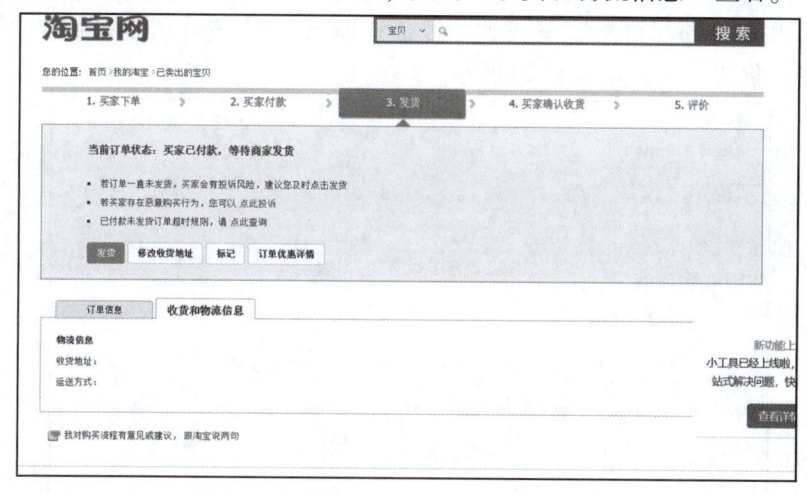

图 5-22　通过订单查询物流信息页面

方法二：通过订单编号查询。

在淘宝网卖家中心页面选择"物流管理"下的"物流服务"，如图 5-23 所示，进入后直接搜索订单编号，然后将查询到的物流信息截图发给有疑问的顾客。

图 5-23　"物流服务"页面

任务三 评价管理

子任务1 查看用户评价

一款销量高的产品必然会有许多用户评价。用户评价的内容是用户使用产品后的感受，也是最能反映产品好坏的参考。通过用户评价，卖家可以分析市场需求，针对顾客的痛点、意见等做出有效反馈；同时通过采集、分析评价内容，卖家可以规划商品布局，也可以通过评价内容有针对性地提高服务水平。如果出现差评，许多卖家会用提高售后服务的方法进行改进。因此，几乎所有卖家都很看重用户评价。

（1）在千牛平台的"订单"下找到"评价管理"，点击进入可以看到异常评价、待回评、待消费者评价的情况，如图 5-24 所示。

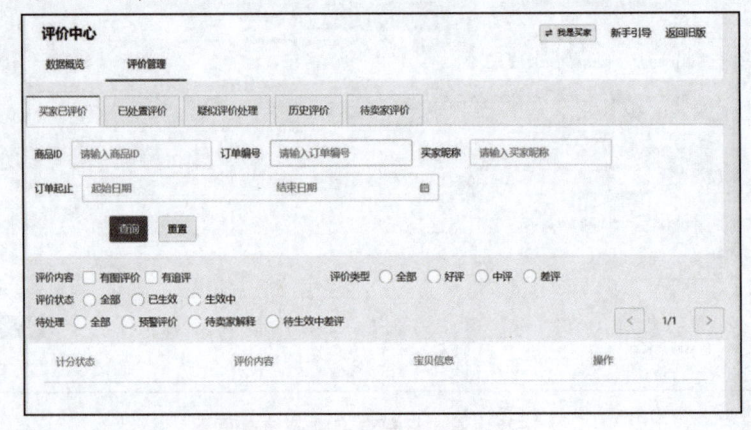

图 5-24 "评价管理"页面

（2）点击"评价管理"左边的"数据概况"，在如图 5-25 所示的页面中，可以看到最近 1 周、1 个月、6 个月的好评、中评以及差评数量。

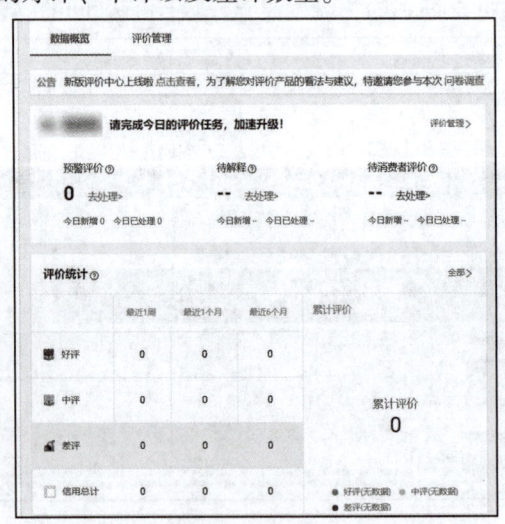

图 5-25 "评价统计"页面

子任务 2 评价回复

现在很多买家在网络购物的时候，进入商品页后首先会查看用户评价，而且基本上都是先看中差评，如果中差评里面有自己不能接受的地方，而且卖家也没有解释清楚，那基本上不会下单购买。所以，面对中差评，卖家的评价回复就显得十分重要了。好的卖家回复不仅可以消除顾客的疑虑，而且会提升顾客对卖家服务的信任感，增加消费者的好感，从而提升店铺转化率。

评价回复的具体操作步骤如下。

（1）首先登录千牛平台，若存在待评价的订单，点击进入后会出现如图 5-26 所示的页面。

图 5-26 待评价订单页面

（2）点击"评价"即可进入如图 5-27 所示的页面，此时可以直接对买家的评价进行回复。

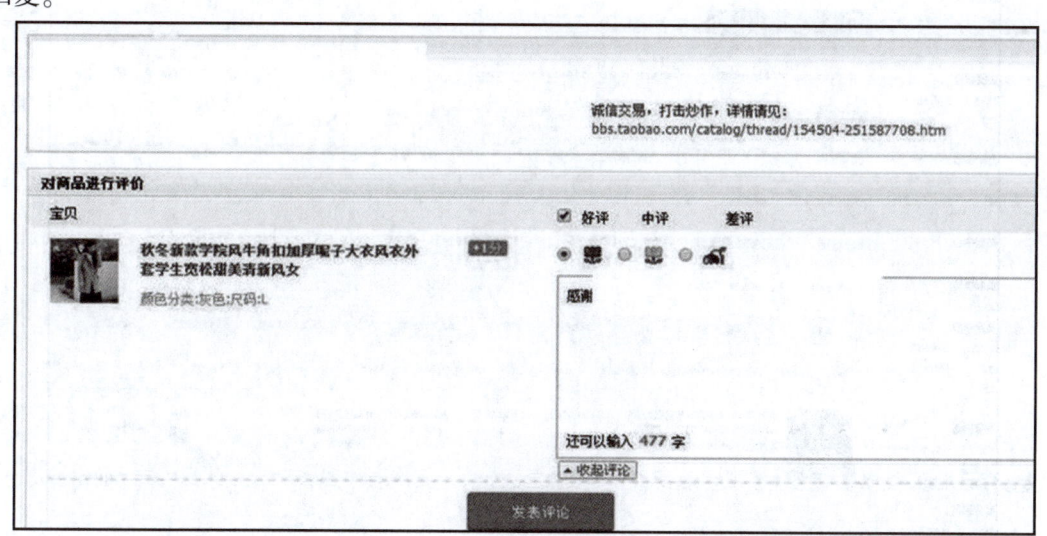

图 5-27 评价回复页面

用户评价难免会存在差评，那么，卖家应首先了解差评产生的原因，一般来说，差评多出现在商品质量差、店铺服务差、快递等问题上；然后，卖家可以根据不同情况给出不同回复。

子任务3 退换货处理

如果顾客下单后提出退款、退货或换货等情况，此时，卖家可以点击千牛平台中的"退款管理"，进入如图5-28所示的退款管理页面，该页面中可以看到需要退款处理的订单数量。

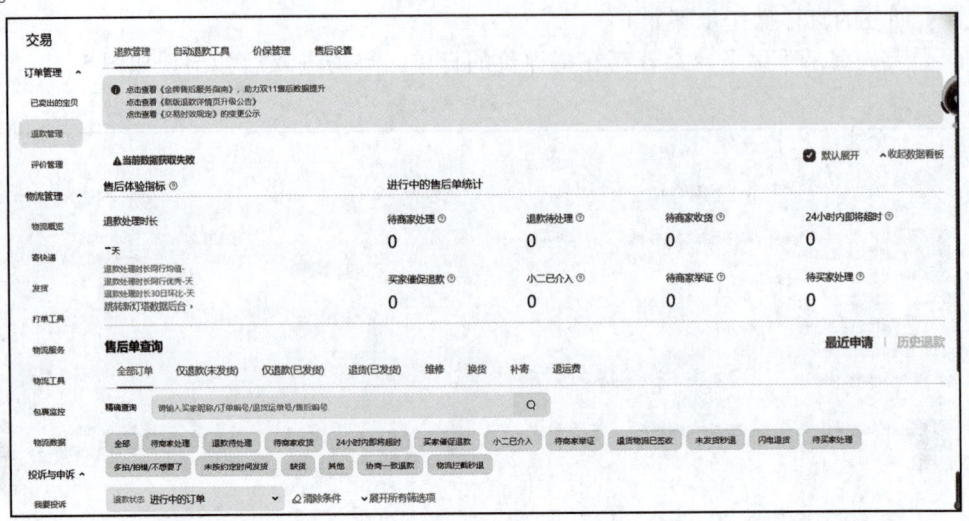

图 5-28 "退款管理"页面

需要退款的订单大致分为已发货的退款、未发货的退款，以及需要补发货的退货、换货等，卖家只需点击如图5-29所示的"退款待处理"按钮进行操作。

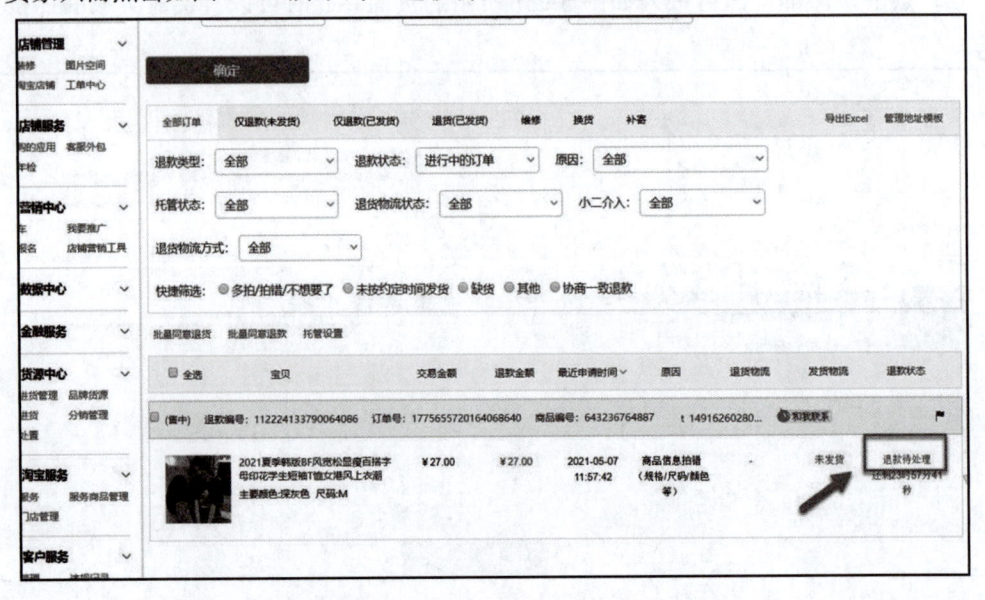

图 5-29 "退款待处理"页面

上一步操作成功后，点击如图5-30所示的"同意退款"按钮。

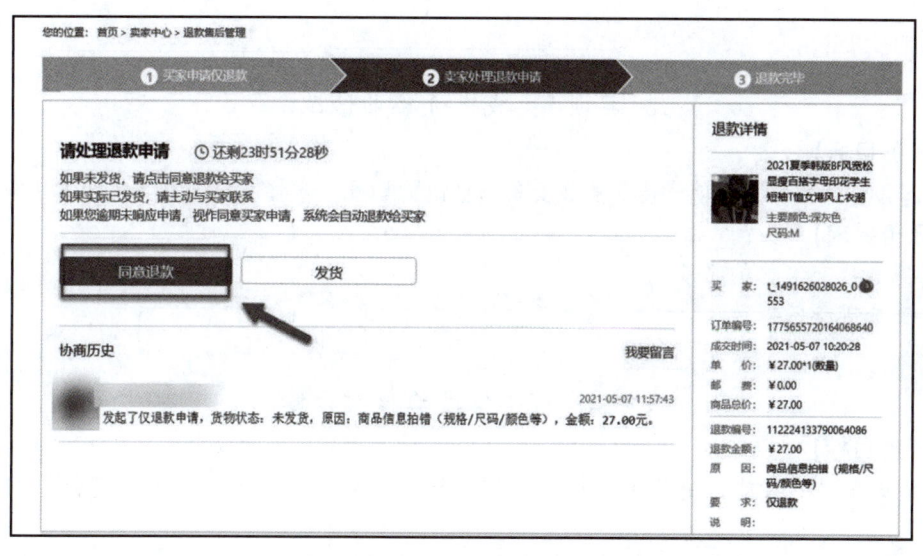

图 5-30　退款售后管理页面

　　网店订单处理是一项细致且重要的工作，关键是根据订单的不同状态在合适的时间完成正确的操作。除了要清楚正常的订单处理流程，更要重视退款、退货及换货等异常订单的处理流程。因此，对于日订单量较少的网店，可以利用平台自带的订单处理功能完成，而对于日单量比较多的网店，通常就需要借助更专业的网店管理软件，如 E 店宝、网店管家等。

子任务 4　纠纷处理

【学习视频 5-4】纠纷处理

　　当卖家遇到纠纷时，又该如何处理呢？首先需要了解买家发起投诉的真实原因，然后主动找买家协商，并且提供有效的帮助与解决办法。
　　具体有以下三种情况及处理方法。
　　情况一：买家反馈说迟迟未收到货。
　　卖家首先要确认是不是已经发货，然后再查询发货底单。如果确实已经发过货，就赶紧联系快递公司了解情况；如果确实是遗漏发货，或者是在物流上出现某种问题，就尽快与买家协商，办理退款或二次发货等。
　　情况二：买家反馈收到的货缺少、破损等情况。
　　卖家首先要确认在发货时货物是完整的，包装是严实的，然后主动联系买家了解签收情况，及时了解买家的想法并进行协商和解决。
　　情况三：买家反馈收到的货物与宝贝的描述不符等情况。
　　卖家首先要积极联系买家提供收到货物之后的照片，在清楚自己仓库的货物的情况后，认真核对照片，若真是自身的过错，就要承担运费让买家退换货。
　　如果与买家协商无法达成一致，就需要等待平台客服的介入。

同步实训

实训1：成交价格的修改

【任务目标】

通过该任务的实施，使学生了解成交价格修改的场景，掌握成交价格修改的方法与技巧。

【任务要求】

1. 完成成交价格的修改。
2. 完成邮费的修改。

实训2：订单信息的核对与修改

【任务目标】

通过该任务的实施，使学生了解订单信息核对的必要性，掌握订单信息修改的方法与技巧。

【任务要求】

1. 完成订单信息的发送与核对。
2. 完成订单信息的修改。

实训3：查看与回复用户评价

【任务目标】

通过该任务的实施，使学生了解查看用户评价的方法与回复用户评价的作用，掌握回复用户评价的方法与技巧。

【任务要求】

1. 查看用户评价。
2. 完成评价回复。

实训4：列举退换货的处理方法

【任务目标】

通过该任务的实施，使学生了解退换货的情景，掌握退换货的一般处理方法与技巧。

【任务要求】

1. 未发货时的退换货处理方法。
2. 已发货但用户未收到货的退换货处理方法。
3. 用户已收到货的退换货处理方法。

实训5：列举纠纷处理的方法

【任务目标】

通过该任务的实施，使学生了解纠纷产生的情景，掌握纠纷处理的一般处理方法与技巧。

【任务要求】

1. 列举纠纷产生的各种原因。
2. 列举不同原因产生的纠纷的一般处理方法。

模块三

网店推广

项目六

站内推广

◆ **学习目标**

通过营销推广获取流量是电子商务运营过程中至关重要的环节，依托第三方电子商务平台的影响力获取站内流量是电子商务卖家的重要工作内容。

本项目通过第三方电子商务平台常见的站内流量获取方法的介绍，培养学生正确的流量观，只有符合人类的理性常识和价值坚持的流量才会迸发出更为持久的生命力。

网店开设成功后卖家需要做好网店的营销与推广，借助平台的影响力推广网店——吸引平台流量是网店营销推广首先需要做的事情。本项目重点介绍站内的免费搜索推广、常见付费推广与平台活动推广等网店的营销推广方法。

任务一 搜索推广

子任务1 自然搜索

淘宝自然搜索是指买家通过搜索栏搜索关键词的方式进入店铺，由此导入的流量就是淘宝自然搜索流量。例如，买家想要买连衣裙，有可能在搜索栏输入"连衣裙"，接着买家会点击搜索页面展现的宝贝进入店铺。因此，卖家可通过添加关键词将店铺商品尽可能展现在搜索页面中，以此增加自然搜索的流量。

1. 认知自然搜索排名规则

在经营店铺过程中，困扰大多数新手卖家的就是宝贝没有排名和展现，这导致店铺流量很低。实际上，影响淘宝排名的因素不仅有推广方面的，还有很多其他因素。了解淘宝自然搜索排名规则可以更好地提高宝贝的自然搜索排名。

【学习视频6-1】自然搜索相关性

(1) 自然搜索相关性。

自然搜索相关性是指买家输入的关键词与商品搜索结果的匹配程度。

1）文本相关性。文本相关性是指买家搜索关键词时，淘宝系统将筛选出标题中包含该关键词的宝贝，而屏蔽不含该关键词的宝贝。

2）属性相关性。属性相关性是指买家搜索关键词时，淘宝系统将为该关键词匹配一个最佳类目，并在搜索结果中优先显示该类目下的宝贝。

正确利用相关性能大大增加宝贝和店铺的曝光度，从而为店铺带来可观的流量。影响相关性的三要素是产品标题、产品类目和产品属性。

1）产品标题。产品标题是衡量该产品与买家搜索的关键词是否相关的重要指标。淘宝的产品标题要尽量规范化，若标题堆砌多个产品词或填写不相关的内容将直接导致相关性低，排名靠后。建议一条产品信息最好只包含一个产品描述，切记不要贪心。其次，标题内容要通俗易懂，修饰成分得当，作为产品特性补充。同时，也可在标题里面加入一些促销内容，吸引用户眼球。

2）产品类目。产品类目是衡量该产品与买家搜索的关键词是否相关的重要内容之一。类目即产品的归类，类目放错或故意放错将导致系统判定产品不相关，排名靠后。因此，在发布产品时，切记要注意查看类目是否选择正确。

3）产品属性。产品属性也是衡量该产品与买家搜索的关键词是否相关的重要内容之一。属性是帮助买家了解更多产品信息的途径，同时也是系统判断产品是否优质的标准之一。因此，在发布产品时，务必认真填写相关属性，有效提高产品排名。

(2) 影响自然搜索排名的其他因素。

①人气高的商品排名靠前，其中：人气＝浏览量+收藏量。

②新品排名靠前。新品是指不存在同款并且第一次上架的产品。上架新品会出现一个新品标志，新品标志会保留21天，这21天就是扶持期，排名会靠前。

③公益宝贝排名靠前。

④越到下架时间的产品排名越靠前。

⑤转化高的产品排名靠前。转化高说明产品受欢迎，淘宝系统自动默认靠前。

(3) 宝贝排名下降的原因。

①标题、图片等元素描述不相符。

②同一家店铺发布重复宝贝。

③虚假交易。

④滥用关键词。

⑤宝贝类目、属性不符。

⑥发布广告商品。

(4) 淘宝搜索排名的常见误区。

1）新上架的宝贝在人气排序中永远没有机会。事实上，淘宝会保障每一个新上架宝贝的默认人气分。但如果随着宝贝上架的时间越来越长，而影响排名的各个参数却没有任何变化，则原有的人气分就会下降。

2）自然搜索的排名会更加倾向于大卖家。影响一切的关键在于买家，虽然大卖家前期积累了一定的人气和口碑，但能力越强责任也越大，买家的要求也会越高，这反而成了大卖家的一个累赘。

3）排名靠前的宝贝会优先参加直通车。人气排序与是否使用直通车做推广没有直接的关系，虽然用直通车进行推广可以使收藏量、转化率和销量等提升，人气排名也会有所提升，但这个提升结果和做其他推广的结果是一样的。

2. 寻找热搜词

（1）搜索栏下拉框。

在首页搜索栏输入一个词后，出现在下拉框里的关联词就是热搜的关键词，如图6-1所示。

图6-1　搜索栏下拉框内热搜词展示

（2）搜索栏下方。

如图6-2所示，搜索栏下方所显示的关键词也属于热搜词。

图6-2　搜索栏下方的热搜词展示

3. 关键词优化

商品标题的关键词优化对于提升店铺流量来说是十分重要的。许多卖家试图通过一些大词或热词来提升店铺流量，事实证明，这样的选词方法未必会有很好的效果。虽然这些词一一般有搜索人气高、点击率高、转化率高等特征，但往往这些词的竞争指数也比较高。因此，在关键词优化过程中需要根据店铺的实际情况选择适合的词，同时也要注意，选择的关键词与店铺或商品相匹配。

例如，从宝贝标题"网红短靴女冬鞋2021新款厚底加绒内增高秋冬季英伦风显瘦马丁靴"中提炼出以下关键词：网红、2021、厚底、加绒、马丁靴等。若暂不考虑店铺基础问题，只看修饰词好坏，那么通常卖家所使用的关键词都是与宝贝高度相关的，因此在优化时会重点考虑数据好的词。假设经过一轮筛选后，"网红"这个词的各项运营数据都不错，但考虑到运营数据不错的关键词意味着竞争对手也比较关注，所以哪怕能优化好这类词，也可能会事倍功半。反之，若换成类似"内增高"等目前运营数据还不怎么出色却很有潜力的词，则相对于前者来说，维护工作会轻松很多，并且也能很快见到效果。因此只有最合适的关键词，没有最好的关键词。

子任务2 图搜

众所周知，简单快捷的特点使网购成为人们热衷的购物方式，消费者只需在搜索栏中输入商品名，就会出来很多相关商品。但若买家不知道商品名，只是在某个地方看到图片，想买图片上的商品，那么此时就可以使用图搜功能来搜索所需商品。另外，因同款产品的价格差别很大，买家也可以通过图搜功能快速找到各种价位的同款产品。

登录淘宝网后点击搜索栏右侧的照相机图标，选择图片进行上传，淘宝系统就会通过算法筛选出与所传图片相似的商品。如当上传一件白色T恤照片后，展示页面如图6-3所示。一般来说，相似度越高的商品排位越靠前。

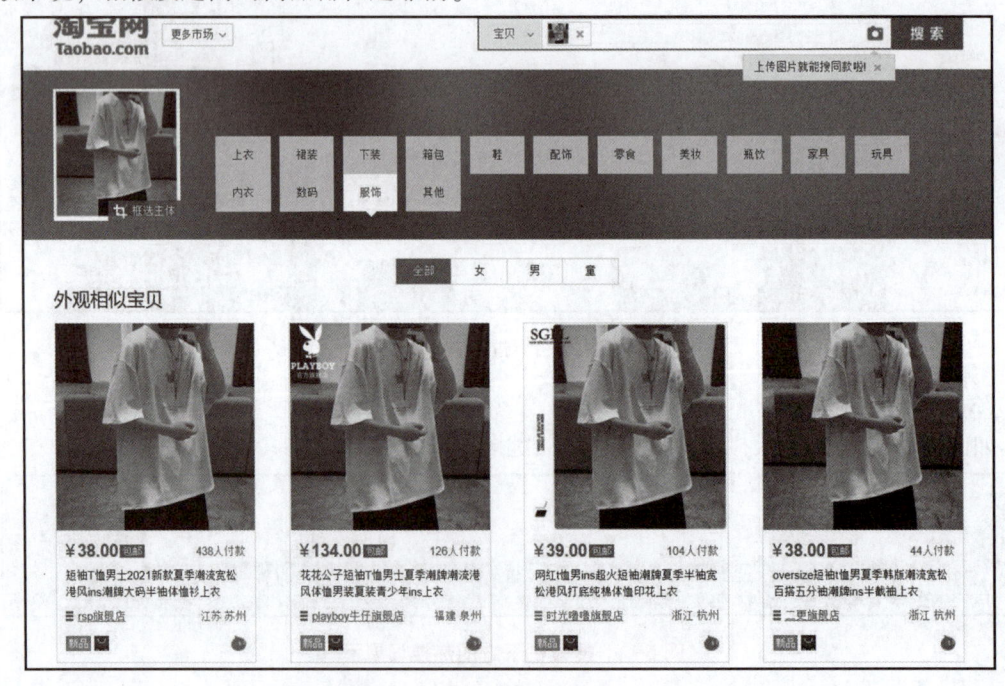

图6-3 整件商品的图搜展示页面

若图片显示的部位不是买家想要的商品部位，那么就可以拖动图标进行调整。例如，要搜索一件灰色毛衣，把方框调整到毛衣领子的地方，就会筛选出与搜索整件毛衣不一样的商品，如图 6-4 所示。

图 6-4　商品一部分的图搜展示页面

店铺商品的主图一定要清晰，这样当买家在使用图搜功能时，商品被搜索到的概率也会大一些。其实，图搜功能的结果排序是没什么依据的，由于图片的角度、光线等不同，显示的图只能给用户起到参考作用，不能作为购买的决策依据。但用户会根据提供的结果，重新输入关键词或调整图搜范围进行搜索，因此还是需要重视关键词的选择。

任务二　直通车推广

直通车是阿里巴巴旗下的一款专供商家按照"竞价排名、点击付费"规则使用的营销推广工具，在一个独立的 IP 下，点击一次，就会扣一次费。卖家可以通过提升推广产品的质量分与设置推广关键词的点击价格来控制推广产品的展现位置，其操作的主要流程为选款、选词、出价与卡位。

子任务 1　直通车选款

【学习视频 6-2】直通车选款

直通车推广不仅能通过点击付费的方式提升宝贝的曝光度，对自然搜索流量的提升也有很大的帮助。因此，如何做好直通车推广成了每位淘宝卖家的必修课。许多卖家运营店铺时不会或不注重选款，对于前景不好的产品盲目投放，这样会给店铺带来很大的亏损风险。因此，在选择宝贝时，先进行选款、测款显得十分重要，这样可以把最容易带动店铺流量的宝贝打造成爆款。

1. 直通车选款注意事项

（1）产品质量。产品质量不好会导致很多售后问题出现，进而使退款率飙升，店铺 DSR 评分降低，以致降低店铺权重排名。

（2）切忌盲目跟风选款。有很多淘宝商家盲目跟风爆款，最后眼睁睁看着流量被权重高的卖家抢走。

（3）货源是否充足。如果宝贝货源不稳定，就会导致退货率、纠纷率飙升，拉低店铺的权重。

（4）宝贝有无违规降权。宝贝违规降权不仅会影响淘宝店铺的自然流量，还会影响直通车推广效果。

2. 直通车选款方式

（1）基础销量选款。

基础销量选款是主推店铺内销量最高的几款产品（见图 6-5），但这种方式仅适合基础较好的店铺。尽管基础销量选款的受众较大，适合绝大部分买家，但同样也具备着产品不太好的可能，尤其像女装、男装这种非标品的大类目，类目之间同款或者相似程度比较高的款很多。因此，往往到了后期这种宝贝会面临着价格战的问题。

图 6-5　基础销量选款示意

（2）流量选款。

流量选款比基础销量要麻烦很多，也是不太建议的一种。简单来说，就是去看整个行业的非标品类目情况，观测类目流量的涨幅，以此预测哪种款式在后面的时间里有做成爆款的可能。也就是通过当前流量、意向流量去搜索关键词，去考量该款在后期热销的可能性。因此，流量选款十分考察运营人员对类目爆款的准确判断力。

直通车选款是目前最直接且最有效的一个测试工具，适合在店铺想要通过打造爆款来带动店铺流量而不知如何选款的情况下使用。把不同情况的宝贝放直通车推广测试一下，根据数据来判断主推款，如图 6-6 所示。

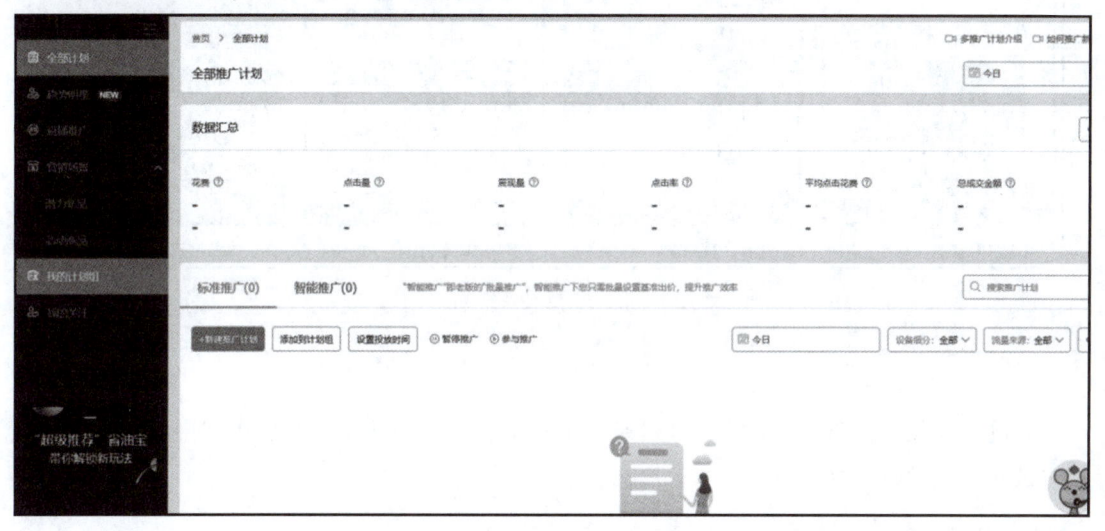

图 6-6　直通车测款操作示意

对于直通车测款有以下几点建议。

（1）由于测试期的流量不准确，会有很多无效点击，因此建议测试期日限额适中，同时建议关闭 PC 端及定向投放。有基础的店铺可以根据自己店铺转化情况设置时间折扣，没有基础的店建议使用行业模板。

（2）由于测试时需要精准流量，测试出来的数据才是准确的，因此选词方面尽量不要选取大词，而应选取精准一点的长尾词，所选词最好保持在 25 个字以内。

（3）选择广泛匹配方式。广泛匹配的特性很杂，可能会导致卖家将大部分花费集中在一个词上，因此要随时注意流量情况，同时建议关闭流量智选。

（4）多测试创意图。确定好需要测试的款后要多做几张图，至少一个款准备 4 张图，在测款的同时测试一下创意。

子任务2　直通车推广主图设置

直通车的推广主图可以只选择一张，也可以用多张不同的产品图片。高点击率的主图设计一般需要注意以下几点。

1. 提炼产品卖点

充分了解产品的核心卖点，明确受众人群及其他产品特征，只有在主图上把产品卖点、消费者追求的元素展现出来，才能获得高点击率。

2. 分析同行直通车主图

通过搜索结果页面，找到大量同行卖家的直通车推广主图，汇总分析卖点突出、有吸引力或有创意的主图。

图 6-7 所示为排名靠前的水杯直通车推广主图。从转化结果可以看出，图片上添加大标题的几个宝贝的销量都比其他的多很多；也可以看出，这几个主图呈现出来的利益点都很清晰，直接展示了宝贝的卖点，消费者能直观地看到其所需信息。

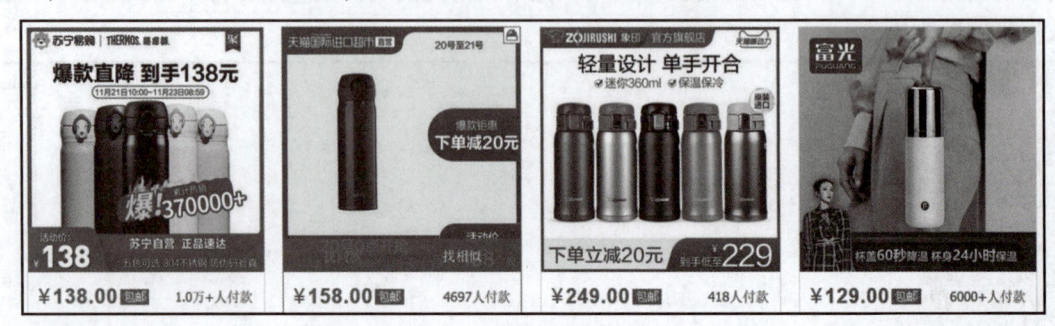

图 6-7 同行卖家直通车推广主图

3. 差异化定位

通过差异化定位直通车推广主图，突出商品的核心竞争优势，吸引更多用户的注意，让用户试着深入了解商品。

4. 活动提醒渲染气氛

在直通车推广主图中可以添加优惠价等促销信息，吸引更多用户，如到手价、促销价、首件优惠等。也可以添加其他一些附加独特服务，如顺丰包邮、当天发货、上门安装、1 年换新等。

子任务 3　直通车推广关键词选择

1. 直通车推广关键词特征

【学习视频 6-3】关键词选择

直通车推广关键词一般可以分成精准词、热门词和广泛词。

（1）精准词也叫长尾词，其特点是能非常精确地体现买家的购买意图，但是搜索量非常少。

（2）热门词一般具有搜索量大、与宝贝相关、转化率高、竞争指数高等特征。

（3）广泛词一般是指流行词，是节日或者当前流行的词，其特点是周期很短，只是某个时期的搜索量非常大。广泛词的应用范围非常广，适用于各个类目。

2. 直通车推广关键词设置

（1）登录千牛卖家工作台，在左侧的"营销中心"中找到"我要推广"，进入后点击"淘宝/天猫直通车"，如图6-8所示。

图6-8　进入直通车推广入口

（2）进入直通车推广设置首页后，点击"推荐关键词"（见图6-9）。点击后会展示与商品相关的关键词列表（见图6-10），卖家可以根据自身的店铺经营情况选择适合自己的推广关键词进行设置。

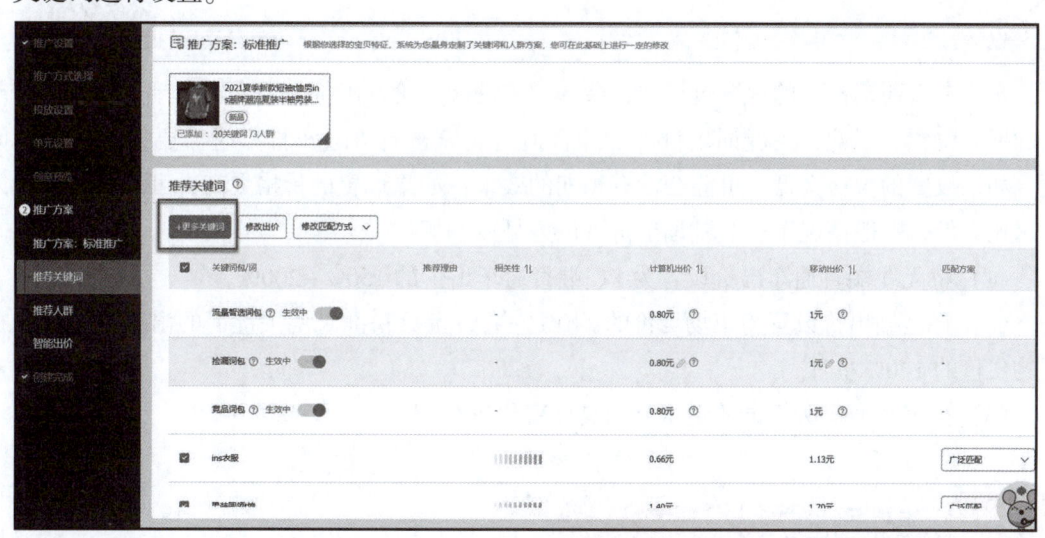

图6-9　直通车推广关键词添加按钮

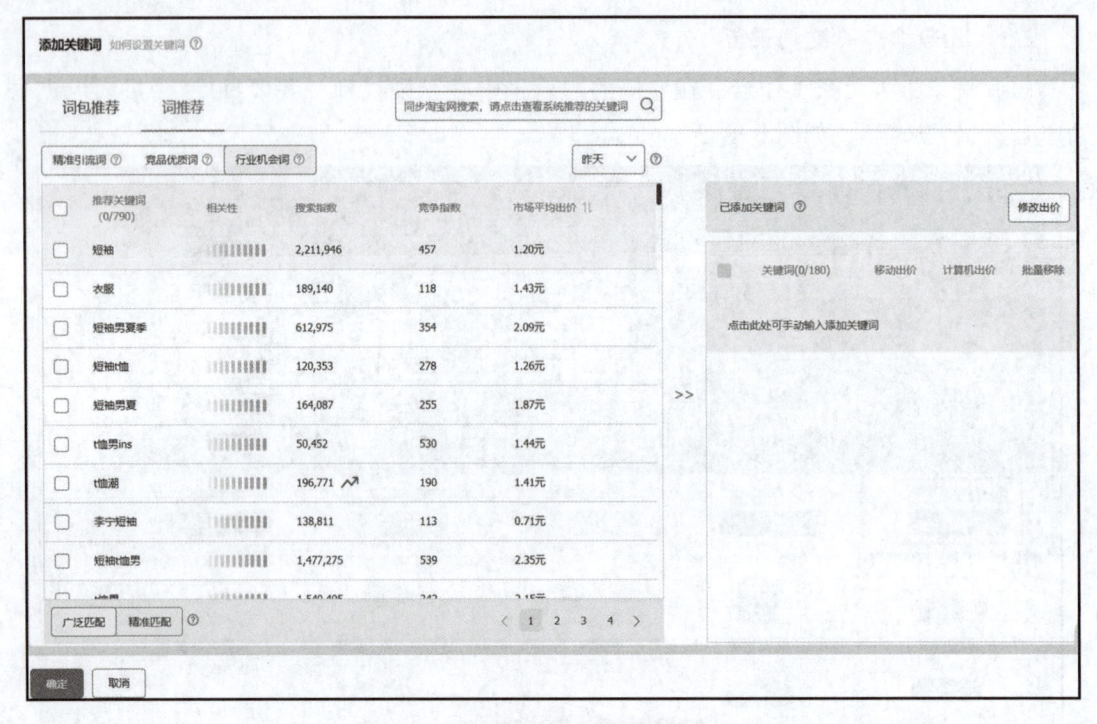

图 6-10 直通车推广关键词列表

子任务 4 关键词出价

【学习视频 6-4】关键词出价

卖家在直通车推广的设置过程中，会遇到关键词出价，出价是否合理直接关系到推广产品的展示位置。因此，关键词出价多少才合适是卖家进行直通车推广时需要仔细考虑的问题。如果设置的价格太低，可能会没有预期的效果；如果设置的价格太高，可能会导致投入产出比太低。一般情况下，关键词出价可以遵循以下规律。

（1）将无线端直通车出价设置为 PC 端直通车出价的 150%~200%。

（2）将基础出价设置为市场均价的 110% 左右，宝贝精准长尾关键词的出价可以设置在平均出价的 140% 左右。

（3）根据直通车关键词质量得分的具体变化进行调整。

任务三 钻展推广

钻展是淘宝网图片类广告位竞价投放工具，能帮助卖家更清晰地选择优质展位、更高效地吸引流量，达到高曝光、高点击的推广效果。推广商品的点击率越高则点击单价就越低。

子任务 1　钻展选款

一款产品能否受到用户的喜爱，很大程度上取决于能否适应用户的需求，能否抓住用户的痛点和兴趣点。因此，钻展推广时从初期的选款到测款直到定款都尤为重要。一般选款时需要考虑以下几个方面。

（1）货源是否充足，供应链是否良好。

（2）是否为应季商品。

（3）是否为热卖的价格区间。

（4）质量是否良好，评分是否达到 4.8 以上。

（5）点击率、转化率、加购收藏率等指标是否高。

子任务 2　钻展计划建立

创建钻展计划主要分为新建计划、设置营销参数、设置计划基本信息、设置推广单元、设置定向人群、添加资源位、设置出价、添加创意等步骤。

1. 新建计划

打开千牛卖家工作台，找到"经营管理"下的"我要推广"，点击进入新建钻展计划，如图 6-11 所示。

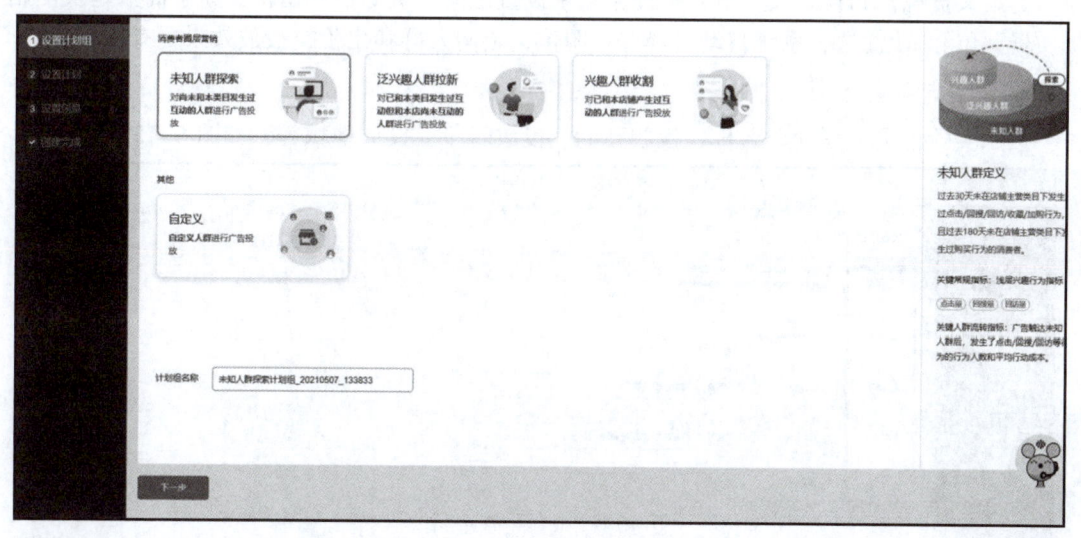

图 6-11　新建钻展计划操作示意

2. 设置营销参数

如图 6-12 所示，定向人群可以选择 AI 优选和自定义人群，在自定义人群下，可以根据系统托管方案设置目标人群，即可由系统智能推广，是最简单、高效的方式。AI 优选是指系统可以根据营销目标及店铺特征推荐并生成人群定位，也可以根据实际需求进行微调。

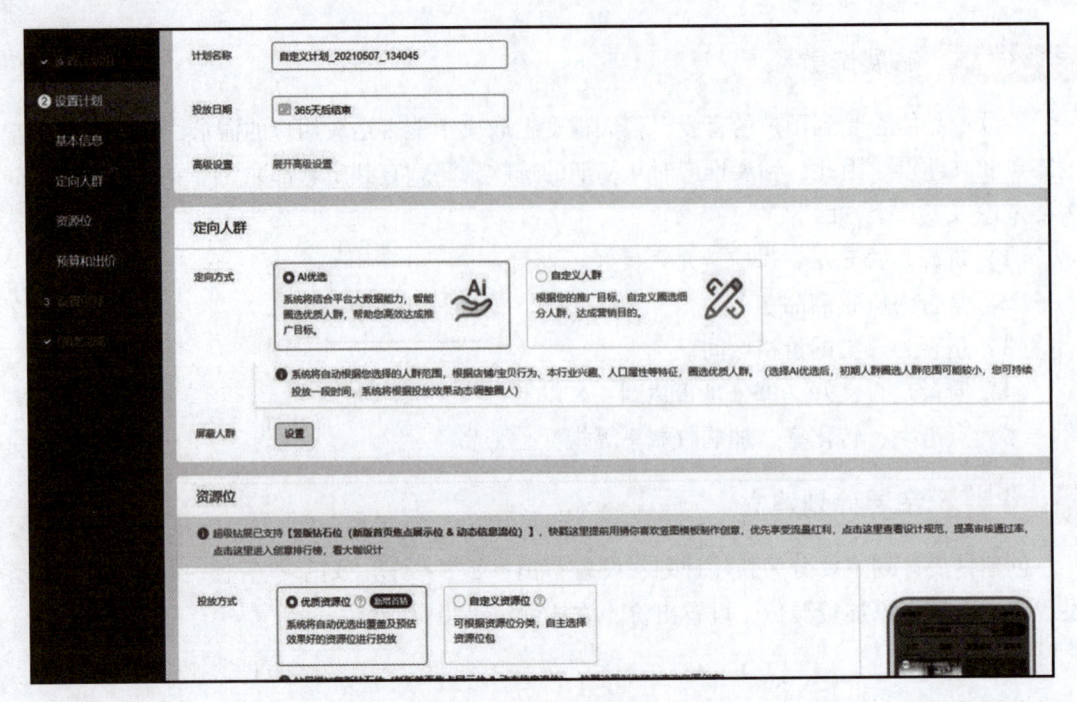

图 6-12 设置营销参数操作示意

自定义资源位和自定义人群是指商家自主设置定向、资源位和出价。新手商家建议使用优质资源位和 AI 优选，系统自动选择好资源位、定向人群和出价，投放效果更有保障。

3. 设置计划基本信息

按照实际情况填写计划名称、投放日期、投放时段、投放地域等，如图 6-13 所示。

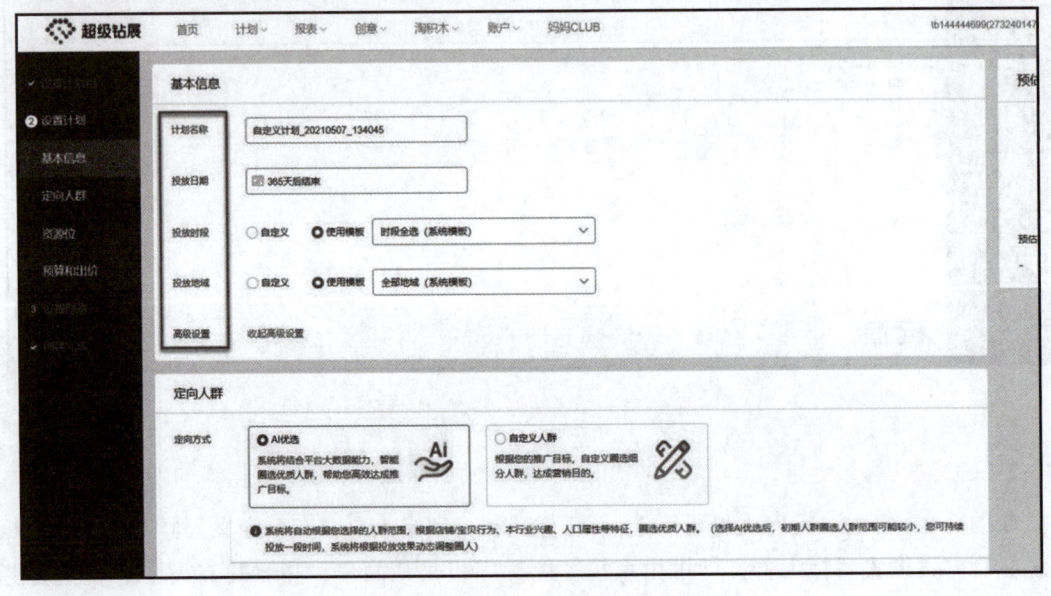

图 6-13 设置基本信息操作示意

4. 设置推广单元

一个计划可以添加多个不同的推广单元，在推广单元中，需要设置定向人群、资源位和出价（见图6-14），在操作界面中填写推广单元名称、选择定向人群。

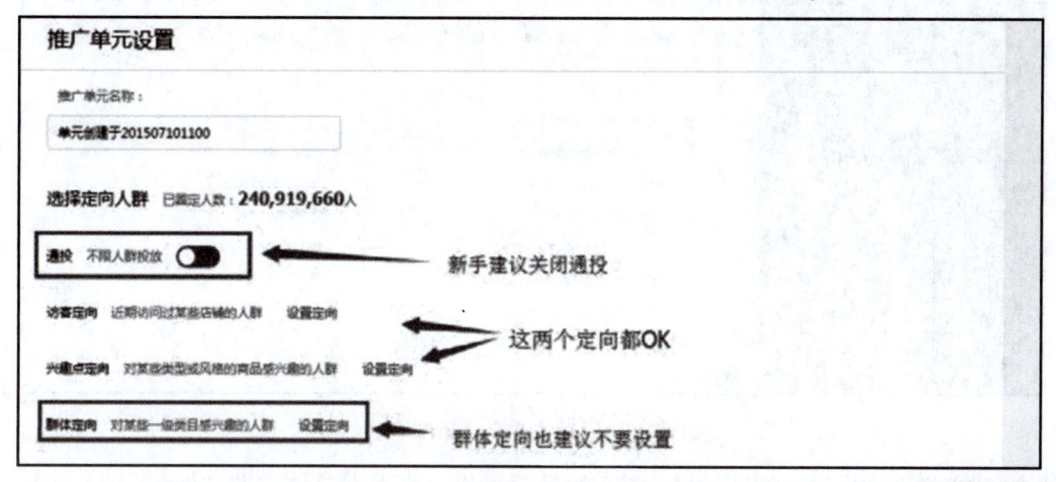

图6-14 设置推广单元操作示意

5. 设置定向人群

关于定向人群，目前有群体定向、访客定向、兴趣点定向三种方式。

（1）群体定向。群体定向是综合消费者历史浏览、搜索、收藏、购买行为，确定消费者当前最可能点击的商品类型和价格偏向。群体定向的特点是应用广泛、精准度低，需要大流量时可选用。

（2）访客定向。访客定向是综合消费者历史浏览、收藏、购买等行为，确定消费者与店铺的关联关系。其特点是可以一次定向较精准的目标人群，维护店铺的老客户，同时共享竞争对手的客户和潜在客户。

（3）兴趣点定向。兴趣点定向和群体定向的原理基本相同，但兴趣点更精准，可精确到子类目和部分二级类目，可选择兴趣点个数高达1 500个。兴趣点定向的特点是可以一次定向较精准的目标人群，定向直达细分类目。

设置访客定向可以在如图6-15所示的界面中自主进行，也就是输入若干个店铺的旺旺ID后，直接定向这些店铺的访客。在自主添加店铺的过程中建议多写几个店铺，注意圈定人数不能太少，在10万~20万为宜。自主店铺一般比种子店铺更为精准，如果种子店铺效果不好，也可以不设置。

图 6-15　设置访客定向操作示意

设置兴趣点定向可以按图 6-16 所示的界面操作。可根据具体定向在框内打钩。例如，默认的用户性别是"不限"，在定向设置的过程中，可以改为勾选"女性用户"。可以通过输入自己的店铺旺旺 ID 来获取相应兴趣点，也可以直接搜索关键词，添加相应的兴趣点。

由于兴趣点流量相对较大，没必要把所有兴趣点都一起添加，一般来说，添加最相关的 2~3 个兴趣点就可以了。

图 6-16　设置兴趣点定向操作示意

6. 添加资源位

如图 6-17 所示，对于添加资源位，可以选择已收藏的位置，也可以直接搜索。

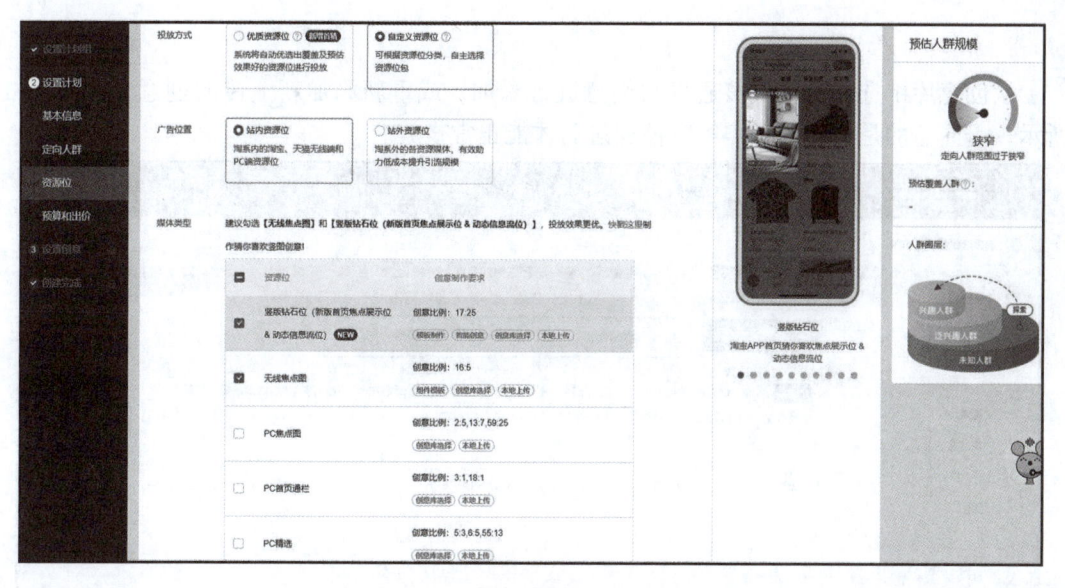

图 6-17　添加资源位操作示意

7. 设置出价

在如图 6-18 所示的界面中可以看到，在设置出价时，需要参考每个资源位的建议出价，在投放过程中按照获取流量的多少来调整。

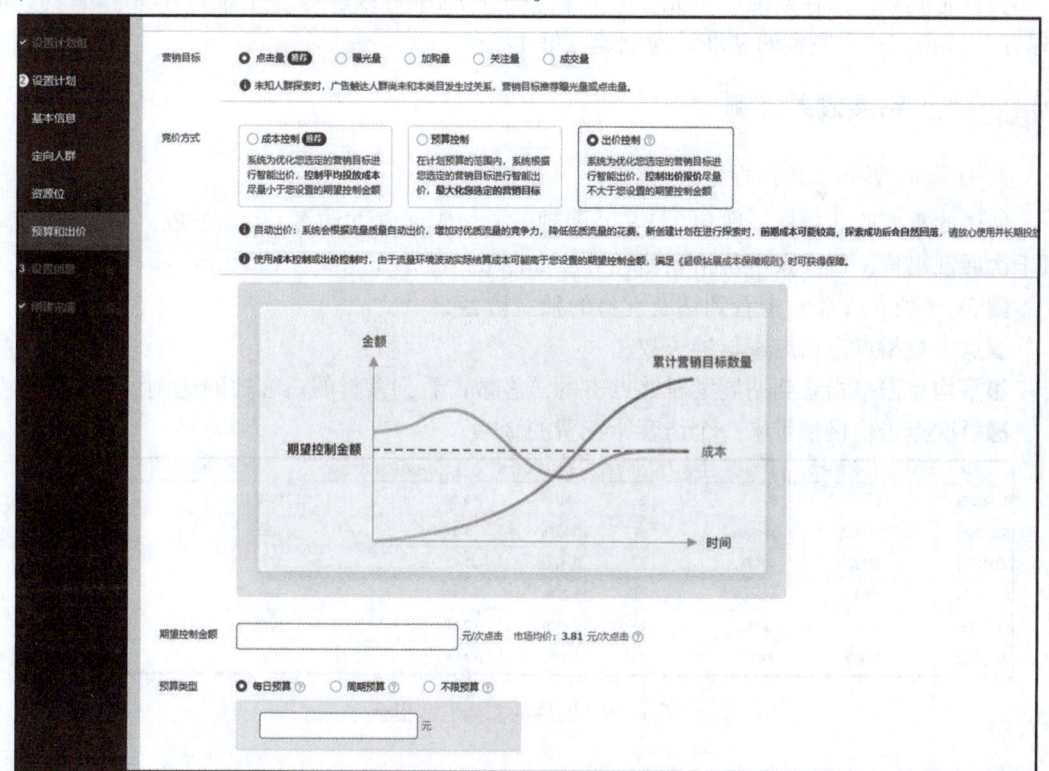

图 6-18　设置出价操作示意

8. 添加创意

从创意库中选择已经审核通过的创意进行添加，或重新添加新上传的创意，如图6-19所示。需注意的是，新创意需等审核通过后才能正常投放。

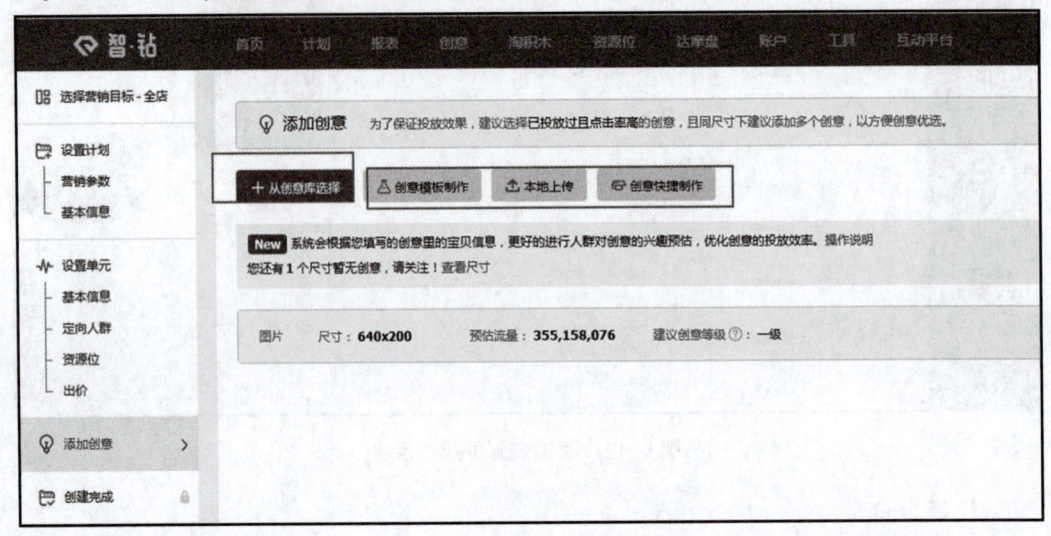

图6-19 添加创意操作示意

设置完成后，保存该推广单元，并且在一个计划中可以创建多个推广单元。最后点击"保存"按钮，一个完整的钻展计划就建立好了。

子任务3 钻展效果监测

1. 钻展的重要监测指标

钻展的重要监测指标一般包含PV（展现量）、UV（独立访客）、点击数、平均点击率、每千次展现出价、每次点击价格和消耗等，如图6-20所示。

- UV（独立访客）指看到钻展素材的独立访客数。
- 点击数指点击钻展素材的人数。
- 平均点击率指看到钻展素材并点击的访客数占看到素材的访客数的比例。
- 每次点击价格指带来一个访客所花费的金额。

日期	PV(展现量)	UV(独立访客)	点击数	平均点击率	每千次展现出价(元)	每次点击价格(元)	消耗(元)
02月07日	0	0	0	0%	0.00	0.00	0.00
02月06日	171011	100680	877	0.51%	5.21	1.02	890.77
02月05日	169775	95432	671	0.4%	5.13	1.30	870.96
02月04日	200780	149400	512	0.26%	4.44	1.74	891.87
02月03日	2044	1578	14	0.68%	2.87	0.42	5.87
02月02日	89489	54264	603	0.67%	4.44	0.66	397.05

图6-20 钻展的重要监测指标

2. 钻展的效果明细报表内容

钻展的效果明细报表一般包含浏览量、访客数、访问深度、跳失率、成交人数、成交金额，以及转化率等，如图6-21所示。

项目六 站内推广

序号	日期	浏览量	访客数	访问深度	跳失率	成交人数	成交金额	转化率
投放日期：2021-07-09		投放位置：收货成功页面		投放内容：首页-木棉天堂-初语的清新文艺范-周一10…				
3	当天效果	3,645	1,085	3.36	53.18%	3	2,538.00	0.28%
	第2天效果	172	31	5.55	70.97%	2	1,251.00	6.45%
	第3天效果	132	23	5.74	73.91%	1	91.00	4.35%
	第4天效果	45	15	3.00	46.67%	0	0.00	0.00%
	第5天效果	36	13	2.77	69.23%	2	541.00	15.38%
	第6天效果	129	28	4.61	53.57%	2	945.00	7.14%
	第7天效果	50	20	2.50	70.00%	0	0.00	0.00%
	小计	4,209	1,215	2.50	54.40%	10	5,366.00	0.82%

图 6-21　钻展效果明细报表内容

3. 钻展的报表结构

钻展的报表结构分为首页和报表界面，如图 6-22 所示。

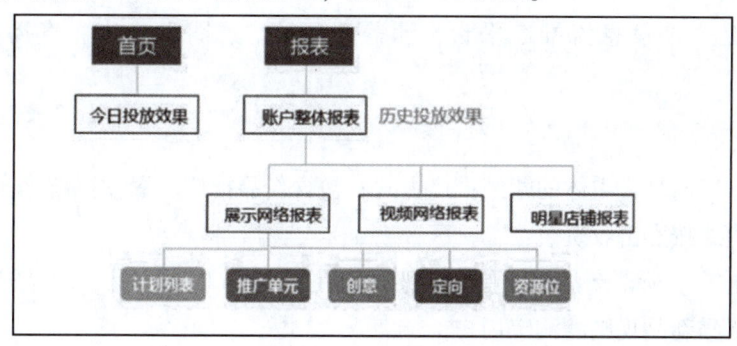

图 6-22　钻展报表结构

在首页，可以查看单日投放效果的具体指标数据，包括展现、点击、点击率、千次展现成本、点击单价、已消耗。选择单日投放数据进行对比，借助下方趋势图可以帮助商家更清楚地了解数据变化情况及趋势。时段报表清晰地介绍了每个小时的数据情况，方便商家清楚地了解每个小时的数据变化情况；同时，商家也可以进行分时数据的批量下载，如图 6-23 所示。

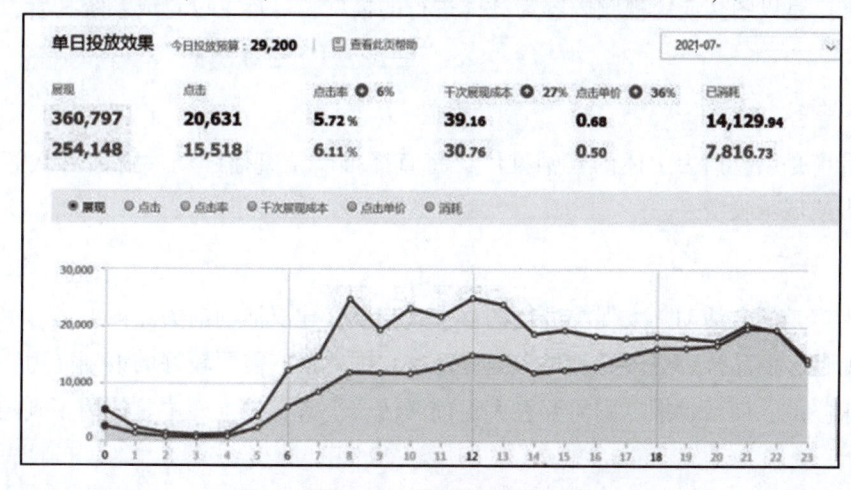

图 6-23　单日投放效果

在报表界面可以查看历史投放数据。报表包括账户整体报表、展示网络报表、视频网络和明星店铺报表。其中，展示网络报表分为计划列表、推广单元等。

任务四 超级推荐

子任务1 超级推荐认知

随着平台入驻商家/商品的爆炸式增长，消费者通过关键词搜索找到自己满意的产品的时间成本越来越高，在这种背景下单纯的搜索已经很难满足消费者的要求，超级推荐则应运而生。超级推荐就是通过大数据实时判断消费者的购物意图与消费习惯，基于人工智能的机器学习算法，推送消费者所喜爱的商品，从而打破了以人为中心的购物方式，实现了从"人找货"到"货找人"的转变。

超级推荐是一个信息流推广平台，涵盖商品推广、图文推广、直播推广、活动推广等。

1. 商品推广

商品推广是以商品为主体的营销推广方式，包含新品推广、爆款拉新等多个智能营销场景。商品推广模式按点击收费。

（1）新品推广。所谓新品是指首次上架时间在28天以内的商品，新品推广主要针对天猫用户与满足天猫新品规则的淘宝用户。

（2）爆款拉新。爆款拉新是指通过系统托管匹配到对应人群和资源位，从而触达优质新客，实现智能拉新。

（3）自定义。自定义是指通过自主设置定向、资源位、出价、创意等来进行商品推广。

2. 图文推广

图文推广是以图文或短视频内容为载体进行的推广，可自主设置或系统托管，同样按点击收费。

3. 直播推广

直播推广是以直播为主体的营销推广，将直播推广至直播广场、猜你喜欢等优质资源位，按点击或展示收费。

4. 活动推广

活动推广是配合活动、大促等进行的蓄水式推广，建议活动前关注该渠道。

综上所述，商品推广更容易满足大部分商家；图片推广需要较好的策划能力；直播推广视实际需求投放；而活动推广则需要在大促前激活，平常日销推广中是使用不到的。

子任务 2　超级推荐出价法

超级推荐是机器算法，每一次调整都需要再次计算，因此最初出价就显得十分重要。这里推荐两种出价方法：一种是根据预期ROI出价，另一种是以盈亏平衡为参考出价。

1. 根据预期ROI出价

根据公式：ROI（投资回报率）＝转化率×客单价/PPC（单次点击成本），可以得出：PPC＝转化率×客单价/ROI。

宝贝的转化率和客单价一般是已知的（新品可参考店铺其他相似款的转化率），ROI是根据店铺想要达到的目的自己拟定的。

例如，预期目的是利用超级推荐冲销量或者拉标签，一般ROI要达到1.5倍。假设商品的客单价是118元，转化率是1%，则计算出来的PPC＝1%×118/1.5≈0.79。这个PPC是最终扣费参考，不能直接只出这个价，因为如果只出这个价基本上会没有流量，特别是预期ROI比较高时，按照计算出来的PPC直接出价很难获得流量。因此，一般情况下，要用算出的PPC乘以1.5~3。如果计算的PPC值比较小，这个时候要乘以的倍数就高一点，可能需要达到3倍；但是如果一开始计算的PPC就比较大，这个时候一般乘以1.5倍就可以了。

2. 以盈亏平衡为参考出价

根据公式：利润＝访客数×转化率×客单价×利润率，可以得出：单UV利润＝转化率×客单价×利润率。

所谓的单UV利润是指一个访客能给店铺带来的利润。若想让超级推荐直接盈利，那么必须做到PPC低于单UV利润。例如：已知转化率是1%，客单价是118元，利润率是50%，那么，单UV利润＝1%×118×50%＝0.59。因此，要做的是让PPC低于0.59，但同样也不能直接出价0.59。一般会出价1.2~1.5倍的样子，具体情况根据计算的PPC大小决定。

任务五　活动推广

子任务 1　天天特价

天天特价活动的申报条件比较低，适合新卖家申报，有助于新卖家提升销量和快速积累用户。

（1）在千牛平台的"营销中心"中找到"天天特价"，如图6-24所示，然后点击进入。

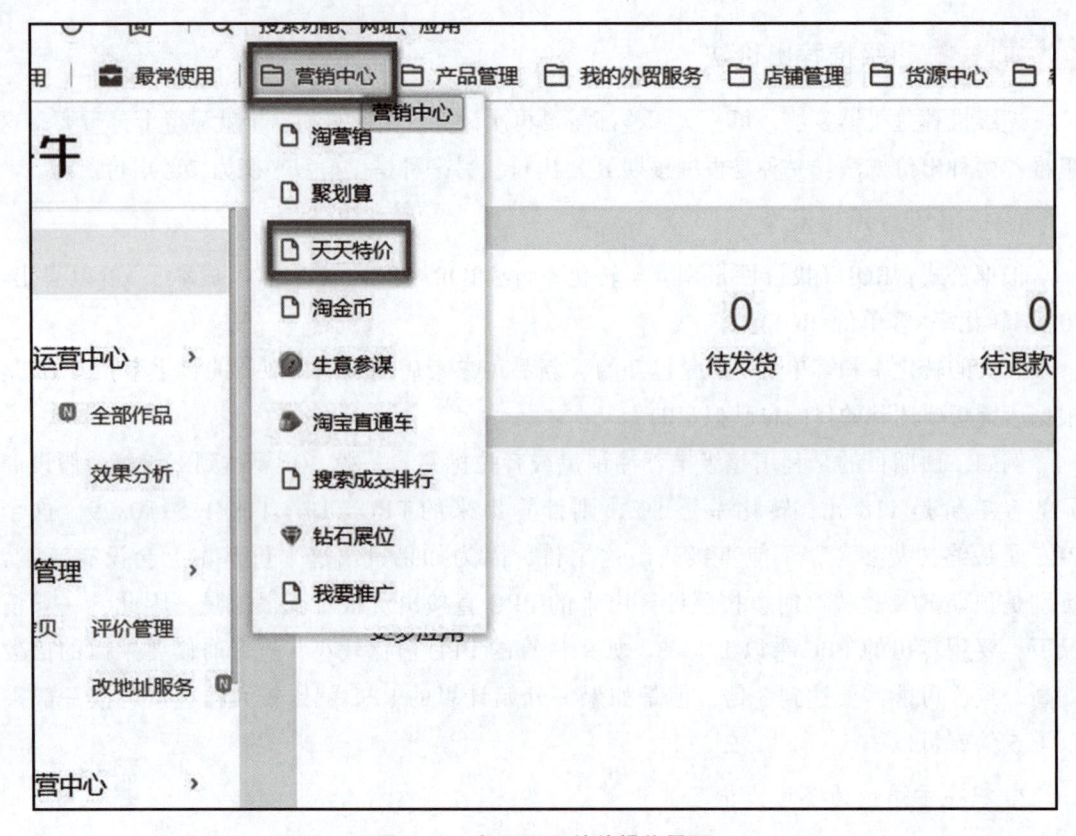

图 6-24　打开天天特价操作界面

（2）在打开的页面中点击"我要报名"按钮（见图 6-25）。进入页面后商家可以选择感兴趣的活动进行报名。

图 6-25　天天特价报名操作界面

（3）在填写报名信息时，主要填写基本信息、店铺素材提交及商品提交等内容。

项目六 站内推广

子任务 2 淘金币

淘金币是淘宝网的虚拟积分，在淘金币平台上买家能够兑换、竞拍到全网品牌折扣商品，也可以通过兑换、抽奖，得到免费的商品或者现金红包，还可以进行线上线下商家的积分兑入。

（1）在千牛平台的"营销中心"下点击"淘金币"进入淘金币页面，然后根据提示开通淘金币卖家账户，如图 6-26 所示。

图 6-26 淘金币卖家账户开通入口

（2）淘金币卖家账户申请成功后，返回到淘金币账户首页，切换至"金币工具"页面，按照提示设置完成相关信息，如图 6-27 所示。

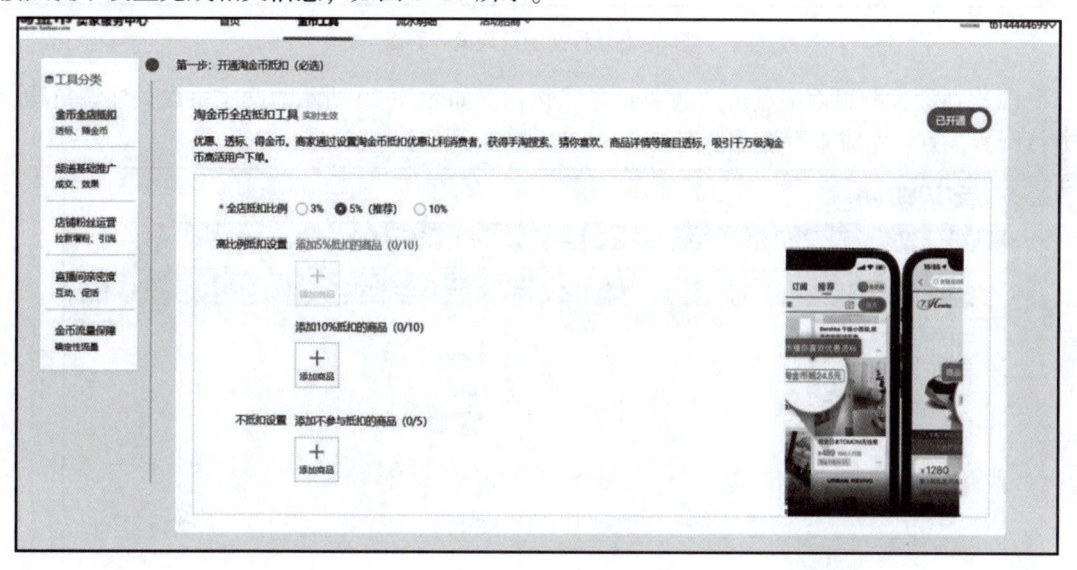

图 6-27 设置金币工具操作界面

子任务 3 淘抢购

淘抢购是淘宝无线端的重要营销产品，目前的活动形式是以时间为维度，每天 11 个场次进行商品展示，所有商品限时限量售卖，淘抢购活动对搜索会加权。

（1）在千牛平台的"营销中心"中找到"淘抢购"，点击进入图6-28所示的界面。

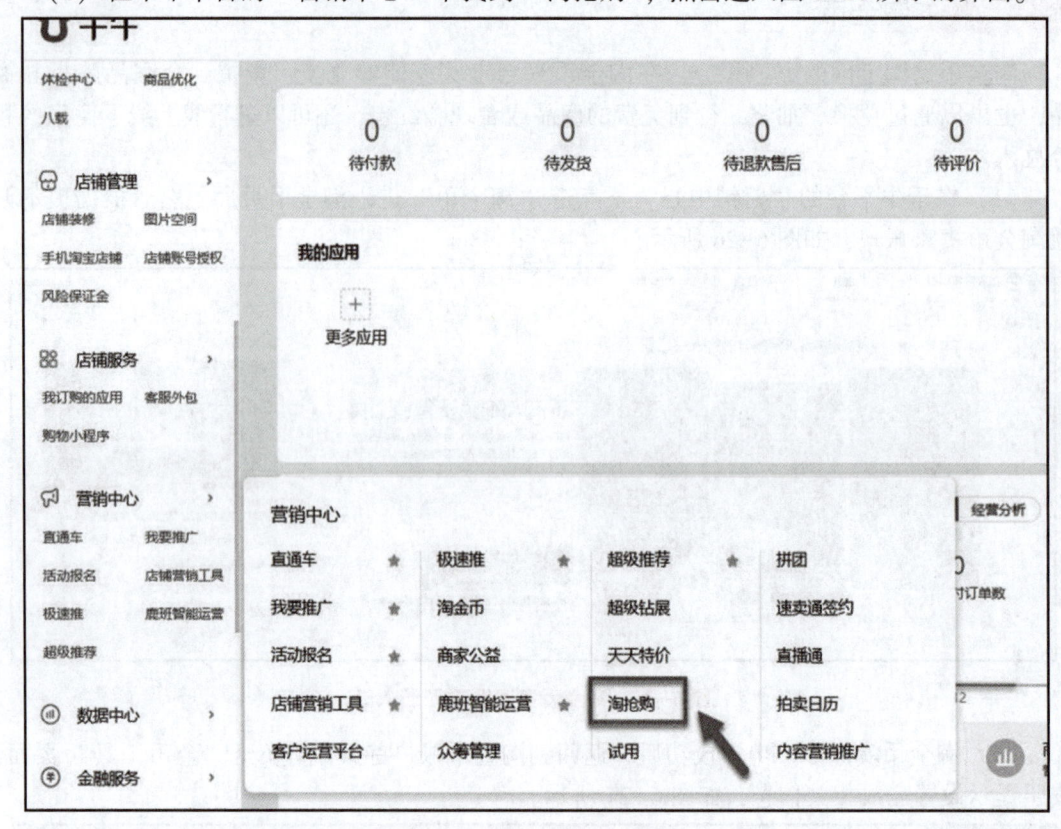

图6-28　打开淘抢购操作界面

（2）在淘抢购界面中点击"我要报名"按钮，如图6-29所示。卖家可以关注淘抢购官方订阅号，方便实时查看活动情况。

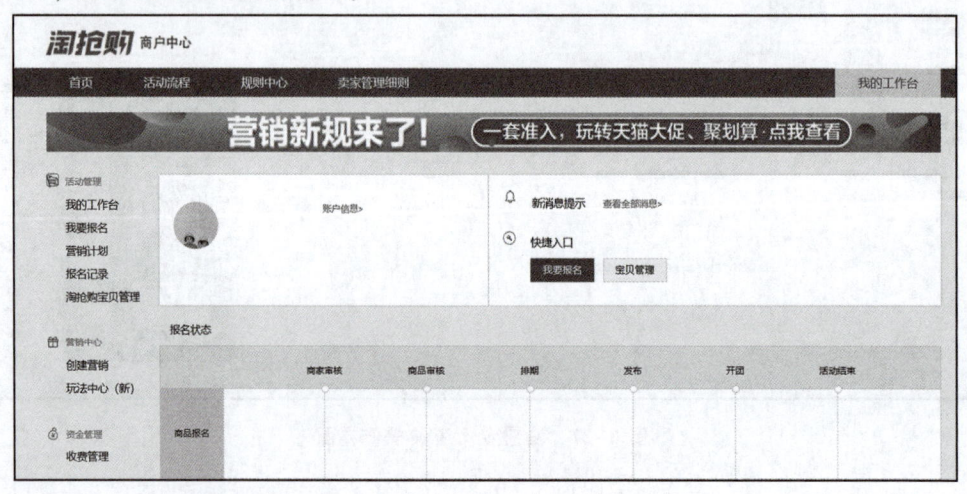

图6-29　淘抢购报名界面

（3）报名淘抢购活动时，需要选择店铺商品与场次时间，如图6-30和图6-31所示。

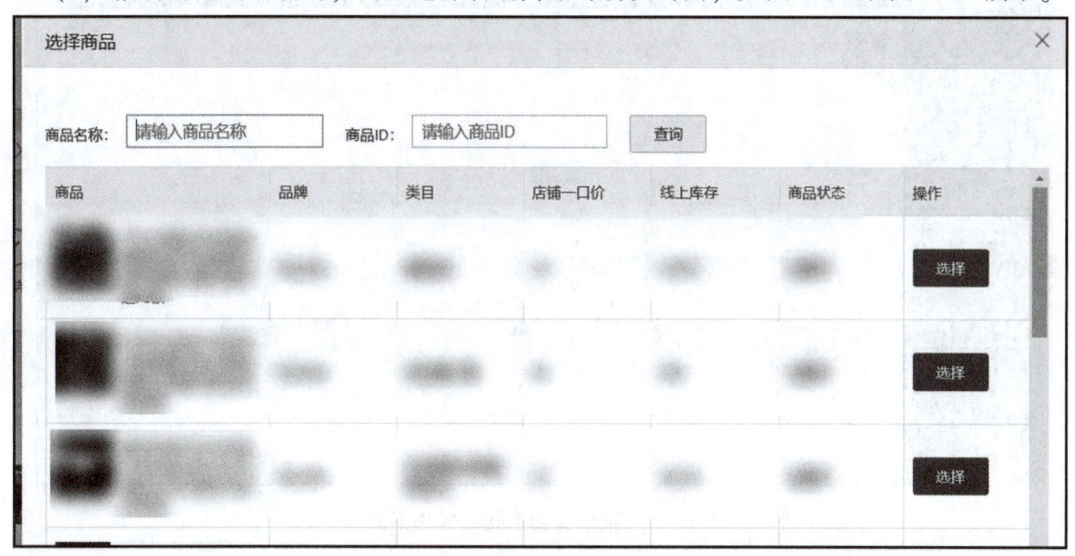

图6-30 选择商品操作界面

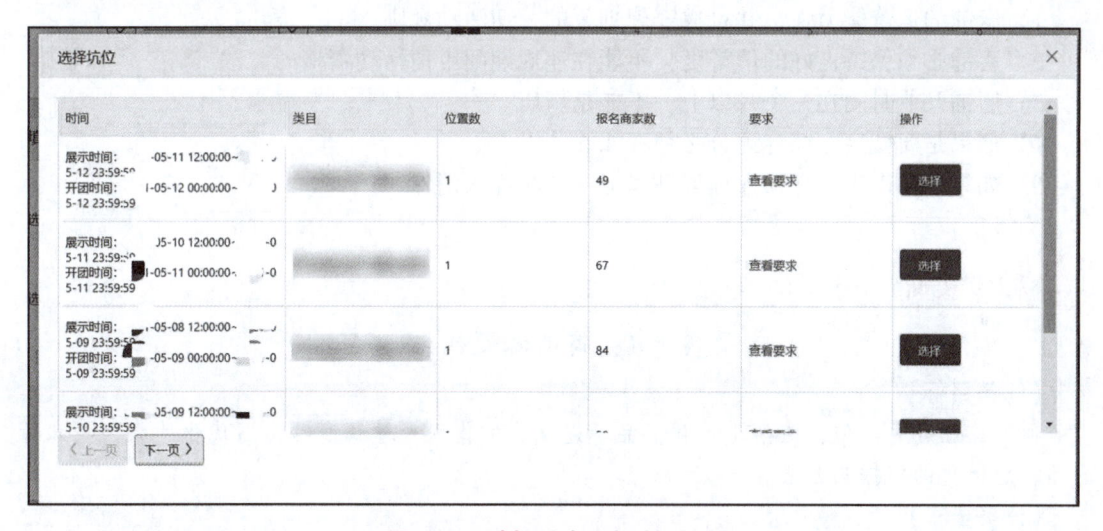

图6-31 选择活动场次时间界面

子任务4 聚划算

聚划算是指以淘宝网为基础将很多商家的商品聚集到一起，邀请买家开团购买。

在千牛平台的"营销中心"下找到"聚划算"入口，进入后点击"我要报名"按钮就可以进入聚划算活动报名页（见图6-32），然后根据提示进行操作。

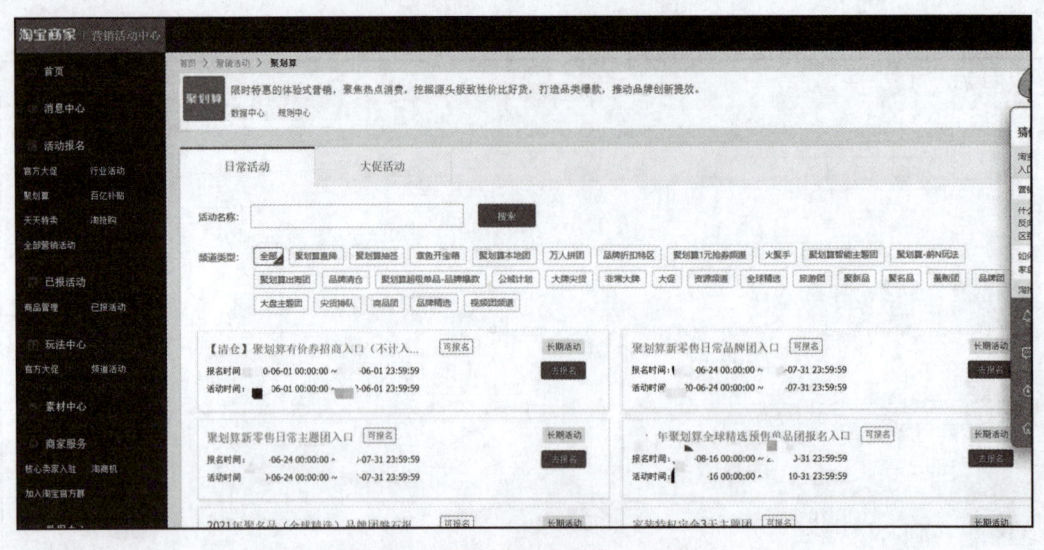

图 6-32　聚划算活动报名操作界面

聚划算招商主要有以下几点要求。
1）店铺的运营能力强，并且遵守聚划算的一切活动规则。
2）店铺必须保持良好的信誉度，不能在违规期间申请活动资格。
3）店铺开业时间在三个月以上，不能是新店。
4）如果是商城店，综合评分必须在 4.6 分以上。
5）如果是集市店，必须保证五钻以上，同时加入消保。

同步实训

实训 1：商品标题优化

【任务目标】

通过该任务的实施，使学生了解商品标题优化的作用，理解商品标题优化的原因，掌握商品标题优化的依据与方法。

【任务要求】

1. 阐述关键词优劣的判断依据。
2. 阐述商品标题优化的方法与注意事项。
3. 描述商品标题优化的过程。

实训 2：直通车推广设置

【任务目标】

通过该任务的实施，使学生了解直通车推广的原理、方法与技巧，搞清直通车展示位置，会设置直通车推广。

【任务要求】

1. 建立直通车推广计划。
2. 完成直通车推广基本设置。

3. 设置完成直通车推广。

4. 描述直通车推广优化过程。

实训3：钻展推广设置

【任务目标】

通过该任务的实施，使学生了解钻展推广的原理、方法与技巧，搞清钻展的展示位置，会设置钻展推广。

【任务要求】

1. 建立钻展推广计划。

2. 完成钻展推广基本设置。

3. 设置完成钻展推广。

4. 描述钻展推广优化过程。

实训4：站内活动的申报

【任务目标】

通过该任务的实施，使学生了解站内活动申报的方法与技巧，掌握站内活动申报的条件、流程与方法。

【任务要求】

1. 列举常见的站内活动。

2. 阐述常见站内活动的申报条件。

3. 阐述常见站内活动的申报流程。

项目七

站内互动

> ◆ 学习目标 ◆
>
> 　　随着人们活动范围的扩大，传统的以血缘关系为主的社会关系逐渐淡化，人们需要更多地与陌生人交流、相处，友善成为联系社会成员的价值纽带。拥有友善交流的态度、与人为善的宽厚，可以增进与陌生人之间的感情，从而推动相互之间的进一步协作。
>
> 　　利用网络交互工具与交互平台，使电子商务卖家与消费者之间友善、真诚地互动，增强消费者对电子商务卖家的信任感，从而培养学生对友善的正确理解，也通过实践体验到友善的强大力量。

　　网店运营过程中除了提升网店的曝光量，为网店引入更多的流量以外，维护好网店的老客户，提升网店老客户的黏性也至关重要。以内容创作为载体引发与网店老客户的互动是提升网店老客户活跃度黏性与复购率的重要方法。本项目重点介绍买家秀、问大家、旺旺群聊、微淘运营等网店的日常互动方法，同时也介绍了淘宝直播的方法与技巧。

任务一　日常互动

子任务 1　买家秀

【学习视频 7-1】买家秀

　　买家秀是商家对好的买家评价的展示（见图 7-1），买家秀一般出现在宝贝评价页面的图片模块，商家可以自主管理模块中的有图评价。如果有消费者在购物后给出了正面的评价，甚至附上买家秀，那么他们不但可以给其他消费者更多的购买信心，同时也能给店铺增加权重。从商家的角度考虑，买家秀相当于免费的广告，并且具有非常强的说服力。

图 7-1　买家秀展示效果

（1）在千牛平台的"互动中心"，点击进入买家秀设置界面，如图 7-2 所示。

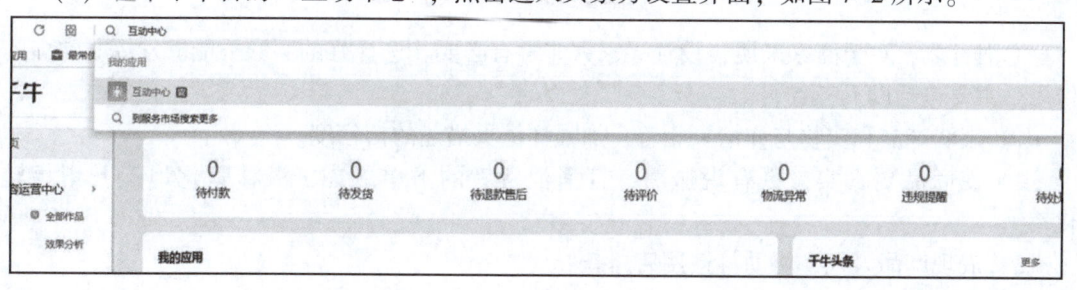

图 7-2　互动中心界面

（2）在如图 7-3 所示的页面中，点击"买家秀生产"，然后点击右侧的"创建征集"，即可从宝贝的评价中收集选择比较好的评价作为买家秀的展示。

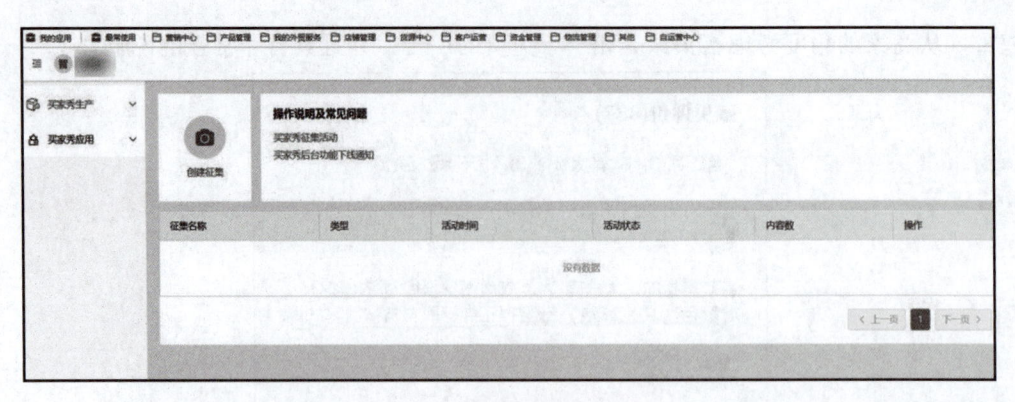

图7-3 添加买家秀操作页面

（3）卖家选择了买家秀之后，当在后续的宝贝评价中遇到更好的买家秀时，也可移除之前的买家秀，再添加新的内容，如图7-4所示。

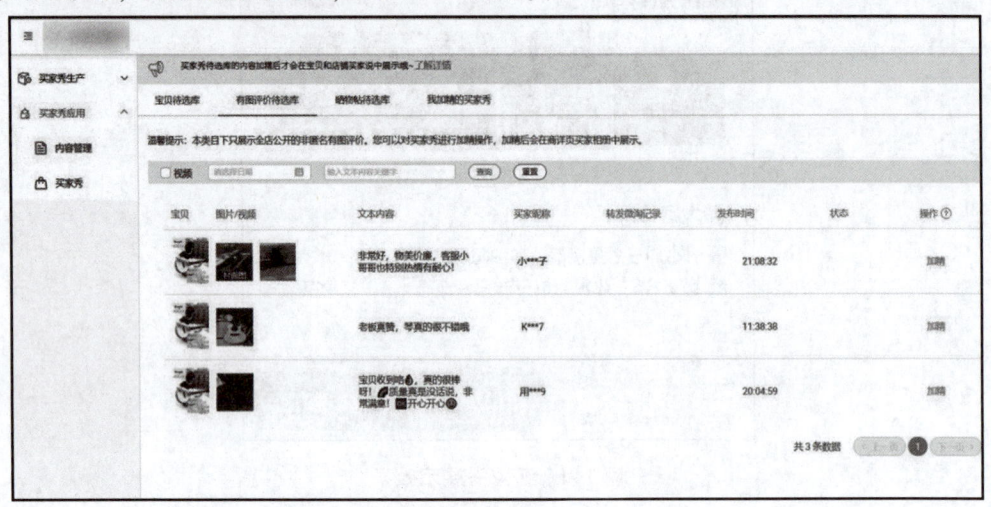

图7-4 设置宝贝买家秀操作页面

总而言之，对于商家来说，设置买家秀非常有必要，选择好的买家秀能够发挥非常多的作用，主要包括以下三点。

1）表明产品和实物与详情页相符，加强详情页描述的信任度。

2）使商品更真实、更有说服力，打消消费者的下单顾虑，潜移默化地提升销售转化率。

3）展现产品人气，协助打造网店爆款。

子任务2 问大家

【学习视频7-2】问大家

"问大家"是在主图与产品详情页之间呈现的一个模块，在这里消费者可以自由地提问,已购买过的消费者可以回答。没购买过此商品的消费者,若有任何不懂的问题,都可以在这里向已经购买过的消费者询问。这一模块也是买家做出购买决策的决定性因素之一。因此,作为商家,一定要及时了解产品界面中"问大家"这块的信息。

(1) 点击千牛平台右上角的信封标志,进入"消息中心",打开页面右上角的订阅设置(见图7-5),在弹出的订阅设置窗口中点击"售后服务"。

图 7-5　订阅设置页面

(2) 在展开的页面中找到"问大家"并勾选,然后点击"确定"按钮(见图7-6),这样当商品下有"问大家"的信息时,千牛卖家中心将第一时间收到。同时,卖家也可以去后台找到对应的问题进行回答——有时及时的回复可能就会带来订单的实际转化。

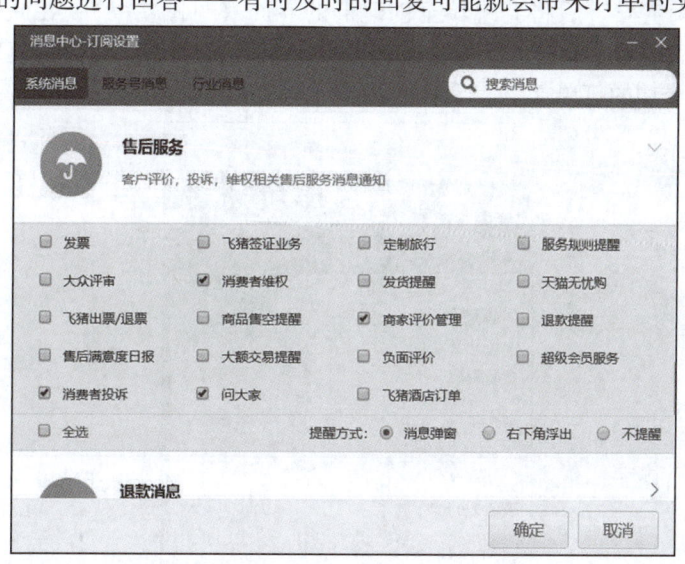

图 7-6　设置"问大家"消息提醒页面

"问大家"的内容其实和用户评价一样,都是用户自发真实的行为。如果是客观的内容,卖家不需要进行处理,但如果有恶意问答,卖家可以点开该宝贝下提问中的"我要申诉"按钮进行反馈,举报内容提交成功后会进入举报后台,等待审核。如果内容经审核认定为恶意内容,会被删除并保留账户处罚权利。

任务二　旺旺群聊

商家可以根据消费金额、是否关注等情况，将用户进行筛选过滤，选择性地邀请用户进群。旺旺群聊中的专享权益及高效消息触达功能，可帮助商家持续运营用户，最终形成用户的高黏性互动和回访，促进进店和转化。

子任务1　旺旺群设置

（1）在千牛平台的"用户运营"中找到"淘宝群"，如图7-7所示。

图7-7　淘宝群设置页面

（2）点击"淘宝群"后将会跳转至创建群的界面（见图7-8），在此设置头像、群名称、群介绍的内容，然后点击"保存"按钮创建旺旺群。当然，能够创建旺旺群的前提是店铺有30个交易成功的订单。

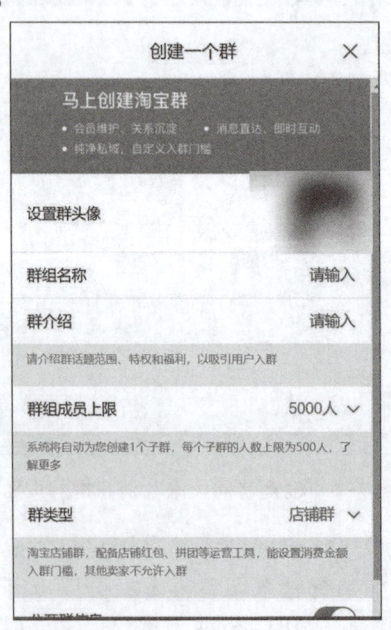

图7-8　创建淘宝群操作页面

在创建旺旺群的过程中有三项比较重要的内容（见图 7-9）。首先是群简介，它支持修改而且会被平台自动抓取，一定要认真填写。其次是群公告，主要是群内日常活动及群规介绍，它无法添加链接，建议做重要信息同步。最后是设置入群欢迎语，新人入群就可第一时间收到。建议以新人欢迎语加固定群内活动的形式发布，这样可以添加链接。另外，还可以设置入群门槛。

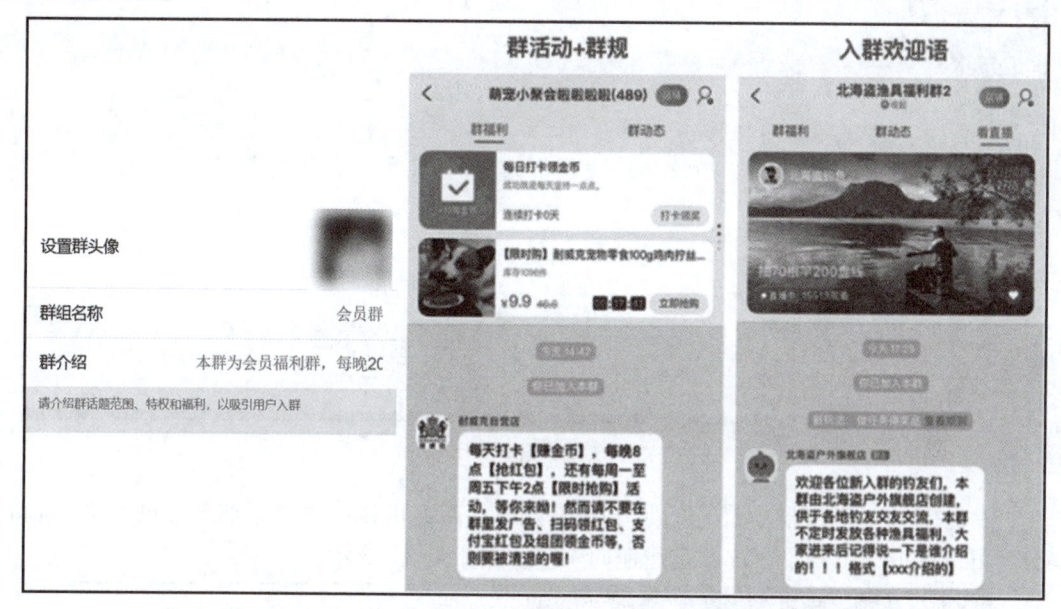

图 7-9 旺旺群内容

最后，关于旺旺群的设置有以下两点建议。

（1）建立阿里旺旺群，搜索目标客户和潜在客户并邀请入群。通过定期的活动，潜移默化地影响客户，最终将目标客户、潜在客户转化为固定客户。

（2）前期准备工作很重要，一个群要有自己规范的规章制度，如发言机制、举办活动的规则等。

子任务2 旺旺群吸粉

通过淘宝旺旺群，卖家可高效触达消费者，结合群内丰富的活动和专享权益，与用户互动，提升用户的黏性，促进进店和转化。不过，这一切的前提是创建的旺旺群中要有大量的粉丝。那么，旺旺群该如何吸粉呢？

（1）在千牛平台的"营销中心"中点击"店铺营销工具"，然后找到"淘宝群"，也可以从"私域中心"的"群聊"中进入，如图 7-10 所示。

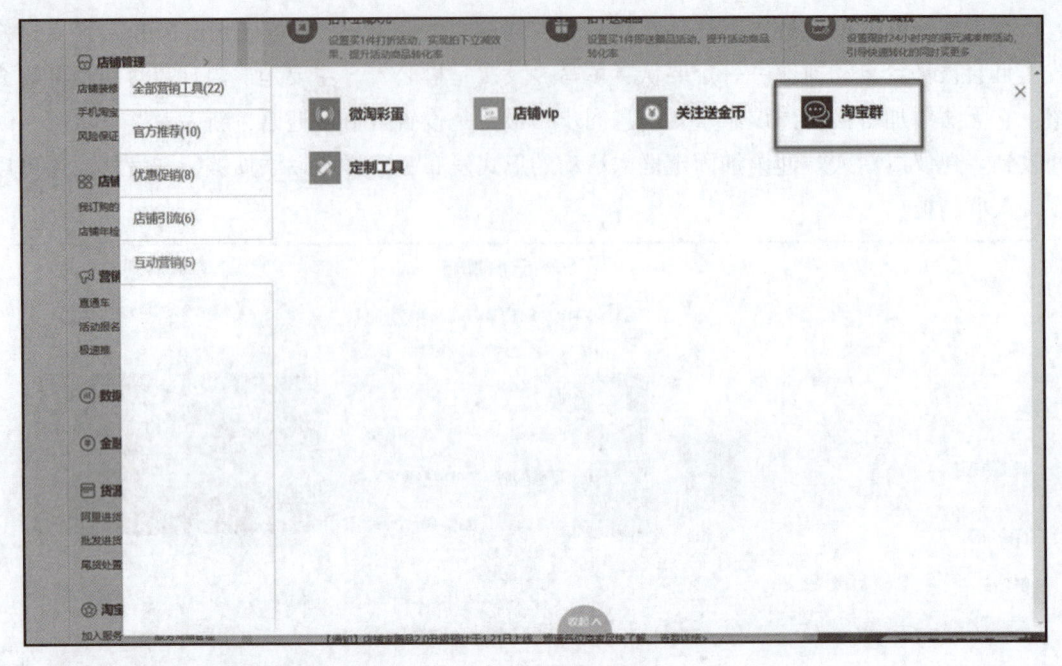

图7-10　淘宝群界面

（2）在新建的旺旺群中最开始是没有粉丝的，商家可以在微博、微信、旺旺聊天窗口等分享群链接或二维码给客户，邀请他们入群，如图7-11所示。

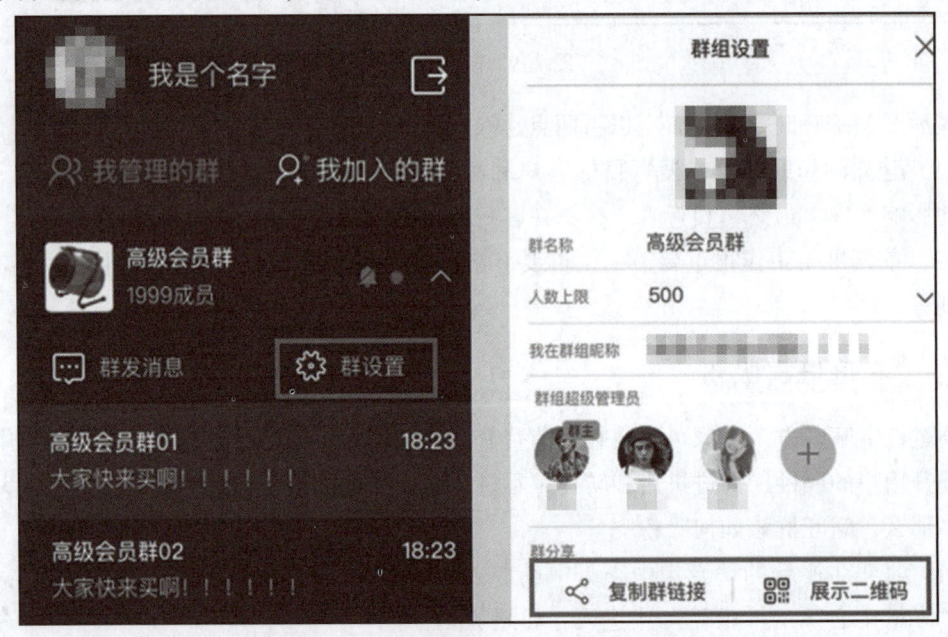

图7-11　分享群链接/二维码操作界面

此外，商家还可以在微淘发布内容时勾选淘宝群组件引导卖家进群（见图7-12），在"互动"项下勾选"群聊"后，可在微淘动态频道显示，同时店铺的"微淘广播"内也能展现群聊入口。

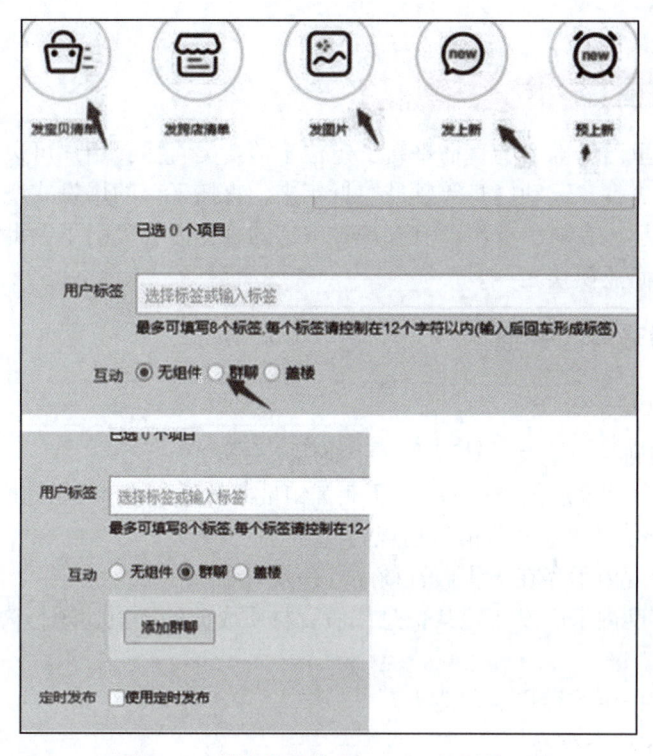

图7-12 微淘发布内容——互动设置页面

除了上述两种方法外，商家还可以在视频直播入口、达人主页入口、宝贝详情页、店铺首页导航、旺旺自动回复等地方引导买家入群。

子任务3 旺旺群互动

旺旺群互动最基础的操作就是在群里分享信息，商家可以分享店铺中的促销产品，形式要做到图文并茂，也可以加上链接等。

要想充分发挥旺旺群的价值，则需要在互动过程中用到一些技巧。

（1）"限时抢购"快速打造爆款。限时抢购是一种促销玩法，类似于秒杀活动，是给老顾客的一种优惠方式，让买家快速下单。

这个方法可以用在新品上架时，能达到快速破零的效果。同时，还可以用在清仓处理上，一些淘宝群中经常利用此功能来进行清仓，成效显著。

（2）"群红包"提升购买转化率和粉丝黏度。给群内粉丝发一些红包，一方面可以让老顾客感受出商家是在用心维护他们，从而促进群内用户的成交转化；另一方面还可以增加群内粉丝活跃度，让其时刻关注群内容，同时避免用户退群。

关于红包，商家还可以利用"红包喷泉"来提升大促活动。"红包喷泉"是一个定时发放红包的功能，这个功能常用于促销活动中。通过红包养成用户定时打开群的习惯，促进群内活跃度，帮助商家在大促活动时提高转化率。

（3）利用"投票"功能和买家互动。商家可以利用旺旺群的投票功能进行产品测款和测图，提升群成员的参与感与归属感。

任务三 淘宝直播

淘宝直播是阿里巴巴推出的直播平台，定位于消费类直播，用户可边看边买，涵盖了母婴、美妆、潮搭、美食、运动健身等领域。近年来，直播平台的爆发式增长正在深度改变大众的消费习惯，有趣、有料、有惠、有互动等丰富的直播内容吸引了大批消费者观看，直播已成为电商主流的商业模式之一。

子任务1 直播账号的开通

1. 开通淘宝直播的条件

（1）淘宝店铺满足一钻及一钻以上（企业店不受限）。

（2）主营类目在线商品数≥5，近30天店铺销量≥3，且近90天店铺成交金额≥1 000元。

（3）卖家须符合《淘宝网营销活动规则》。

（4）本自然年度内不存在出售假冒商品等违规行为。

（5）本自然年度内未因发布违禁信息或假冒材质成分的严重违规行为导致店铺扣分满6分及以上。

（6）卖家具有一定的客户运营能力。

2. 开通淘宝直播的优势

（1）大流量新入口。淘宝直播是维护老客户、开拓新客户的有利渠道，也是提高客户购买率的有效方式。

（2）塑造品牌价值。通过真人直播能直观地展示产品，快速塑造品牌和提升商品的附加值。

（3）快速增加店铺的粉丝量。淘宝直播能快速提升店铺的关注度、增加店铺的粉丝量，同时也可以提升店铺原有关注粉丝的活跃度。

（4）提高成交率。主播口齿伶俐、思路清晰，能动态、全面地展示商品，这样便促进了商品成交率的提升。

3. 淘宝直播账号开通流程

第一步：打开手机淘宝，扫描图7-13中的二维码，下载淘宝直播App。

图7-13 淘宝直播App下载二维码

第二步：在移动端按提示进行操作，平台自动校验资质，并进行基础规则的考试认证。

需要注意的是：考试 90 分及以上即可开通权限。考试范围在淘宝直播官方界面中的"'7 天新手训练营'直播必学内容"中显示，商家可以登录观看学习。

开通直播账号后，商家可以在淘宝直播界面查询权限，如图 7-14 所示，点击界面右上角"我的权限"即可查询。

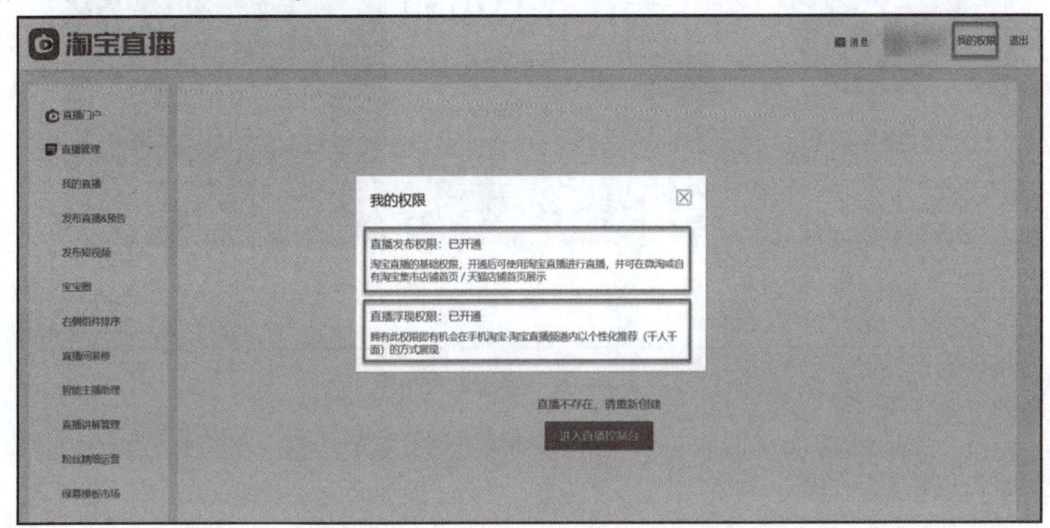

图 7-14　淘宝直播权限查询界面

子任务 2　直播场景搭建

不同直播间的装修风格，会给人不同的感觉（见图 7-15）。好的直播间不仅能提升粉丝体验，还有机会入选新版手淘页面的猜你喜欢直播流，以及主播优选频道，有机会获得更多公域流量。

图 7-15　不同淘宝直播间的效果对比

商家可以设置比较流行的简约风、北欧风等受大众喜欢的风格，如图7-16所示。

图7-16 直播间风格

打造一个高质量的直播间，以下四个环节非常关键。

首先是要进行直播间前期规划，主要是指对成本和场地大小的规划。

其次是要有符合主播气质的装修风格，可以从主色调和场景道具两方面去考虑。

再次是要进行场地空间规划，主要指对货品陈列、设备摆放的规划。

最后是要进行环境灯光的规划，使其尽可能地衬托产品和主播。

在进行淘宝直播时，需要准备的设备清单如图7-17所示，如果是使用手机进行淘宝直播，建议准备好充电宝、摄影灯、声卡，以及各种尺寸的支架等。如果是使用电脑进行直播，则需要准备好电脑、灯光、摄影灯、摄像头、声卡、话筒，以及支架等设备。

设备清单		
手机	相机功能好的手机	1
充电宝	满电充电宝	多个
摄影灯	美颜灯、补光灯	多个
声卡	外置声卡	1
支架	各种尺寸支架	多个
其他配件		多个

(a)

设备清单		
电脑	配置较高的电脑	1
灯光	冷光灯、暖光灯	多个
摄影灯	美颜灯、补光灯、led灯及灯罩	多个
摄像头	高清摄像头	1
声卡	外置声卡	1
话筒	麦克风	2
支架	各种尺寸支架	多个
其他配件		多个

(b)

图7-17 直播设备清单
(a) 手机直播设备清单；(b) 电脑直播设备清单

淘宝直播本身是一个购物场景的局部画面映射，因此在搭建直播场景时，可以添加一定的创意，如在直播场景中再加入一些关联的场景。举例来说，当直播商品是少女甜美风的女装时，观看的观众基本上以"90后""00后"的女生为主，这个群体大多喜欢猫，那么猫就可以作为关联场景加入直播间。所以商家可以把直播间打造成猫舍，让折耳、蓝猫等各种可爱的猫咪出现在直播背景中，主播在进行每场直播时都可以简单地与猫咪互动一下，这样，猫就可以成为直播间源源不断输出的内容。这样的直播间会比别的直播间更加有生气和活力。

子任务 3 淘宝直播流程

【学习视频 7-3】淘宝直播流程

1. PC 端直播流程

（1）在千牛平台的"淘宝直播"应用中点击"创建直播"按钮，如图 7-18 所示。

图 7-18 创建 PC 端淘宝直播页面

（2）进入淘宝直播设置界面后，按照提示填写相关信息，包括直播时间、封面图、标题、简介、直播栏目等内容。全部填写完成后，点击"发布"按钮正式发起直播，如图 7-19 所示。

图 7-19 填写 PC 端直播信息页面

（3）点击"正式开播"按钮后进入倒计时，5秒内将会发布直播。开始直播后，可以查看直播实时数据，也可以随时结束直播，如图7-20所示。

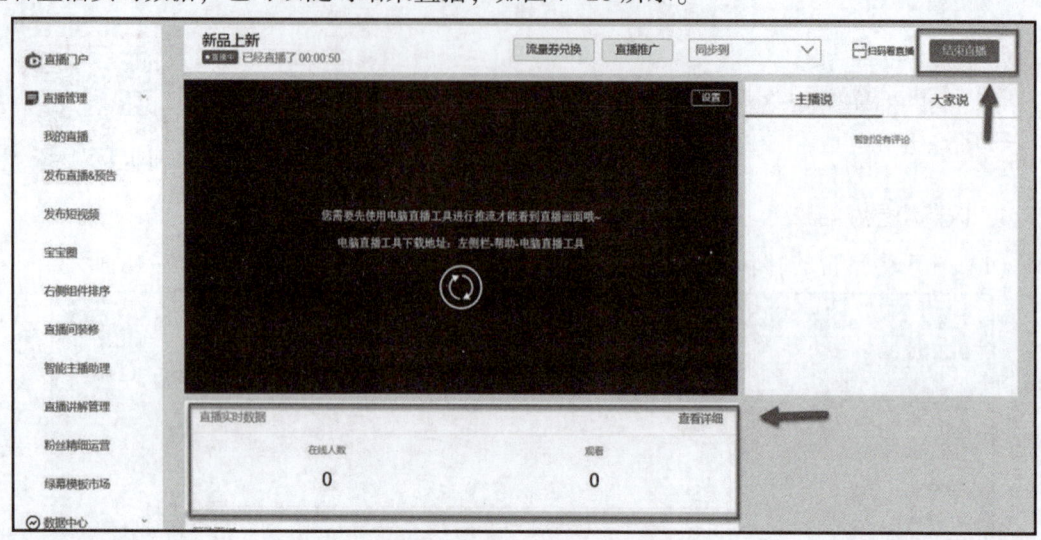

图7-20 PC端淘宝直播界面

2. 手机App直播流程

（1）打开淘宝直播App，点击视频图标，如图7-21所示。

图7-21 创建手机App淘宝直播页面

（2）进入淘宝直播设置界面后，按照提示填写相关信息，包括直播封面图、类型、简介、选择频道栏目、直播地点、添加宝贝等内容，填写完成后点击"创建直播"。进入直播间后调整展示角度、灯光，然后点击下方的"开始直播"，正式发起直播（见图7-22）。

图 7-22　填写手机 App 直播信息页面

（3）进入直播后，在屏幕下方点击图示查看添加的宝贝（见图7-23），点击红色购物袋图标中的"标记讲解"按钮（见图7-24），可以录制宝贝讲解。同时，在直播间左上角可查看观看直播的人数。结束讲解时，可点击"取消讲解"按钮（见图7-24），讲解将会被保存下来，对该宝贝感兴趣的买家可以点击查看讲解回放。需要再次录制时，点击红色购物袋图示，按"标记讲解"按钮即可。

图 7-23　手机端淘宝直播界面

图 7-24　录制宝贝讲解视频

(4) 此外，还可以点击"更多"。点击"通知粉丝"按钮启动粉丝推送功能（见图7-25），粉丝就能收到开播提醒，但每天只能推送一次。在直播过程中，只要向右滑就可以查看即时数据，图7-26所示为直播数据界面。

图 7-25　开启粉丝推送界面

图 7-26　直播数据界面

子任务 4　淘宝直播注意事项

【学习视频7-4】淘宝直播注意事项

1. 切忌发布违背国家相关政策的信息与言论

在进行淘宝直播时，切忌发布违背国家相关政策的信息与言论。

2. 切忌专拍链接

(1) 直播间所售的商品，没有明确的商品详情页对商品性状、质量、参数进行准确描述，仅以秒杀链接、福袋链接、邮费链接，甚至只是价格链接等不能说明商品特性的商品链接。

(2) 拍A发B，所售商品与宝贝链接描述商品严重不符。

3. 切忌引导线下交易

在直播过程中，不允许出现引导线下交易的情况，不允许展示手机号码、微信账号和支付宝二维码，所有的交易必须走淘宝商品交易渠道，不允许直播转账售卖。

4. 切忌声明不退不换

(1) 除特殊类目且按规则打标的商品外，主播或商家在直播间不能自行声明商品不退不换。

（2）除特殊类目且按规则打标的商品外，直播间宝贝链接的商品标题或详情不能标注不退不换。

当出现违规行为时，商家可以通过两种渠道来查看淘宝处罚信息的通知：一种是在淘宝直播 App 中"我的"界面中点击右上角信息查看；另一种是查看阿里创作者平台中账号状态下的历史处罚记录。

同步实训

实训1：买家秀的设置

【任务目标】

通过该任务的实施，使学生了解买家秀的作用，掌握买家秀的设置方法。

【任务要求】

完成买家秀的设置。

实训2："问大家"的设置

【任务目标】

通过该任务的实施，使学生了解"问大家"的作用，掌握"问大家"的设置方法与运营技巧。

【任务要求】

1. 完成"问大家"的设置。
2. 结合"问大家"辅助店铺运营与管理。

实训3：旺旺群的运营与管理

【任务目标】

通过该任务的实施，使学生了解旺旺群的作用，掌握旺旺群的运营方法与技巧。

【任务要求】

1. 完成旺旺群的设置。
2. 阐述旺旺群成员的吸引策略。
3. 描述旺旺群的运营思路。

实训4：淘宝直播的开通与设置

【任务目标】

通过该任务的实施，使学生了解淘宝直播的作用，掌握淘宝直播的开通方法，熟悉淘宝直播的方法与技巧。

【任务要求】

1. 描述淘宝直播的开通流程。
2. 描述淘宝直播的设置方法。
3. 阐述淘宝直播的方法与技巧。

项目八

站外引流

> ◆ **学习目标** ◆
>
> 通过内容创作、内容传播，依托各种新媒体渠道吸引流量，已成为获取流量的重要手段。通过本项目的学习，培养学生对网络上所传播内容的鉴别能力。
>
> 使学生具备结合当前文化的流行趋势研判内容传播的广度和效果的能力，并据此调整产品内容，使之与用户需求更加匹配。培养学生在创作内容与传播内容的过程中不仅关注内容的娱乐性，更要关注内容的文化内涵与正能量。

如何把平台外的流量引入网店对于卖家来说也非常重要，淘宝平台提供的淘宝客推广模式为卖家做好站外引流提供了保障。本项目在介绍淘宝客推广模式的基础上重点介绍了利用抖音平台与微博平台引流的方法。

任务一　淘宝客推广

淘宝客推广是一种按成交收取佣金的推广模式，卖家会在推广专区发一个商品链接，任何买家只要通过点击该推广链接进入淘宝卖家店铺完成购买后，就可得到由卖家支付的佣金。

子任务1　淘宝客开通

1. 淘宝客开通的条件

1）卖家店铺动态评分各项分值均不低于4.5分。
2）店铺状态正常且出售中的商品数大于等于10件。
3）签署支付宝代扣款协议。
4）在使用阿里妈妈或其关联公司其他营销产品服务时，未因违规被中止或终止服务。

2. 淘宝客开通操作步骤

(1) 在千牛卖家工作台的"营销中心"中点击"我要推广",选择"淘宝客推广",浏览完"淘宝客推广软件产品使用许可协议"后,点击"我同意并遵守以上条款"按钮,然后在授权支付宝界面点"前往授权"按钮,在弹出的界面中绑定支付宝账号,并输入密码,验证后点击"同意协议并提交"按钮,如图 8-1 所示。

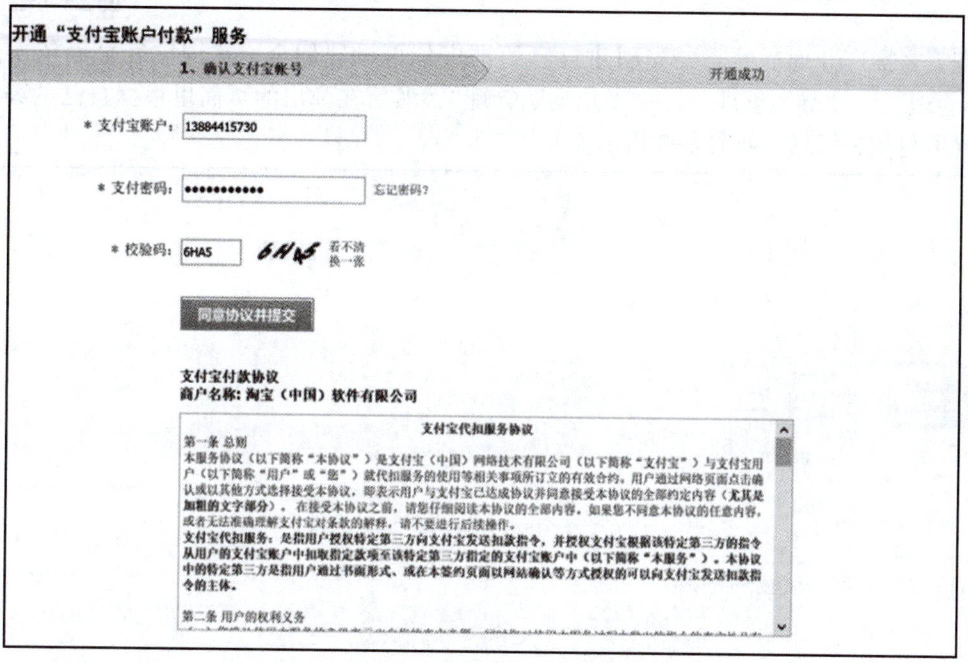

图 8-1　绑定支付宝账号与密码界面

(2) 上一步操作后跳转至图 8-2 所示的页面,设置通用计划,并点击"完成设置",这样淘宝客就开通完成了。

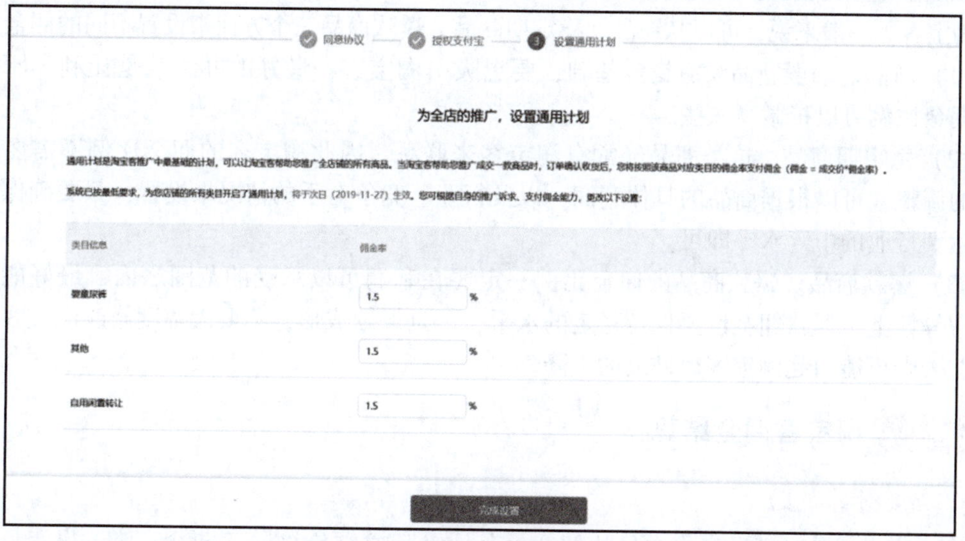

图 8-2　完成设置通用计划

子任务 2 佣金比例设置

【学习视频 8-1】佣金比例设置

淘宝客推广开通后，需要先创建自己的推广位再设置佣金。在淘宝客页面依次点击"媒体管理"—"导购管理"—"新增导购管理"，然后在弹出的页面里根据自己的渠道类型情况填写相关信息，如图 8-3 所示。

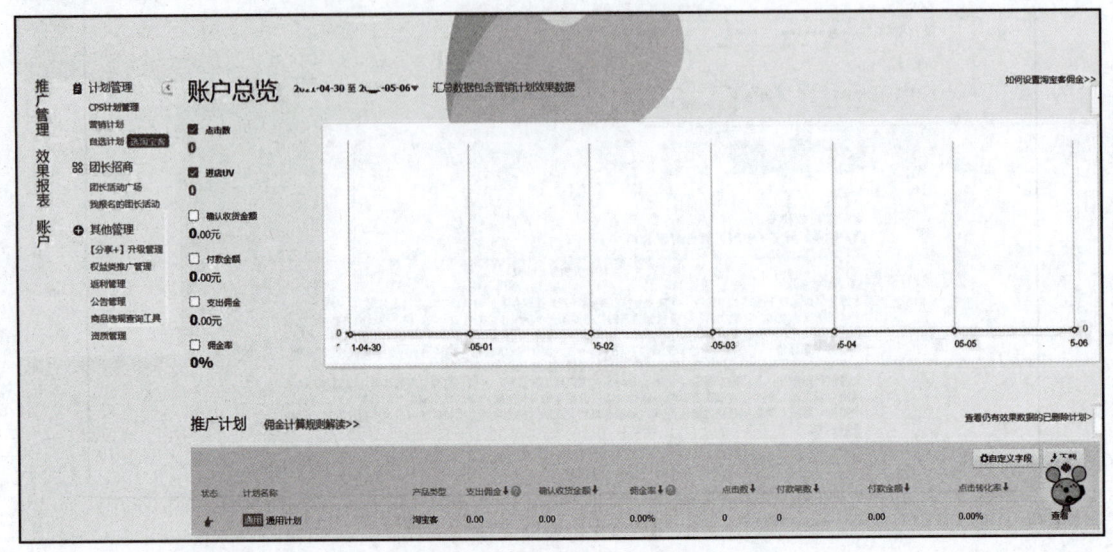

图 8-3 创建推广位界面

推广位建立完成后，只要这个推广位下面链接的商品被人买了，就会按照佣金比例结算收益给淘宝客。一般来说，可以从新品、稳定期商品、爆款商品三个方面来设置不同的佣金。

（1）新品。一般新品没有销量基础，要想吸引淘宝客，最好的办法就是让利，所以新品的佣金比例可以稍微高一些。

（2）稳定期商品。这类商品经常有淘宝客来联系，因此淘宝客的佣金比例不需要做出太大的调整，可以根据商品的具体利润，以及行业、竞争对手的情况来设置，只要确保佣金比例达到行业的中等水平即可。

（3）爆款商品。爆款商品的佣金比例一定要在利润可以承受的范围之内，最好能够设置成中等偏上。爆款佣金也要保持稳定的水平，一旦爆款成形，不要大幅度修改淘宝客佣金比例，否则可能引起淘宝客忠诚度的下降。

子任务 3 淘宝客佣金结算

1. 佣金计算规则

（1）交易成功计费。商家支付的佣金＝商品实际成交价格（不包含运费）×商品佣金比率。

（2）全店结算。买家通过淘宝客推广链接进入店铺，购买同一店铺内的任何一件商品均会有佣金。但每件商品的佣金比例可能不一样，要分别按照该商品设置的佣金比例进行结算。

（3）天猫补贴。凡是推广天猫店铺的商品并且此商品获得成交的买家，除了获得卖家提供的佣金外，还会额外获得天猫的佣金补贴。

（4）跟踪15天。

2. 扣费

淘宝客作为一个推广平台也会扣除一部分技术服务费。技术服务费按每笔淘宝客产生的订单佣金的10%计算，补贴税费按平台补贴金额的20%扣除。

例如，一笔成交金额为100元的订单，佣金比例为10.5%，其中0.5%是天猫平台补贴，那么扣除的技术服务费是100×10.5%×10% = 1.05（元），扣除的补贴税费是100×0.5%×20% = 0.1（元）。

子任务4　淘宝客活动广场

1. 淘宝客活动选择

【学习视频8-2】淘宝客活动广场

淘宝客活动是由各淘宝客自行举办的促销活动，店铺达到他们活动的相关要求就可报名参加。在此活动中，由淘宝客来推广报名商品，商家只需设置主推商品。

进入淘宝客推广平台后，仔细阅读"招商软件服务协议"，点击"我同意并遵守服务协议"按钮。进入淘宝的联盟商家中心后点击导航栏中的活动，这时会出现淘宝客推荐活动和全部活动的分类，并有各个活动的详细信息、活动说明、佣金率和服务费等说明，同样还有数据作为卖家是否加入活动的参考，卖家可以根据自己的实际需求来决定加入哪个活动，如图8-4所示。

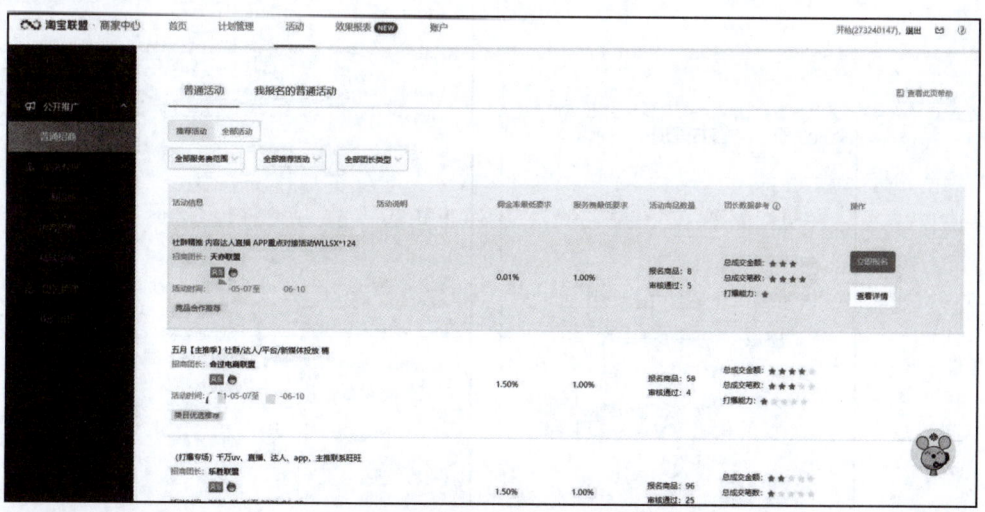

图8-4　淘宝客活动和信息说明界面

2. 注意事项

（1）长时间的活动要谨慎：在选择活动的时候，要谨慎报名时间长的活动，以免有降价风险。

（2）高佣金的活动要谨慎：按照自身的毛利估一个报名极限值，不要盲目报名。

（3）活动收费要谨慎：多数淘宝客活动是免费参加的。当卖家遇到先支付一定金额的活动时，需谨慎。

任务二 微博推广

微博是一种基于用户关系，通过关注机制，分享、传播、获取简短实时信息的广播式的社交媒体。

子任务 微博号创建

微博号的创建非常方便，一般分为微博号注册与微博号资料完善两个步骤。

微博号的注册分为官方注册与个人注册，个人注册可以用手机直接注册，在如图 8-5 所示的操作界面输入注册手机号、设置密码、输入生日、输入短信激活码，然后点击"立即注册"按钮即可。官方注册也可以根据提示进行操作，这里不再介绍。注册完成后，便可以用该微博号登录微博，登录后建议完善相关资料，方便精准定位该微博号。

在微博首页右下角点击"我"进入图 8-6 所示的查看个人信息入口界面，在此界面可以看到与个人信息相关的很多选项，如我的相册、赞/收藏、浏览记录等。

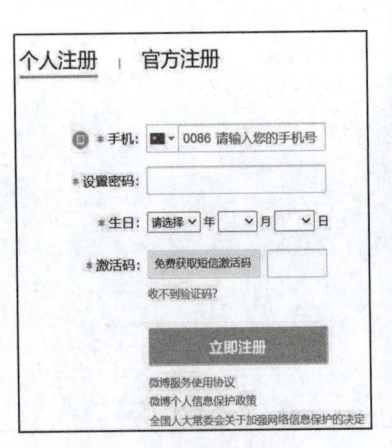

图 8-5　个人注册界面　　　图 8-6　查看个人信息入口界面

点击左上角的头像就可以进入如图 8-7 所示的基本资料展示界面，点击"查看和编辑基本资料"按钮就可以进入如图 8-8 所示的基本资料编辑界面，在这个界面中，可以根据提示完成基本资料的编辑与完善。

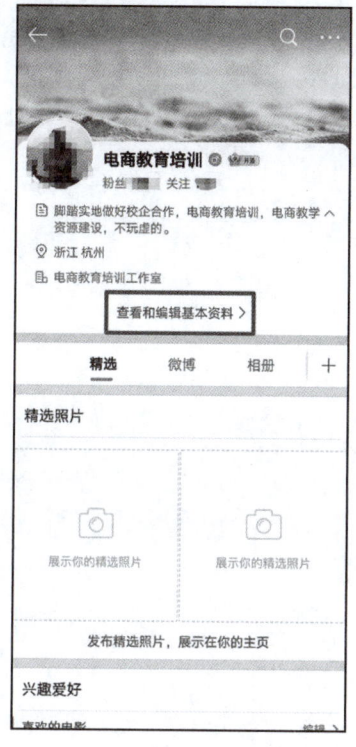

图 8-7　基本资料展示界面　　　图 8-8　基本资料编辑界面

同步实训

实训 1：淘宝客推广设置

【任务目标】

通过该任务的实施，使学生了解淘宝客推广的原理与作用，掌握淘宝客的开通方法，熟悉淘宝客推广的基本设置。

【任务要求】

1. 学会淘宝客推广的开通方法。
2. 完成淘宝客推广的基本设置。
3. 完成淘宝客推广计划的设置。

实训 2：微博账号开通与运维

【任务目标】

通过该任务的实施，使学生了解微博平台引流的原理与作用，掌握微博账号的开通与设置方法，熟悉微博账号引流的方法与技巧。

【任务要求】
1. 学会微博账号的开通方法。
2. 完成微博账号的基本设置。
3. 描述微博平台引流的方法与技巧。

模块四

数据化运营

项目九

数据解读

◆ **学习目标** ◆

近年来，以大数据、人工智能为代表的新一代信息技术迅猛发展，数字经济已成为引领全球经济社会变革、推动我国经济高质量发展的重要引擎。农业经济和工业经济以土地、劳动力、资本为关键生产要素，数字经济则以数据为关键生产要素。

本项目通过对电子商务运营数据的解读，旨在培养学生数据化运营的意识，认识到数据的重要性与强大作用，提升学生的数字化素养。

通过对市场大盘数据与网店运营数据的分析为网店运营提供决策依据已成为必然趋势，也是电子商务运营的必备技能。本项目从店铺、商品、行业等维度对相关数据指标进行了解释和解读。

任务一 店铺基础数据解读

子任务1 店铺基本数据获取

1. 店铺基本数据指标

【学习视频9-1】店铺基本数据获取

PV：PV 是 Page View 的缩写，指页面浏览量，也就是店铺各页面被查看的次数、用户多次打开或刷新同一页面的次数，该指标累加计算。

UV：UV 是 Unique Visitor 的缩写，指独立访客数，全店各页面的访问人数。所选时间段内，同一访客多次访问会进行去重计算。

转化率：全店成交转化率（单日成交用户数占访客数的百分比）= 成交用户数/访客数。

访问深度：指用户一次连续访问的店铺页面数。平均访问深度即用户平均每次连续访问浏览的店铺页面数。

客单价：客单价=支付宝成交金额/成交用户数。平均客单价是指平均每个成交用户产生的成交金额。

支付宝成交金额：通过支付宝付款的金额。

2. 店铺基本数据获取途径

（1）在千牛卖家工作台的导航栏点击"数据"可以找到"生意参谋"，在生意参谋的首页有店铺的流量数据（见图9-1），包括UV、PV、老访客占比、跳失率、人均停留时间等，通过这几个数据了解每天店铺的访客变化和占比，同时对提升商品详情页的黏度提供数据支撑。

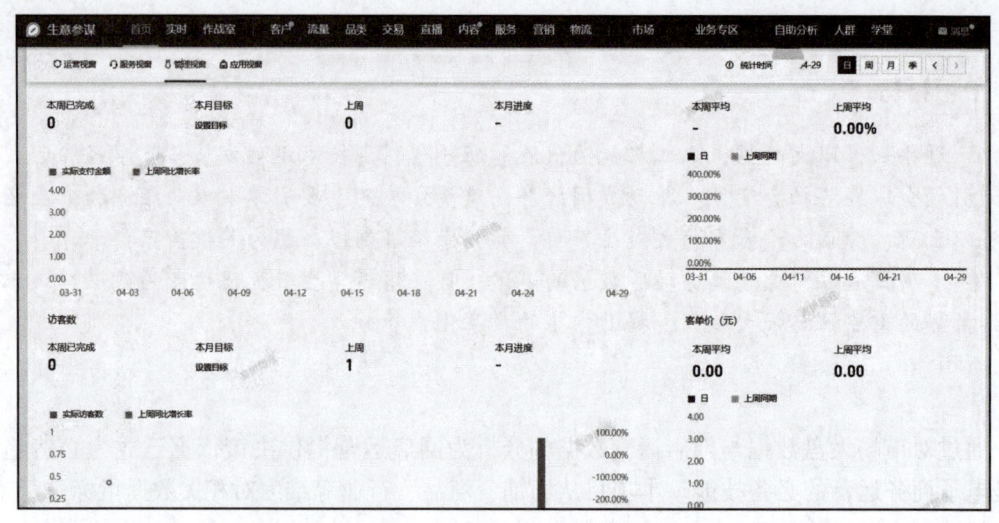

图9-1 "生意参谋"首页

点击导航栏的"交易"可查看店铺的交易数据，包括转化率、客单价、支付商品件数、支付买家数等（见图9-2），通过交易数据可以了解每天店铺的销售情况。

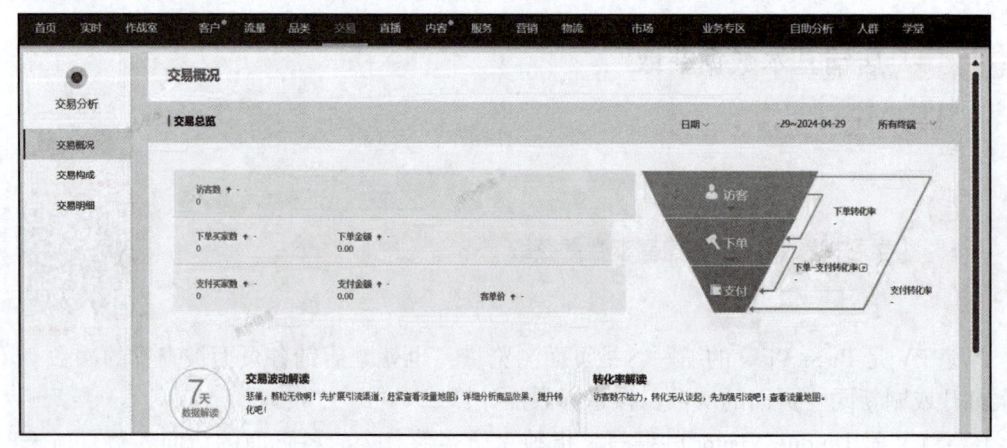

图9-2 店铺交易数据展示界面

（2）点击导航栏的"流量"可以查看访客数、浏览量、跳失率等数据（见图9-3）。统计时间分为实时、1天、7天、30天等。

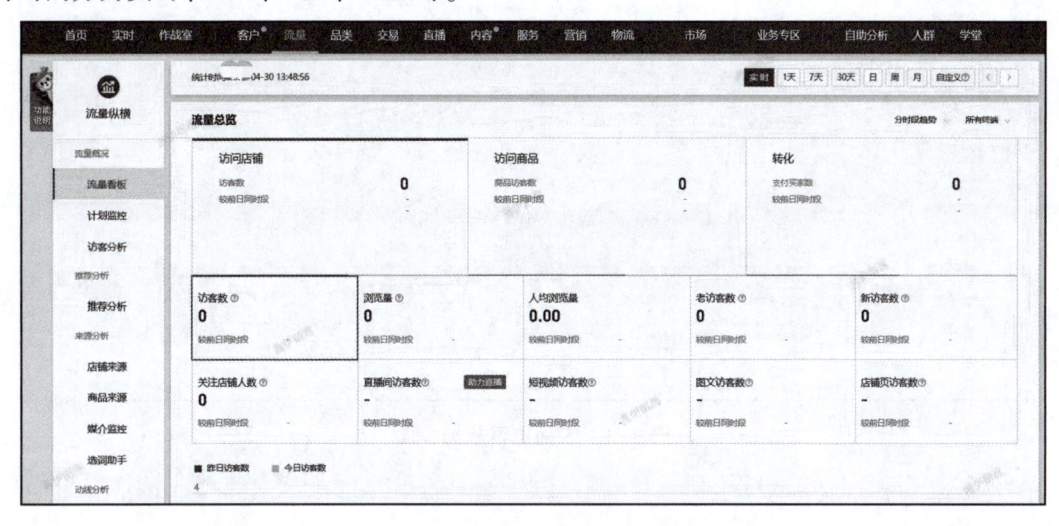

图9-3 店铺流量数据展示界面

子任务2 店铺衍生数据获取

【学习视频9-2】店铺衍生数据获取

淘宝运营过程中有很多看似不重要却特别需要卖家留意的数据，这些数据对店铺的运营也十分有帮助。

人均店内停留时间：用户浏览网页进入店铺停留的时间。

收藏量：用户访问店铺页面过程中添加收藏的总次数，包括首页、分类页和宝贝页的收藏次数。

浏览回头率：浏览回头客占店铺总访客数的百分比。其中，浏览回头客指前6天内访问过店铺，当日又来访问的用户数。

人群数据：店铺最近30天的人群、淘内内容渠道的人群、店铺历史的人群。

1. 店铺最近30天的人群数据

想要获取店铺最近30天的人群数据，首先进入店铺后台的"生意参谋"，然后依次点击"流量"—"访客分析"（见图9-4），选择近30天的访客人群和买家人群后就可以下载人群的地域、特征、行为等数据。通过分析人群数据，可了解访客与粉丝的人群标签，从而进一步调整店铺的推广方向。

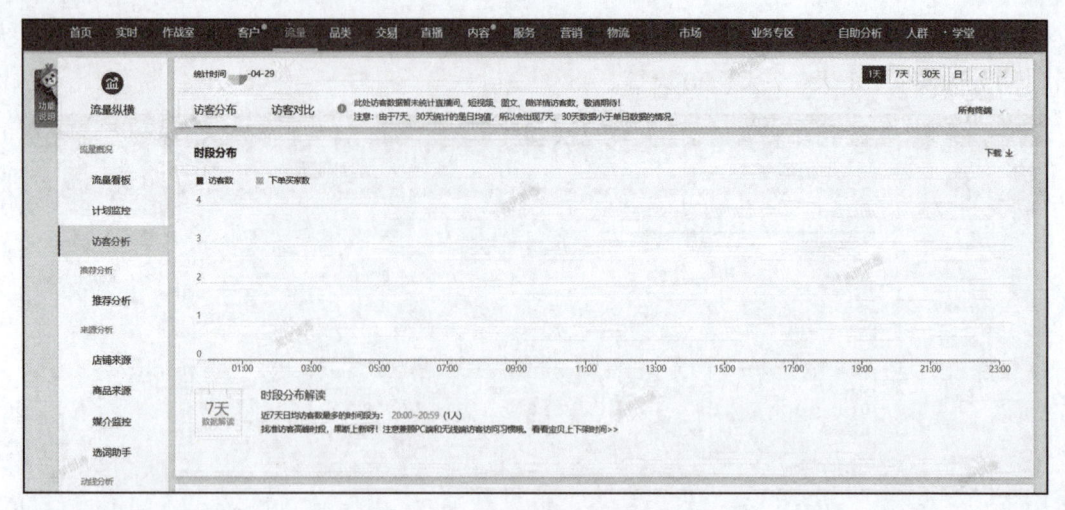

图9-4 店铺访客数据界面

2. 内容渠道人群数据

登录"阿里·创作平台"(见图9-5),点击左边菜单栏中的"首页",在"核心数据概况"中可收集内容的投放情况,还可以通过每天的粉丝画像收集用户对哪些类型的内容比较感兴趣。

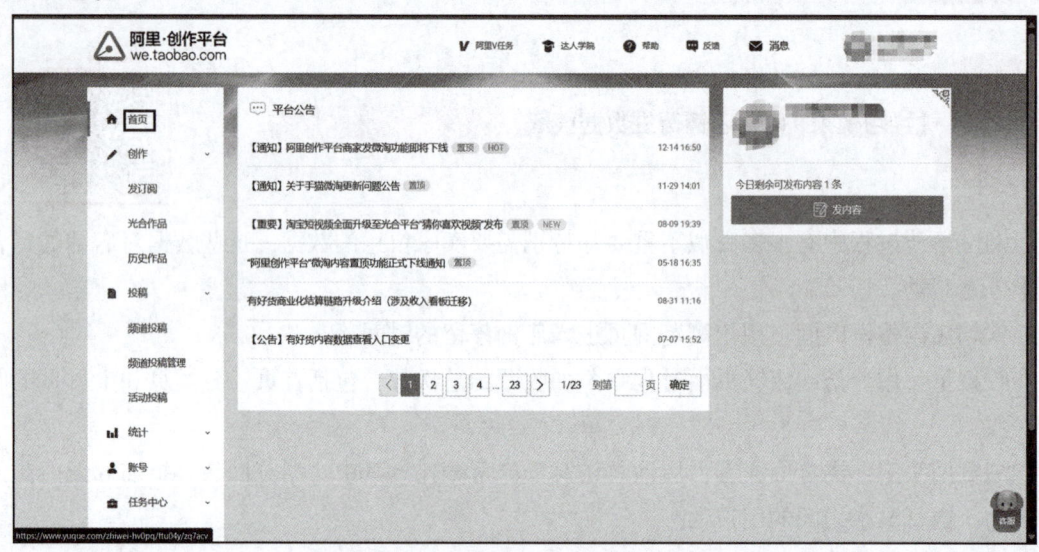

图9-5 "阿里·创作平台"界面

3. 历史人群数据

在诊断店铺时,可在"生e经"中下载每年或者每个月的人群数据,再通过此数据分析每个年龄段人群销售占比变化、分析是否是店铺定位人群,从而调整店铺的产品及推广策略。

子任务 3　店铺层级解读

淘宝平台的流量非常多，而流量分配是个重大的问题，通常要先从大类目中对流量进行分配，如女装类目、男装类目、女鞋类目、男鞋类目、3C 数码类目等——这时候店铺层级就显得特别重要。

具体来说，店铺层级的设置就是用来定位宝贝、满足客户需求、增加流量的。在生意参谋首页的右边可以看到店铺的层级，而且也可以看到店铺层级的划分标准，如图 9-6 所示。

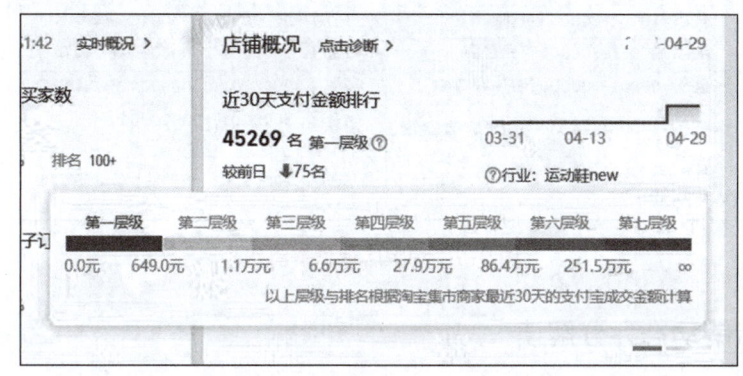

图 9-6　店铺层级划分界面

第一、二层级属于低层级，处于这个位置的卖家主要是一些新店铺、小卖家，处于低层级的店铺规模不大，数量却占了全部卖家数量的 70%，且只能分到 10%~20% 的免费自然搜索流量。

第三到第五层级属于过渡期层级，这些店铺有一定潜力，会得到平台的扶持，并且可能发展得越来越好。这些层级的店铺数量占全部店铺数量的 20%~25%，可以分到约 50% 的免费自然搜索流量。不过，这些层级的卖家需要寻找突破，不然很难继续发展。处于该层级的店铺可以通过单品促销、加入活动等方法增加流量。

第六、七层级是爆发期高层级，这些店铺是平台筛选出的优质店铺，也是平台重点扶持的对象。处于该层级的店铺数量占全部店铺数量的 5%~10%，却可以分到总计 30%~40% 的免费自然搜索流量。处于这个层级的店铺要注重产品在自身类目的市场占有率，保持销售额的稳定增长，继续提升流量。

总而言之，层级与流量互相扶持，互相促进，商家要好好把握每个关键时期，及时调整每个时期的运营重点。

子任务 4　店铺信誉解读

店铺信誉指店铺信誉排名，淘宝会员在淘宝网每使用支付宝成功交易一次，就可以对交易对象做一次信用评价。评价分为好评、中评、差评。每种评价对应一个信用积分，具体为："好评"加一分，"中评"不加分，"差评"扣一分。

图 9-7 所示为淘宝卖家的信誉等级表，例如，卖家若获得 4~10 个好评，则有一颗心；若获得 11~40 个好评，则有两颗心；若获得 10 001~20 000 个好评，则可以得到一个皇冠，依次类推。信誉对于淘宝店铺来说非常重要——有时候买家直接会依据店铺的信誉等级来决

定还要不要继续浏览或购买。

1星：4~10个好评	1钻：251~500个好评
2星：11~40个好评	2钻：501~1000个好评
3星：41~90个好评	3钻：1001~2000个好评
4星：91~150个好评	4钻：2001~5000个好评
5星：151~250个好评	5钻：5001~10000个好评
1皇冠：10001~20000个好评	1金冠：500001~1000000个好评
2皇冠：20001~50000个好评	2金冠：1000001~2000000个好评
3皇冠：50001~100000个好评	3金冠：2000001~5000000个好评
4皇冠：100001~200000个好评	4金冠：5000001~10000000个好评
5皇冠：200001~500000个好评	5金冠：10000001个好评以上

图9-7 淘宝店铺信誉等级

子任务5 店铺动态评分解读

店铺DSR动态评分（Detailed Seller Ratings）是指在淘宝网交易成功后，买家对本次交易的三项评分，分别是宝贝与描述相符、卖家的服务态度和物流服务的质量（见图9-8）。每项店铺评分取连续六个月内所有买家给予评分的算术平均值。淘宝店铺动态评分不仅展示了消费者对网店的整体客观评价，同时决定了消费者对网店的信任度，从而直接影响了流量的转化率。如果店铺动态评分过低，不仅会增加店铺宝贝被降权的风险，还会导致不能参加淘宝官方的一些活动。所以说淘宝动态评分非常重要，卖家必须熟悉动态评分规则，学习如何提高评分。

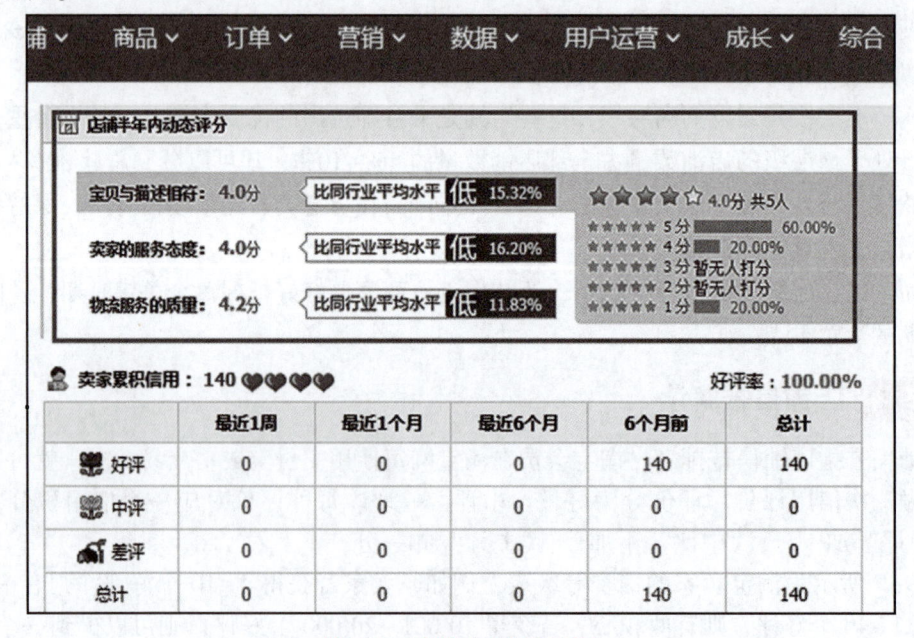

图9-8 店铺动态评分界面

店铺动态评分规则如下。

1）交易成功后的 15 天内，买家可本着自愿的原则对卖家进行店铺评分，逾期未打分则视为放弃，系统不会产生默认评价，不会影响卖家的店铺评分。

2）若买家在进行店铺评分时，只对其中 1 项或几项指标做出评分就提交，则视为完成店铺评分，无法进行修改和补充评分，剩余未评指标视作放弃评分，不会默认评分。

3）天猫商城订单买家完成店铺评分后，系统会自动代卖家给买家一个好评。

4）同一个订单单号，买多个商品也只计算 1 次动态评分，如果想得到多次评分，可以建议顾客分单购买。

淘宝会把店铺的动态评分与同行业其他店铺的动态评分的平均值相比较（见图9-9），低于同行业的平均值就会变绿，高于同行业的平均值就会变红。

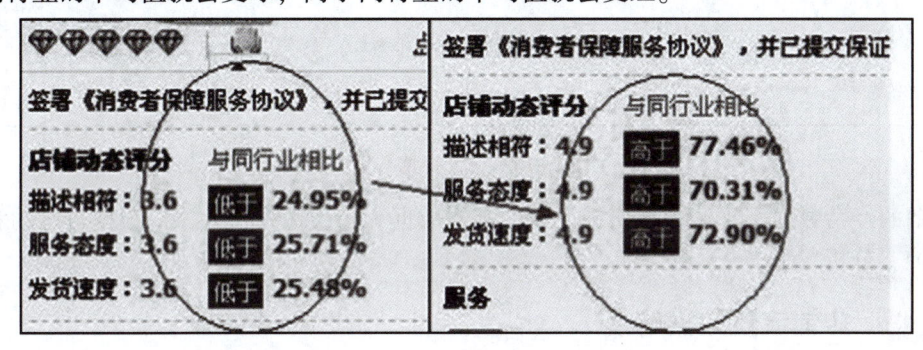

图 9-9 淘宝动态评分展示界面

例如，"宝贝与描述相符"这一项卖家的得分是 4.7 分，同行业平均分是 4.6 分，同行业最高分是 4.9 分，则卖家的"宝贝与描述相符"比同行业平均水平高 33.33%。计算方法是(4.7-4.6)/(4.9-4.6)= 33.33%。

子任务 6　店铺经营数据解读

影响店铺产品销量的因素有很多，如最优类目数据、产品数据、竞争对手数据、店铺数据、单品数据等，还有点击率、访问量、转化率等，这些数据综合起来就决定了产品的经营数据。卖家可以通过不断的数据优化掌握一部分比较容易发现的规律，这样就可以跟着正确的大方向反过来做好店铺的优化，这对店铺的权重增长和排名提高是十分有帮助的。

店铺经营分析主要是从店铺基本数据中的 PV、UV、转化率、客单价等，以及店铺衍生数据中的人群数据等方面来分析，同时还可以从更加细致的目标用户、商品属性等方面来分析。这里着重介绍目标用户和商品属性分析。

进入生意参谋的市场行情（见图9-10），在这里可以看到更多关于市场行情的情况。通过对自己店铺目标用户的细分，对买家的社会属性、淘宝属性、搜索习惯、品牌偏好、类目偏好等进行交叉维度分析，可以清晰地定位买家人群，从而制定更有针对性的设计风格、价格策略、推广策略等。从商品的属性入手，可以了解市场上的热卖属性及组合，然后结合自己店铺的商品情况找到买家的需求点。

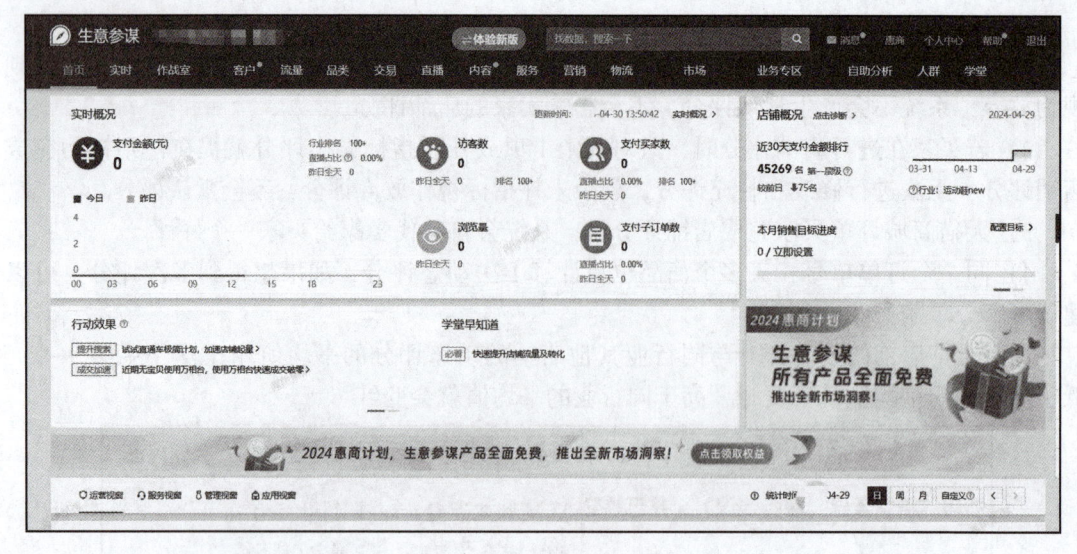

图 9-10　市场行情界面

店铺的经营数据几乎涵盖了店铺所有的基本数据和衍生数据，卖家应根据自己的实际情况来监控、分析。

子任务 7　店铺流量数据解读

淘宝店铺的流量分析是关系店铺是否有成交量的重要指标，转化率、客单价、跳失率、停留时间、加购收藏等运营数据都是建立在流量数据基础上的，没有一个庞大的流量数据，这些指标也就没有了分析的意义。所以，在对这些数据分析之前，更应该分析的是流量指标。

首先，在淘宝店铺后台打开"生意参谋"应用，依次点击"流量"—"流量看板"，在这个界面中可以看到一个店铺的所有流量数据（见图 9-11）。选定 30 天的数据，可以看到店铺 30 天内的商品访问、访客数、新老客户访问、浏览量等走势。

图 9-11　流量看板

在如图 9-12 和图 9-13 所示的界面中，可以关注流量排行榜和流量来源，这里可以自定义流量来源入口监控。流量来源排行榜提供了店铺的流量来源结构，正常的店铺流量来源付费占到 30%左右，自然搜索流量占到 50%左右，其他流量如自主访问、购物车、收藏等占 20%左右。

图 9-12　流量来源排行 TOP10 展示界面

图 9-13　流量来源展示界面

访客时间段分布对于每个店铺来说都有所不同（见图 9-14），该数据图为新品上架时间点，为促销活动时间点提供了依据。

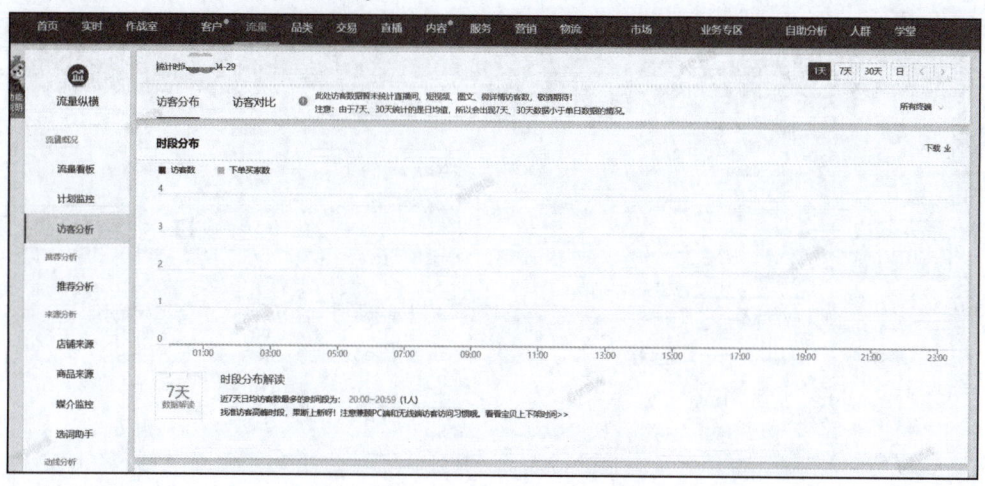

图 9-14　访客时间段分布展示界面

访客地域、人群、行为特征这三项数据主要是为直通车的地域出价、人群行为出价提供依据，通过对占比的分析做出直通车的溢价比例。

任务二 商品数据解读

商品分析的数据主要来自销售数据和商品基础数据。与店铺整体数据分析不同，商品分析注重单个产品的数据分析，主要涉及每个商品的类别、品牌、价格、毛利、结算方式、销售指标、产地等方面，从而引申出商品广度、商品深度、商品淘汰率、商品引进率、商品置换率、重点商品、畅销商品、滞销商品、季节商品等多种指标。通过对这些指标的分析来指导店铺商品结构的调整，加强所经营商品的竞争能力和合理配置。

子任务1 商品流量数据解读

【学习视频9-3】商品流量数据解读

在生意参谋"品类"界面可以看到商品的相关流量数据（见图9-15），这些数据包括商品访客数、商品浏览量等。点击分期支付金额右侧的小箭头，还能看到商品的平均停留时长、商品详情页跳出率等数据。

商品访客数和商品浏览量：这两个数据存在一定关系，后者包括前者。访客数是指进店人数，浏览量是指商品被看次数。一般来说，当商品的浏览量大于访客数时，说明宝贝页面很吸引人。

商品平均停留时长：该指标是访问店铺商品的所有访客总的停留时长与商品访客数相除所得结果，是衡量主图、详情页、文案是否吸引访客的一个重要指标。

商品详情页跳出率：该指标是指只访问了入口页面就离开的访问量与所产生总访问量的百分比。即：跳出率=访问一个页面后离开网站的次数/总访问次数。

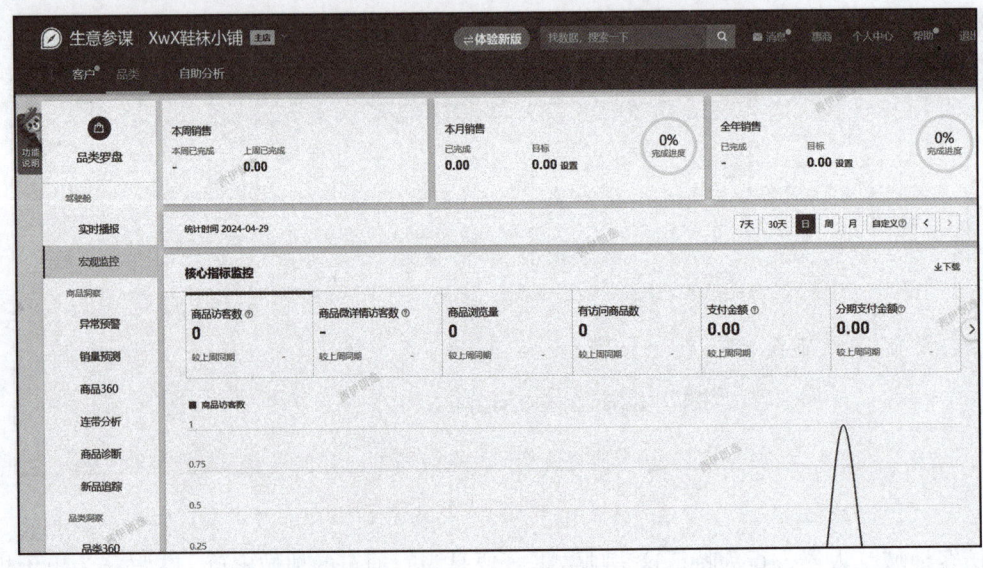

图9-15 生意参谋的品类页面

在如图9-16所示的界面中可以看到全量商品的排行。卖家可以根据自己的偏好情况，选择重要的数据来进行商品的排行。在分析问题的时候可以多维度进行，根据分析结果对商品进行优化。

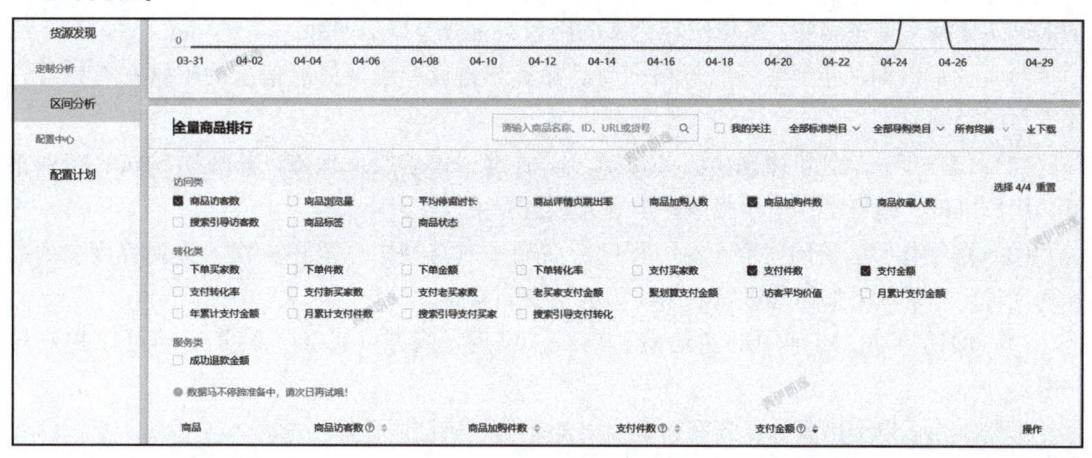

图9-16 全量商品排行页面

子任务2 订单数据解读

在生意参谋的"交易"界面可以看到一些与订单相关的数据（见图9-17），例如访客数、下单买家数、下单金额、支付买家数、支付金额等。

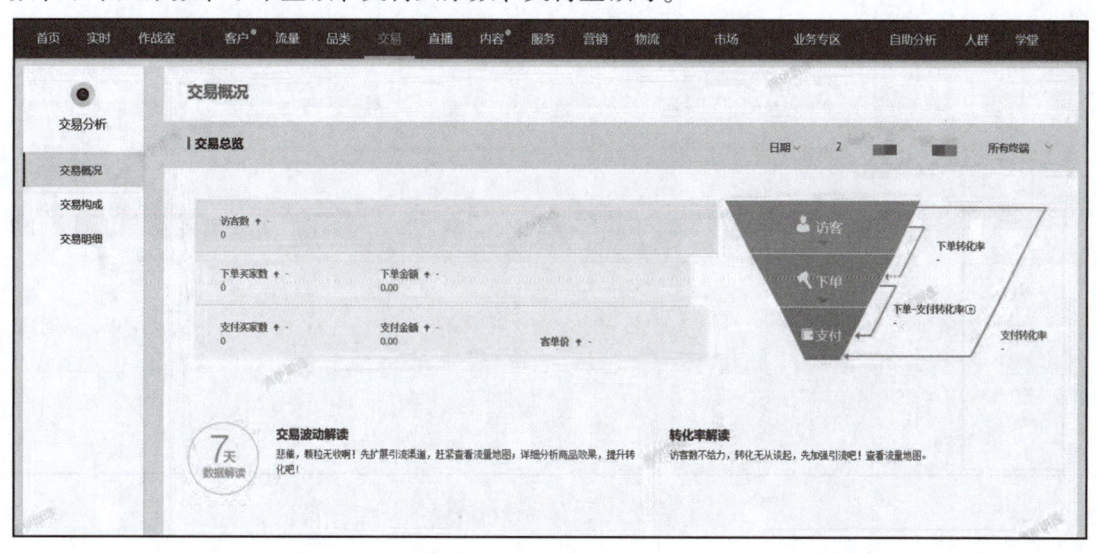

图9-17 交易数据展示界面

通过这些数据可以计算出下单转化率、下单—支付转化率和支付转化率等。

1）下单转化率：该指标指在统计时间内，下单买家数/访客数，即访客转化为下单买家的比例。

2）下单—支付转化率：该指标指在统计时间内，支付买家数/下单数，即下单访客转化为支付买家的比例。

3）支付转化率：该指标指在统计时间内，支付买家数/访客数，即访客转化为支付买家的比例。

总体来说，转化率越高说明网店的运营水平越高，这也是网店运营的主要考核指标。为了提升转化率，首先需要了解影响转化率的因素，主要有以下四种。

（1）商品。商品主要受商品价格、商品品类丰富度，以及商品信息的丰富和有效性这几方面的影响。

（2）信任度。信任度跟网店服务保障、美誉度、售后服务保障、零风险购买、行业报道、用户口碑、销售量、产品服务评价等人气值有关。

（3）购物体验。访问速度、易用程度、商品导航与搜索、购物流程、美观程度、商品陈列优劣、呈现效果如何是影响购物体验的主要因素。

（4）促销活动。店铺中的免运费、满减、满返、满赠、折扣、积分活动可以提高转化率。

当然，除了以上因素外，还有访客自身的质量、店铺服务等因素。

子任务3 主推商品分析

在生意参谋的"品类罗盘"列表可以看到商品分析相关数据，主要包括异常预警、销量预测、商品360、连带分析、商品诊断、新品追踪等内容，如图9-18所示。

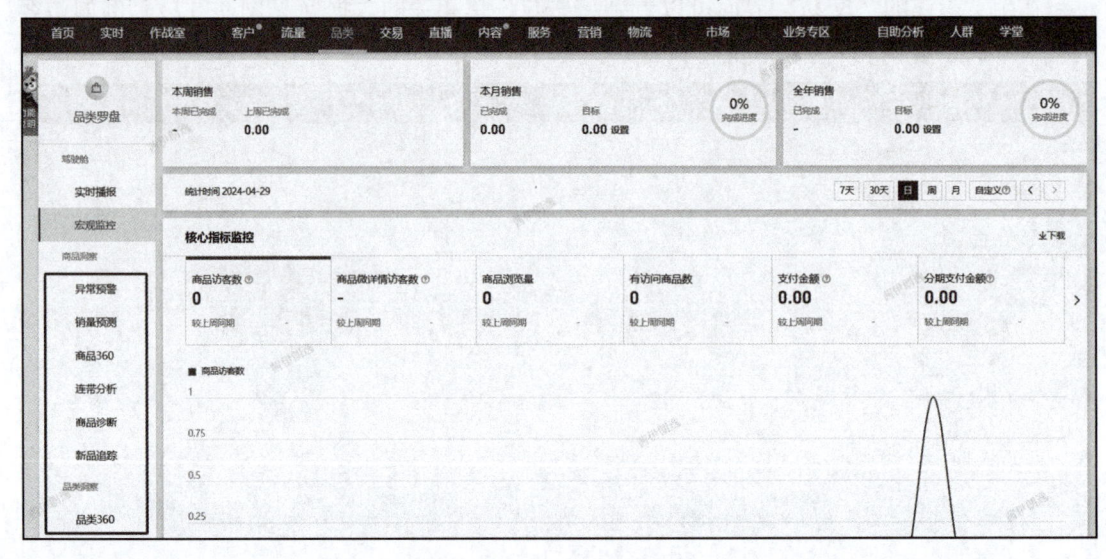

图9-18 商品分析界面

进行主推商品分析时，可以在商品分析界面点击"商品360"（见图9-19），在搜索栏中输入主推商品信息，例如可以输入主推商品的 id 或者关键词，就可以显示出主推商品的相关数据。

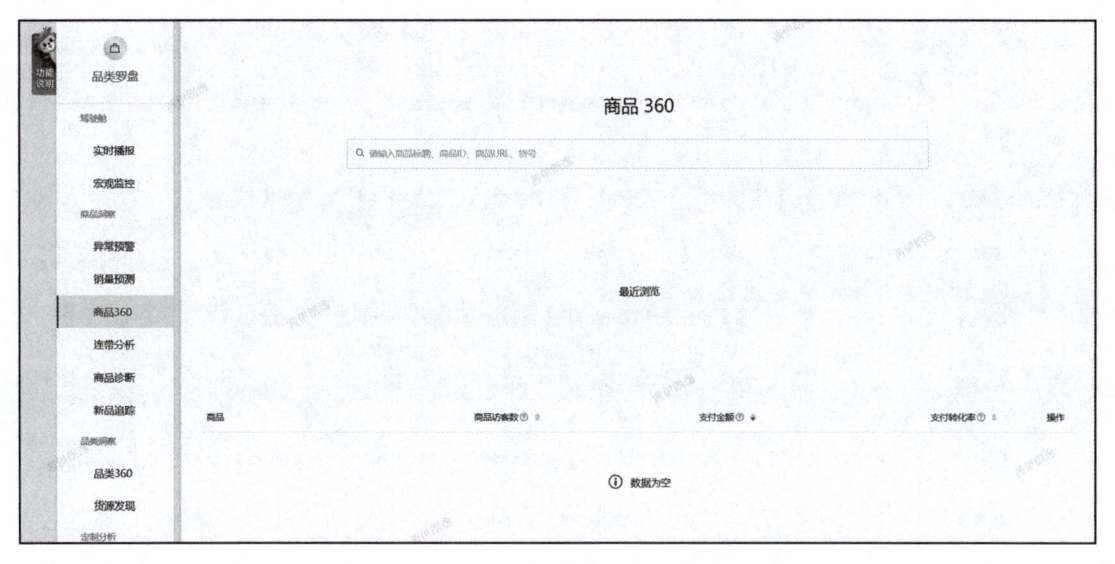

图 9-19　单品分析入口界面

进入"商品 360"之后可以发现分析的内容主要分为九个部分，分别是销售分析、流量来源、价格分析、标题优化、内容分析、客群洞察、关联搭配、服务体验、单品诊断，如图 9-20 所示。现主要为大家介绍流量来源、销售分析、客群洞察和关联搭配四个部分。

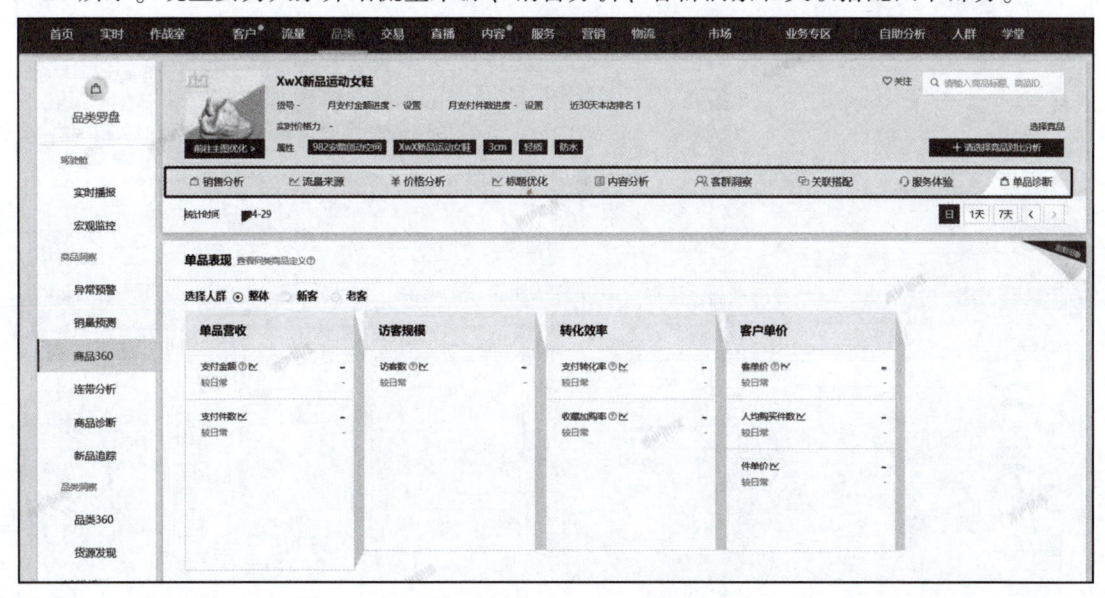

图 9-20　单品分析界面

1. 流量来源

从图 9-21 中可以看到，商品的来源有淘宝搜索、直通车、淘宝客等，通过来源的分析可以了解商品的展现情况，优化推广方法，获取更多的曝光量。

排名	来源名称	访客数	下单买家数	下单转化率	支付金额	支付转化率	UV价值	操作
1	直通车	7,149	96	1.34%	10,702	1.15%	1.49	详情 趋势 取消关注 Top5引导商品效果
2	手淘搜索	6,789	198	2.92%	33,020	2.70%	4.86	详情 趋势 取消关注 Top5引导商品效果
3	我的淘宝	749	278	37.12%	62,863	33.78%	83.93	趋势 取消关注 Top5引导商品效果
4	淘宝客	157	28	17.83%	11,546	16.56%	73.54	趋势 取消关注 Top5引导商品效果
5	手淘首页	40	4	10.00%	846	10.00%	21.17	趋势 取消关注 Top5引导商品效果

图 9-21　流量来源展示界面

如图 9-22 所示，还可以进行关键词效果分析，展示的结果可以作为直通车选词和商品标题命名的参考。

流量来源	访客数	下单买家数	下单转化率	浏览量（占比）
汽车遮阳帘 较前一天	5	0	0.00%	11　16.42%
其他 较前一天	2	0	0.00%	3　4.48%
汽车窗帘 较前一天	2	0	0.00%	2　2.99%
车窗遮阳帘 较前一天	2	0	0.00%	5　7.46%
遮阳布汽车 较前一天	2	1	50.00%	2　2.99%
遮阳帘 较前一天	2	0	0.00%	7　10.45%
遮阳板汽车 较前一天	2	0	0.00%	2　2.99%
侧遮阳帘 较前一天	1	0	0.00%	1　1.49%

图 9-22　关键词效果分析界面

2. 销售分析

如果选择近 30 天的数据（见图 9-23），就可以看到近 30 天中每天的流量分布，从而大致推断出商品的销售趋势，以便于预测出商品的未来销售情况。

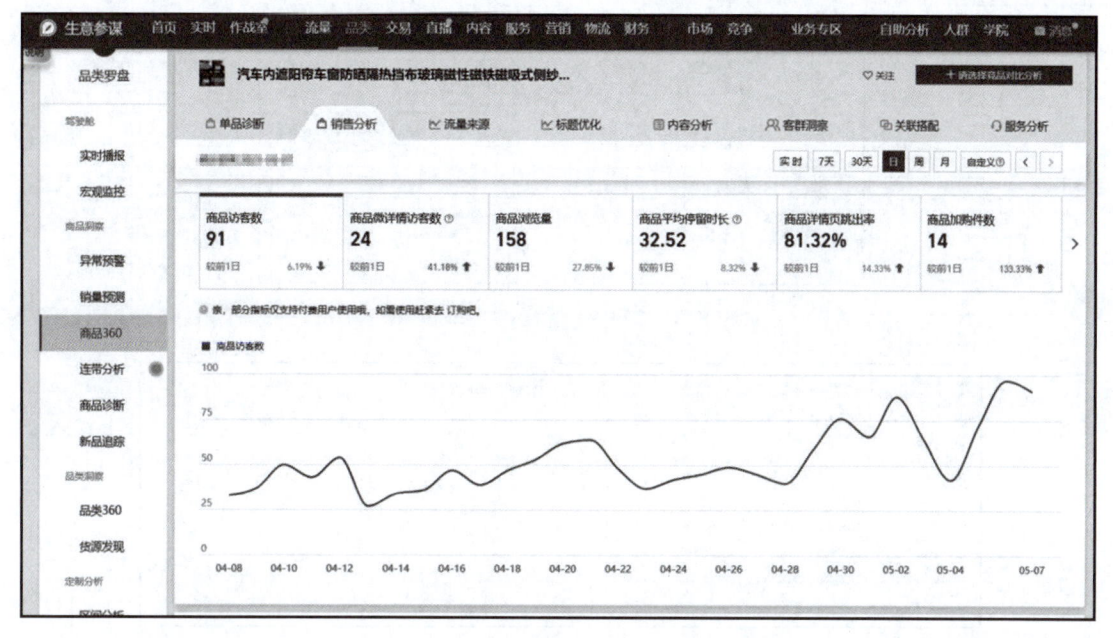

图9-23 销售分析界面

也可以在销售分析界面进行SKU销量分析（见图9-24）。同样选定30天的数据，通过数据，可以很直观地看到当前商品每个SKU的库存、加购信息和下单支付数量等——SKU销量分析可以给商品的库存管理提供参考意见。

图9-24 SKU销量分析界面

3. 客群洞察

在如图9-25所示的界面中可以看到店铺的新老顾客访问占比、男女性别比例，以及地区的占比情况，这些数据对直通车的人群分级、定向推广可以起到优化作用。

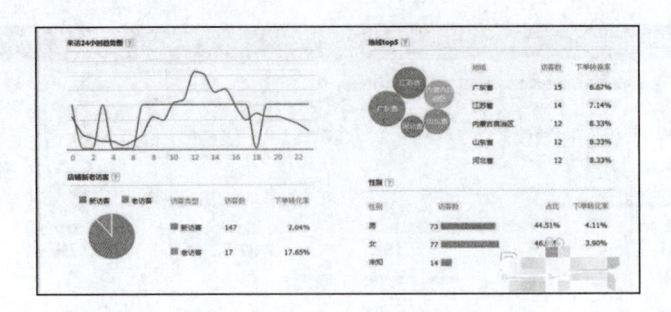

(a)

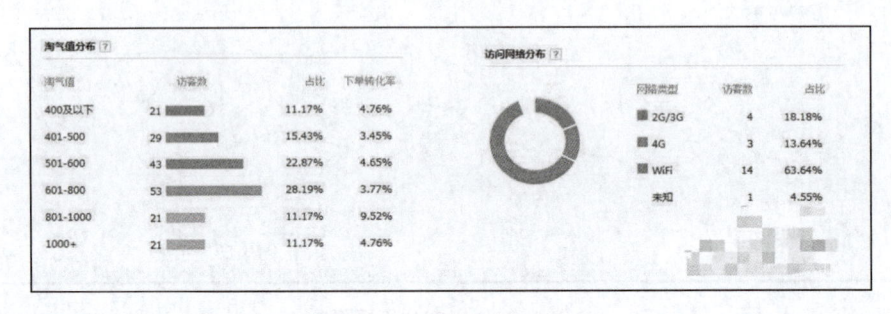

(b)

图 9-25 客群洞察展示界面
(a) 时间分布；(b) 特征与行为分布

4. 关联搭配

图 9-26 所示为商品关联搭配模块，其展示的数据是根据连带商品推荐预测的结果。对商品关联搭配的建议为商品的关联销售提供了依据。一般可以在热销商品的链接里面插入做关联销售的新品，这样可以提升连带销售率。

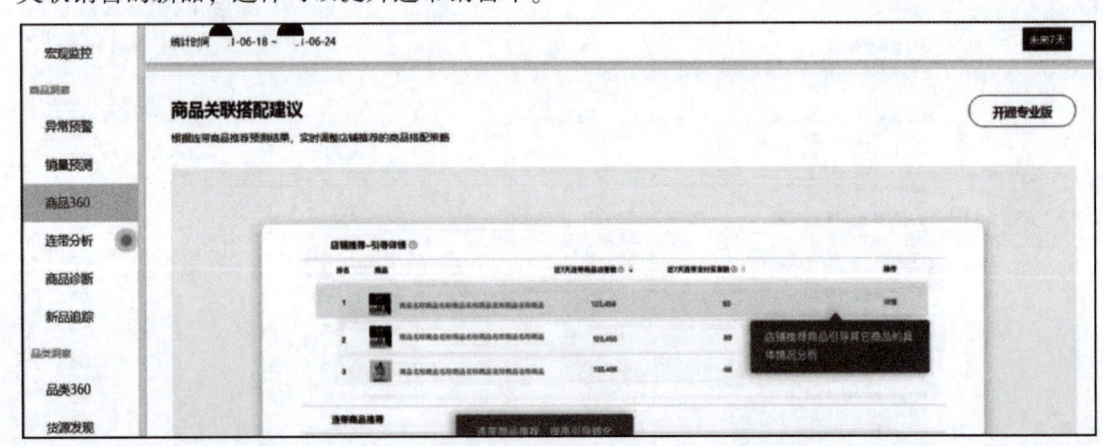

图 9-26 关联搭配界面

子任务 4 异常商品分析

在生意参谋的"商品"界面左侧栏里点击"异常商品"，可以查看异常商品情况，如图 9-27 所示。

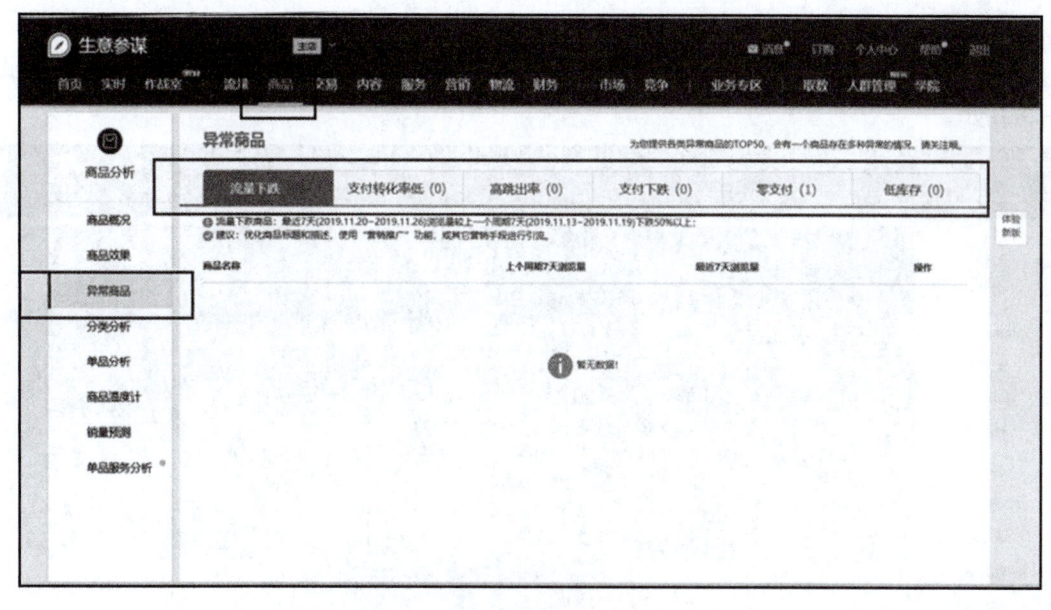

图 9-27　异常商品界面

　　异常商品分析包括六项内容，分别是流量下跌的商品、支付转化率低的商品、高跳出率的商品、支付下跌的商品、零支付的商品和低库存的商品。另外，还会提供各类异常商品的TOP50与一个商品存在多种异常的情况。商家可以根据提示的异常信息有针对性地对商品进行优化。

　　（1）流量下跌的商品。该项内容指的是商品最近 7 天浏览量较上一个周期 7 天下跌 50% 以上的商品。针对这类商品，卖家需要优化商品标题和描述，使用营销推广功能或其他营销手段进行引流。

　　（2）支付转化率低的商品。该项内容指的是支付转化率低于同类商品平均水平的商品。针对这类商品，卖家需要优化商品标题和描述，通过促销优惠提升买家下单转化率。

　　（3）高跳出率的商品。该项内容指的是跳出率高于同类商品平均水平的商品。针对这类商品，卖家需要优化商品的描述，做好关联商品推荐。

　　（4）支付下跌的商品。该项内容指的是最近 7 天支付金额较上一个周期下跌 30% 以上的商品。针对这类商品，卖家需要优化商品描述，同时利用促销优惠提升买家下单转化率。

　　（5）零支付的商品。该项内容指的是 90 天前首次发布，且最近 7 天内没有产生任何销量，不会进入搜索索引的商品。针对这类商品，卖家需要修改商品标题、属性等重新发布上架，加强商品的关联与引流。

　　（6）低库存的商品。该项内容指的是最近 7 天，加购件数大于昨日库存量 80% 的商品。针对这类商品，卖家需要增加备货量，以便保证其正常售卖。

子任务 5　竞争商品分析

　　在淘宝平台上开店竞争十分激烈，想要在平台上开店赚钱必须看市场行情，同时卖家还需要掌握竞争对手的店铺信息。卖家可以通过分析自己的竞争对手来了解对应的商品信息，及时调整自己店铺的推广策略，并且向竞争对手学习运营思路。

在生意参谋中的"市场"→"市场洞察"页面，可以看到竞争商品的相关信息，如图9-28所示。

图9-28 市场洞察界面

市场洞察功能模块主要包括掌握市场大盘、发现市场黑马、开拓市场机会等（见图9-29）。掌握市场大盘，可以快速了解行情动态；发现市场黑马，可以智能识别高潜力对手，实时监控竞争动态，帮助店铺快速超越竞争对手；开拓市场机会，可以通过解析轻松锁定热门人群特质及人群变化趋势，挖掘市场红蓝海。

图9-29 市场洞察功能模块展示界面

市场洞察功能模块具体分为标准版和专业版。两种版本的价格也是不同的，专业版价格偏高，但功能会多很多。两个版本的具体功能对比如图9-30所示。卖家可以根据自身的店铺情况选择订购一种进行竞争商品的分析。

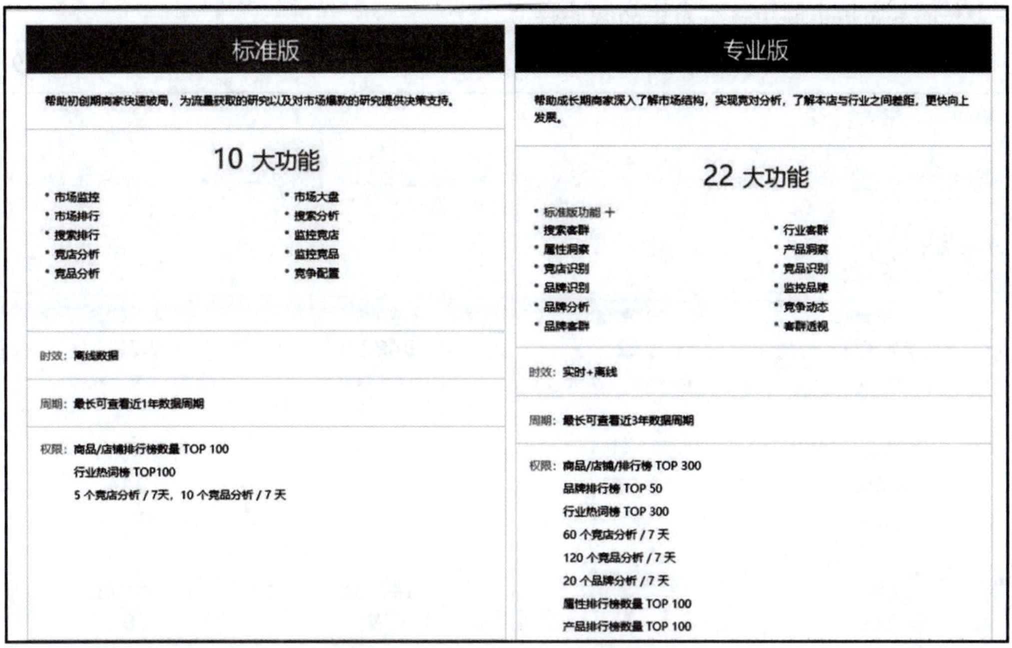

图 9-30　标准版与专业版的功能对比

在市场分析专业版界面中点击"品牌分析",就可以看到当前类目下各个品牌按销售热度的排名,如图 9-31 所示。

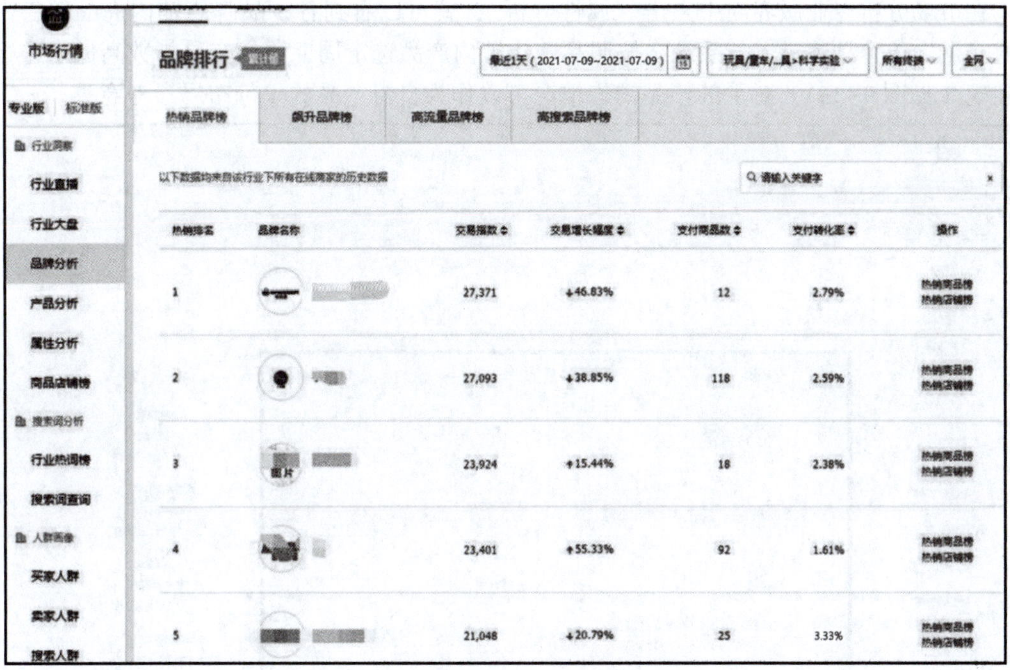

图 9-31　品牌排行界面

一般来说,每个品牌会有多个卖家经营,在品牌详情里面会显示重点卖家的相关信息(见图 9-32),利用公式(9-1)就可以计算出品牌的日/周/月营业额。再用营业额除以重点卖家数，就可以推断出竞争对手的营业状况。

$$营业额=访客数×转化率×客单价 \tag{9-1}$$

图 9-32 同类商品的品牌概况

在市场分析专业版界面中点击"属性分析"，就可以看到各个品牌店铺内商品销售占比情况，点击单个品牌进入，系统会按照品牌店铺内产品选定周期内的交易指数高低来进行排序展现（见图9-33）。对手的产品销售情况可以作为自身产品的单价布局参考意见。

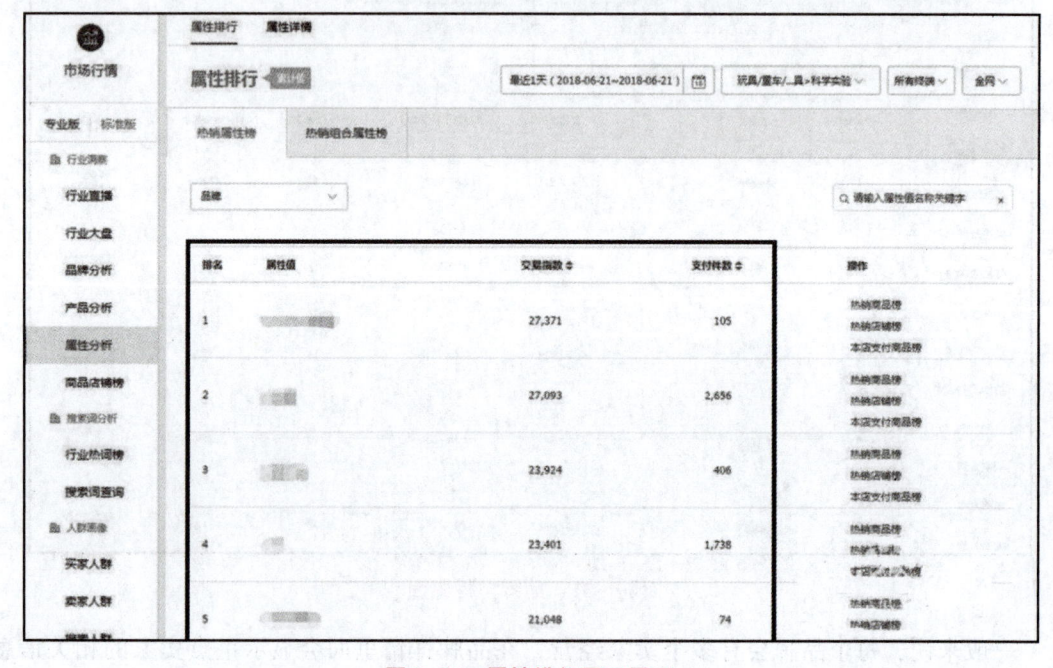

图 9-33 属性排行展示界面

另外，进行属性分析时，还可以查看商品店铺排行榜——这一部分主要提供竞争对手的流量来源和关键词来源情况，如图9-34所示。

图9-34 热销商品排行榜

任务三 行业数据解读

了解行业数据，卖家可以对产品进行布局；了解产品的淡季和旺季，并结合数据分析可以得到单品适合的上架时间、单品适合的清仓时间。除此之外，通过了解行业大盘整体趋势，还可以调整店铺的经营策略。

子任务1 市场大盘数据解读

【学习视频9-4】市场大盘数据解读

市场大盘是整个淘宝网一级类目下的所有数据的汇总，它根据所卖商品的一级类目来进行分析，最后得出一个最优决策。也就是说，通过市场大盘的分析，卖家能够了解到从哪个子类目切入可以占领市场。

如图9-35所示的市场大盘界面中可以看到浏览量、收藏人数、收藏次数、加购人数等一系列类目数据。

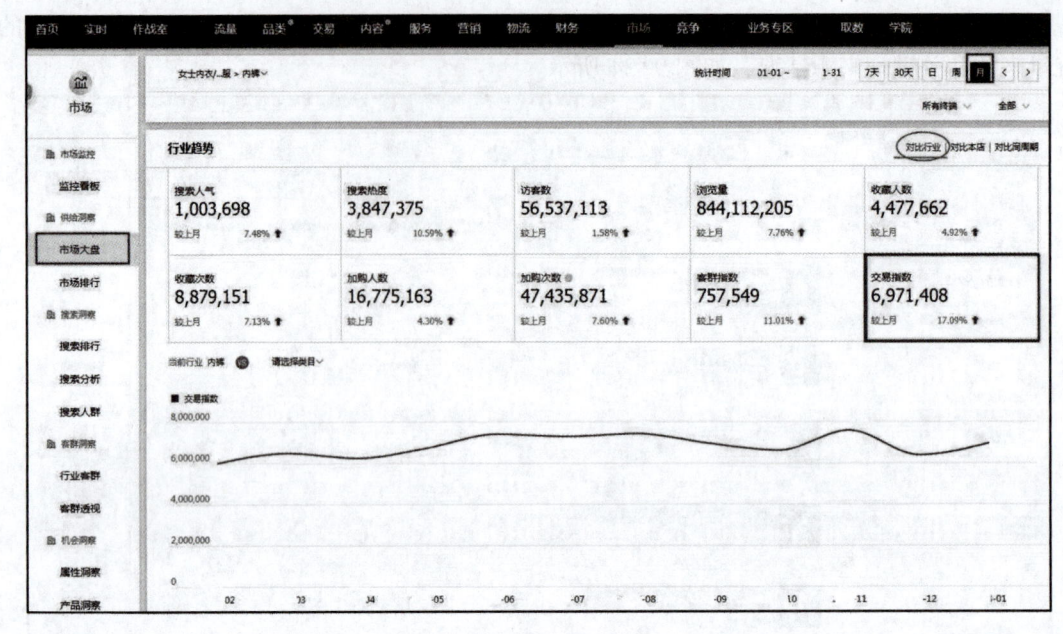

图9-35 市场大盘数据

在如图9-36所示的行业报表数据展示界面可以看到18个指标，最多可以选择7个指标同时查看。选中每个指标后，可以查看最近7天（或者自定义的某一些时间段）的变化趋势，据此可以对整个行业大盘做出一些基本判断。这个界面，除了直接展示一些信息外，还可以间接地计算出一些指标的数据。

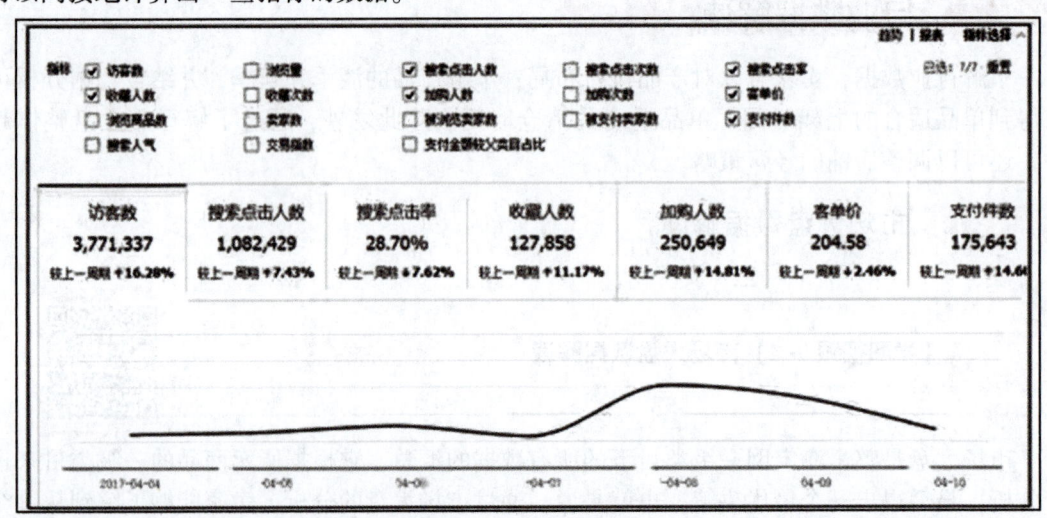

图9-36 行业报表数据展示界面

以女装为例，因为中国的地域广阔，各个地域季节温度差异化，如果凭主观意识去想哪些月份的哪些产品卖得好，或许会判断错误。卖家可以用一些数据抓取工具把一整年女装所有的子类目都抓取下来，做成一张表格（见图9-37），用数据分析的方法分析出女装类目的变化趋势和市场的变化情况，由此可以看出每个月份每个子类目的情况。然后对这个子类目营业额递增的开始时间做出判断，提前进行商品布局。

1	类目名	交易金额	交易增长幅度	支付金额较父行业占比	支付子订单数较父行业占比
2	连衣裙	3316821908	-15.81%	12.67%	9.50%
3	裤子	2426625568	18.12%	7.93%	11.75%
4	毛针织衫	2394156428	86.06%	7.77%	7.67%
5	套装/学生	2393777148	26.81%	7.77%	6.68%
6	卫衣/绒衣	2047535648	142.79%	6.22%	7.72%
7	T恤	2032119148	-13.95%	6.15%	12.60%
8	牛仔裤	2000188348	25.11%	6.02%	7.33%
9	衬衫	1937819008	14.28%	5.76%	6.49%
10	短外套	1810555168	62.40%	5.25%	4.00%
11	风衣	1456464068	78.99%	3.95%	1.95%
12	半身裙	1401952468	19.41%	3.76%	4.41%
13	毛衣	1353945608	169.74%	3.60%	3.36%
14	大码女装	1292575288	31.07%	3.40%	4.20%
15	毛呢外套	1220694908	73.12%	3.17%	0.95%
16	西装	1069743228	51.50%	2.72%	1.48%
17	皮草	866756818	55.07%	2.16%	0.25%
18	婚纱/旗袍	850899438	19.70%	2.12%	0.94%
19	羽绒服	788582348	94.37%	1.96%	0.55%
20	中老年女	731284571	40.09%	1.82%	1.62%
21	唐装/民族	654114827	47.48%	1.63%	1.13%
22	蕾丝衫/雪	384876594	-13.74%	0.96%	1.36%
23	马夹	364030976	95.79%	0.91%	1.07%
24	皮衣	355787733	68.22%	0.89%	0.32%
25	背心吊带	299035503	-16.92%	0.74%	2.03%
26	棉衣/棉服	230538988	152.54%	0.57%	0.43%
27	抹胸	34402433	-22.12%	0.09%	0.20%

图 9-37 女装行业数据

常用市场指标计算公式：

■收藏占比均值＝收藏人数/访客数；

■加购占比均值＝加购人数/访客数；

■访客竞争力＝访客数/卖家数；

■访客浏览竞争力＝访客数/被浏览卖家数；

■访客支付竞争力＝访客数/被支付卖家数；

■订单竞争力＝支付件数/被支付卖家数。

这些指标的值一般来说是越大越好，因为数值越大说明能够获取到的访客或者订单数就越多，竞争越小。有了访客浏览竞争力、访客支付竞争力和订单竞争力的数据，卖家在计算竞争力的时候将更加精确。

子任务2 搜索分析

搜索分析主要是对关键词的搜索热度与搜索人气进行分析。其中，搜索热度是指某个关键词在一天内的搜索人数；搜索人气是指某个关键词在一天内被搜索的次数。

一般情况下，搜索热度和搜索人气两个指标应一起进行分析。

（1）如果搜索热度和搜索人气都呈现上升趋势，而搜索热度的增长幅度大于搜索人气，则说明这个市场需求旺盛，而且没有被头部卖家垄断。

（2）如果搜索热度和搜索人气都比较平稳，则说明这个关键词所代表的需求比较稳定，没有太大的波动，如果要进入这个市场，只能抢资深卖家的流量。

（3）如果搜索热度和搜索人气的比例相差不大，则说明这个关键词的成交比较旺盛，购买决策时间短，客单价比较低的商品一般会出现这种情况。而这类关键词一般已被大部分头部卖家垄断，新卖家如果要进入这个市场需要谨慎考虑。

以"阔腿裤"这个关键词为例，首先登录市场洞察标准版，点击搜索词查询，然后搜索相应的关键词"阔腿裤"，如图9-38所示。

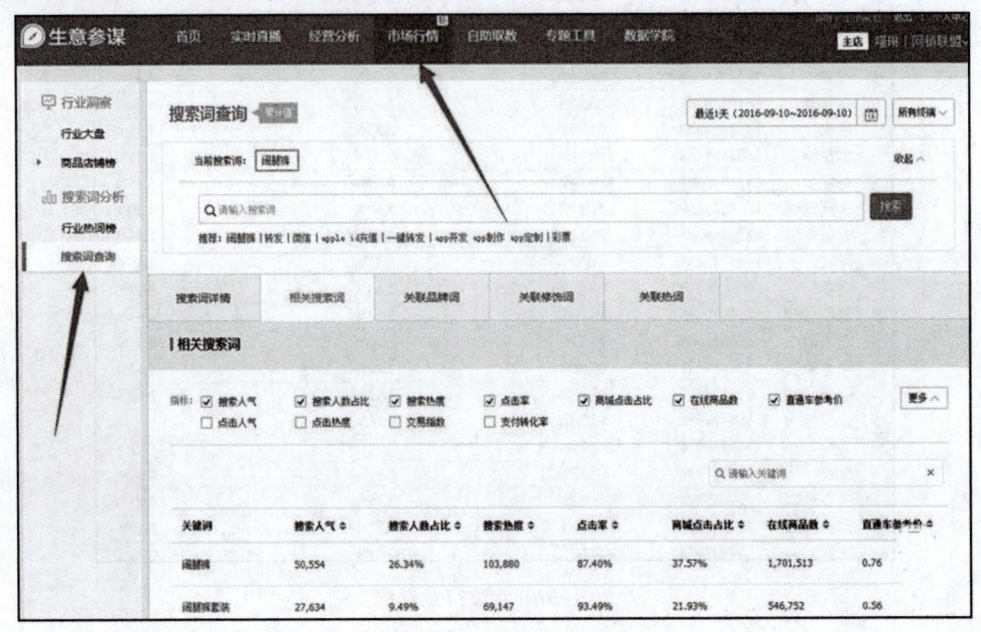

图9-38 搜索词查询界面

接下来可以选择具体的指标进行排序。选择的指标包括搜索人气、商品点击占比、搜索热度、支付转化率等，如图9-39所示。

图9-39 相关搜索词展示界面

选择完指标后进行排序，卖家可以选择由大到小或者由小到大的顺序排序，如图 9-40 所示。

关键词	搜索人气	商城点击占比	在线商品数	支付转化率
2016夏韩版新款休闲蓝…	908	0.00%	1	0.00%
2016夏季韩版新款女装	740	0.00%	1	0.00%
女装秋装2016新款朝时	628	1.29%	21	11.84%
大氡 unihome定制 拉…	652	0.00%	47	8.75%
模特实拍 2016夏季韩	983	-	61	-
韩国东大门新款长袖黑…	718	0.00%	68	14.63%
优衣库阔腿裤	789	5.80%	162	0.00%
韩版三件套长袖阔腿裤	968	0.00%	192	0.00%

图 9-40　某个关键词的商品排序界面

由于本例中的女装浏览量很高，搜索量为 1 000 的关键词已经算蓝海词了，要求更高一点的可以选择 2 000 的搜索量，如图 9-41 所示。

米色阔腿裤	987	31.09%	3,762	1.41%
原宿风裤子女bf 阔腿裤	1,181	0.16%	3,911	0.91%
搭配阔腿裤的女上衣	2,819	6.63%	4,068	2.35%
秋款阔腿裤女 九分裤	690	36.94%	4,241	0.00%
阔腿裤女 九分裤秋款	1,672	36.17%	4,252	2.94%
孕妇阔腿裤秋	1,481	21.93%	4,519	5.91%
棕色阔腿裤	623	3.99%	4,701	0.00%
韩国ulzzang阔腿裤女	704	0.00%	4,751	1.25%
呢子阔腿裤	637	21.75%	4,772	2.94%
背带牛仔阔腿裤女九分	657	28.67%	4,776	3.23%

图 9-41　女装关键词搜索分析界面

如果卖家想要了解某个关键词是否可以作为主关键词，就可以通过搜索这个关键词，然后看一下最高销量和最低销量的方法进行判断（见图 9-42）。通过最高销量可以看出这个宝贝是否有足够的利润，通过最低销量卖家可以拟订相应的新品计划。

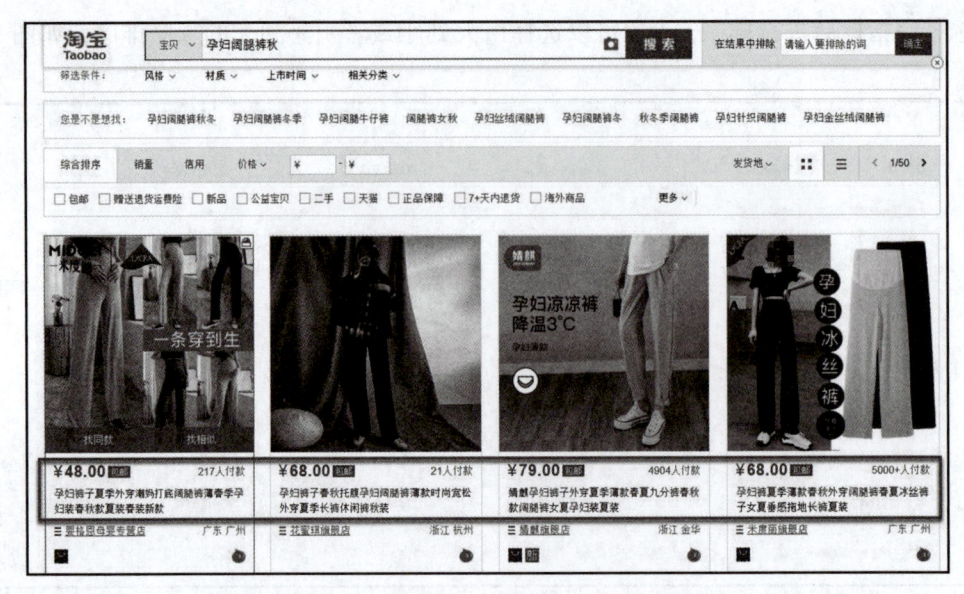

图 9-42 某个关键词的商品价格查询界面

从生意参谋的搜索分析功能中还可以看到某个关键词的流量概况、流量地图,以及访客情况。卖家在上传了宝贝以后,可以通过这个功能来查看自己的运营效果,知道流量和访客的相关信息。

子任务 3 客群分析

很多淘宝卖家都会纠结为何经营不好自己的店铺,其实很大一部分原因是缺少对顾客的了解,只有清楚地了解顾客的喜好,才能更有针对性地为顾客服务。其中,客群指数是一个非常重要的指标,客群指数是指选定周期内支付成交用户数指数化后的指标。客群指数越高,表示支付用户数越多。

在生意参谋的"市场"—"客群洞察"页面中有非常丰富的客群数据,这个界面分为两部分,分别是行业客群和客群透视,如图 9-43 所示。

图 9-43 客户洞察界面

在"客群透视"场景下,卖家除了可以查看类似于年龄、城市等基础属性的消费力分布外,还可以看到该部分人群的消费类目和品牌偏好。通过行业客群、搜索客群和品牌客群功能,商家可以画出自己店铺的"客户画像",以及行业的"客群画像",如图9-44所示。

图9-44 客群透视分析界面

行业客群模块中每个维度下的人群画像除了提供占比外还提供了对应的支付转化率等指标,例如查看"女装"类目的人群画像既能看到"女装"类目下的人群占比分布,还可以看到不同的分布下对应的交易指数、支付转化率等,如图9-45所示。

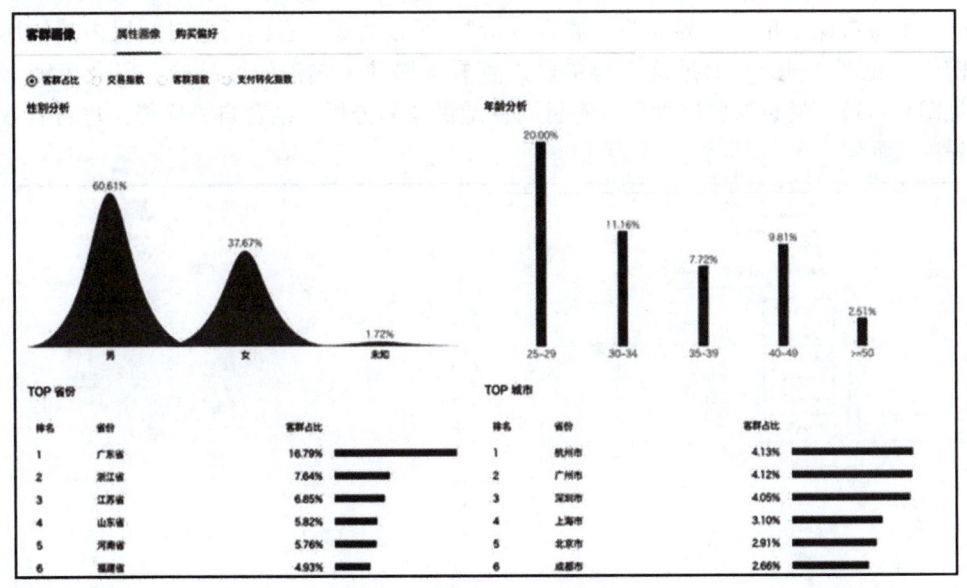

图9-45 行业客群界面

客群包括新客户、客户回购、老客户等相关指标,可以统计每场大促的拉新、召回和客群流失等数据。

(1)新客户。这个指标可以深度洞察新客户人群画像,可以更加了解买家的购买特征,

如入店关键词、购买活动商品、购买商品组合等数据。掌握了买家的这些特征，卖家就能在下次活动中做好关联搭配和选好关键词。

（2）客户回购。客户回购可以总结为前期活动结束后的回访情况。通过回访卖家就能了解客户对商品属性的偏好，下一次活动的时候就能针对客户偏好做活动，转化率自然就更高了。

（3）老客户。通过这个指标可以观察到一个月内累积了多少老客户，平均每天有多少老客户回访，流失了多少老客户等数据。

如果本月流失了过多老客户，首先就要分析是否是某些活动导致的结果。如果这个活动让新老客户累计更多，那么下次就要更加全面地筹备活动。可如果活动效果不好，导致流失过多老客户，那么下次就要避免这类活动。

子任务4 热销商品分析

淘宝平台相同类目的商品总会有一两款是热销商品。那么这些商品为什么成为热销商品呢？要从哪些方面去分析呢？又该分析商品的哪些数据呢？

生意参谋中的商品分析包含了两部分：一是分析自身店铺的商品，二是分析市场热销商品的基础信息。若想借鉴参考对手优异的地方，找到商品的差异化，打造出优于对手的产品，就需要了解商品的款式、价格、卖点、页面风格、流量结构、销售额、客单价、访客数、活动玩法等。

分析市场热销产品的形成因素时，部分数据是可以从生意参谋中查到的，如热销款式价格、销量、销售额、客单价、流量结构。但是页面风格、产品卖点、活动玩法等则需要从对方的页面中发现和整理。

进入生意参谋"市场"界面的"属性分析"，可以直观地看到所选时间段内热销属性的TOP榜单（见图9-46）。通过这个榜单可以查看该属性下热销的商品榜，以及店铺榜等数据（见图9-47）。通过这些属性可以有针对性地做竞品分析，结合自身优势，进行有效的差异化分析。

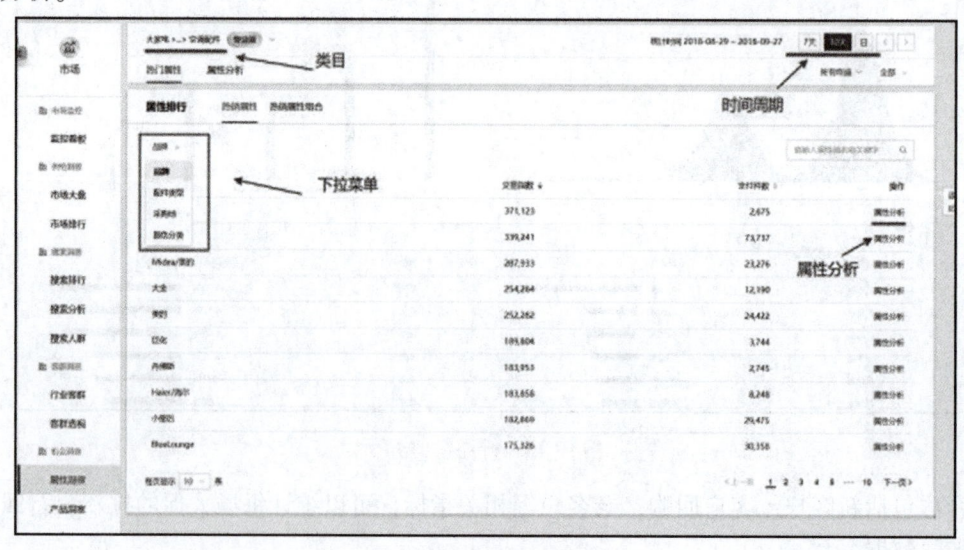

图9-46 TOP榜单展示界面

图 9-47 热销榜单展示界面

当卖家看到榜单后，可以对以下几项重要数据进行热销商品的分析。

（1）销售额/销售量分析，可以持续监测竞争热销店铺每日销售总额及产品总销售量，宏观上把握它的经营变化情况，为自己的营销策略提供可靠、持续的数据支持。

（2）商品销售排名分析，可以查看热销店铺在一定时间段内的商品销售情况，查看热销产品排名及热销产品的销售量及销售额，并将此作为参考。

（3）买家分析，可以用来查看一段时间内买家在热销店铺内的购买商品数及消费额，可以判断它是否存在分销及代理渠道。

（4）成交时间分析，可以用来查看热销商品成交的时间点分布，为直通车关键词投放时间等营销方式提供精确数据支持，也可根据数据报表合理安排店铺配货、发货及休息时间。

此外，还可以对热销商品的价格、关键词、详情页等进行分析，此处不一一列举。

同步实训

实训1：基础版生意参谋认知

【任务目标】
通过该任务的实施，使学生了解生意参谋的功能与作用，熟悉生意参谋的使用方法。
【任务要求】
1. 开通基础版生意参谋。
2. 阐述基础版生意参谋的功能模块。

实训2：店铺基础数据解读

【任务目标】

通过该任务的实施，使学生了解店铺基础数据，熟悉获取店铺基础数据的渠道与方法，理解店铺基础数据的意义。

【任务要求】

1. 阐述店铺基础数据的维度。
2. 获取各维度的店铺基础数据。
3. 简单描述店铺各维度基础数据的意义。

实训3：商品数据解读与分析

【任务目标】

通过该任务的实施，使学生了解商品数据，熟悉获取商品数据的渠道与方法，理解商品数据的意义。

【任务要求】

1. 阐述商品数据的维度。
2. 获取各维度的商品数据。
3. 简单描述各维度商品数据的意义。

实训4：市场大盘解读与分析

【任务目标】

通过该任务的实施，使学生了解市场大盘数据，熟悉获取市场大盘数据的渠道与方法，理解市场大盘数据的意义。

【任务要求】

1. 阐述市场大盘数据的维度。
2. 获取各维度的市场大盘数据。
3. 简单描述各维度市场大盘数据的意义。

参 考 文 献

[1] 阿里巴巴商学院. 电商运营[M]. 2版. 北京：电子工业出版社，2019.
[2] 北京鸿科经纬科技有限公司. 网店推广实训（中级）[M]. 北京：高等教育出版社，2019.
[3] 葛青龙. 网店运营与管理[M]. 北京：电子工业出版社，2018.
[4] 刘祥. 网店运营推广[M]. 北京：电子工业出版社，2020.
[5] 杨银辉，周井娟. 网店运营实务[M]. 北京：北京理工大学出版社，2020.
[6] 段洪斌. 网店推广实战：网店流量全渠道获取实操宝典[M]. 北京：电子工业出版社，2021.
[7] 雷莉，黄睿. 网店运营与推广：从入门到精通（微课版）[M]. 北京：人民邮电出版社，2021.
[8] 潘定. 电子商务运营管理：策略、方法与管理[M]. 北京：人民邮电出版社，2020.
[9] 任娟，周邦平. 网店运营[M]. 北京：北京理工大学出版社，2020.